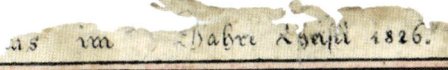 ...as im Jahre Christi 1826.

| | | |
|---|---|---|
| ...hte | **Tobia IIII. v. 6.** | ...eyl ...nder hier den |
| ...vie ein | Dein Lebenlang hab Gott vor | |

**Tobia IIII. v. 6.**

Dein Lebenlang hab Gott vor

und im

sein eigen  verwunden

so gab fürcms das göttlich

und hüte dich, daß du in keine
Sünde einwilligest.

sich bis ans ✝ gebunden.

Aug und Herz zu Gott gestellt
Macht daß man in Sünd nicht fällt.

Gott von Herzen lieb ich dich
Und meinen Nächsten, so wie mich.

---

...ch ein Sohn den

**I. B. Mos. III v. 3.**

Wisset Einzig ist nur

Wenn du nicht
from bist, so ruhet die
Sünde vor der

☀ Gott

Bestimt des Menschen

Gränzenlos die Ewigkeit ○

und des Herrn Barmherzig-
keit.

Bist du nicht from so fürchte dir
Denn die Sünd ruht vor der Thür.

Gedenk an die vier letzten Ding, da
mit du nicht sündigest.

Böhlau

*Schalensteinfelsen, Mutsbichl bei Vent mit Blick auf Similaun (3606 m).*

Hans Haid

# Mythen der Alpen

Von Saligen, Weißen Frauen
und Heiligen Bergen

Böhlau Verlag Wien Köln Weimar

Gedruckt mit Unterstützung durch
das Amt der Tiroler Landesregierung.

Umschlagabbildung: Neue Steinsetzung am Aufstieg zur Ötzi-Fundstelle
am Tisenjoch / Ötztaler Alpen.

Bibliografische Information der Deutschen Bibliothek.
Die Deutsche Bibliothek verzeichnet diese Publikation
in der Deutschen Nationalbibliografie; detaillierte
bibliografische Daten sind im Internet über
http://dnb.ddb.de abrufbar.

ISBN 3-205-77541-4
ISBN 978-3-205-77541-6

© 2006 by Böhlau Verlag Ges. m. b. H. & Co. KG, Wien · Köln · Weimar
http://www.boehlau.at
http://www.boehlau.de

Gedruckt auf umweltfreundlichem, chlor- und säurefrei gebleichtem Papier.

Printed in Europe – Imprint – Ljubljana

# Inhalt

5

Inhalt

# Inhalt

*Neue Steinsetzungen bei Algunt bei Meran.*

# DIE WIEDERKEHR DER RELIGION

In den letzten Jahren ist das Thema Religion in zahlreichen deutschen und österreichischen Medien vermehrt in den Mittelpunkt gerückt.

„Es tut sich was im Land. Die Religion kehrt zurück. Der Glaube ist wieder da", lautete etwa ein Werbetext für eine Veranstaltungs-Serie über „Glaubensdinge" im Hamburger Thalia-Theater zum Jahresende 2005.

Woher kommt der neue Boom? Woher kommt das neue Interesse an diesen Quellen, aber besonders diese Suche, irgendwo und irgendwie ein „metaphysisches Loch" stopfen zu können?

„Immer mehr Deutsche glauben an Wunder", ging es im Dezember 2005 durch einige Zeitungen. „Jeder dritte Deutsche glaubt an Schutzengel, jeder vierte an den Teufel." 64 % sind überzeugt, dass es einen Gott gibt.

In Österreich hat die Tageszeitung *Kurier* in einem Beitrag mit dem Titel „Die Suche nach dem eigenen Gott" die typisch jugendlichen Sehnsüchte charakterisiert. Von befragten Jugendlichen zwischen 16 und 24 Jahren glauben 52 % an Gott, 45 % an ein Leben nach dem Tod, 25 % an den Himmel. 19 % geben zu, täglich bzw. mehrmals pro Woche zu beten. Zwar gehen nur 9 % der Jugendlichen regelmäßig in die Messe, „Spiritualität steht aber hoch im Kurs".

Da dürfen auch alte und exotische Kulturen und Kulte nicht fehlen, nicht die geheimnisvollen Maja und ebenso wenig der „Mythos vom Heiligen Gral".

So hat die Zeitschrift *GEO* in ihrer Ausgabe vom März 2005 den Maya einen eigenen Beitrag gewidmet. Daraus kann durchaus ein neuer Reise-Boom entwickelt werden. Die Maja werden

Europäern nahe gebracht, die Exotik stimmt. „Das Vermächtnis der Finsternis" ist ein anderes Kapitel, die Kehrseite.

*Der Spiegel* hat sich in der Ausgabe vom 20. Dezember 2004 im Beitrag „Mythos Heiliger Gral" (wieder einmal) den alten Legenden um die Tempelritter genähert, angeregt durch die unglaublichen Erfolge des Harry-Potter-Zaubers in Buch und Film. Das „mythengierige Publikum" hat eine neue „Rätseldroge" entdeckt, den „Heiligen Gral". Dan Browns Bestseller „Sakrileg" – mehr als fünfzig Millionen mal gekauft – hat diesen Sog verstärkt.

Und im österreichischen Nachrichtenmagazin *profil* konnte man schon in der Ausgabe vom 1. Dezember 2003 lesen: „Beten ist gesund, sagt die Wissenschaft": Man glaubt es kaum, aber Frömmigkeit vermag, aktuellen Studien zufolge, tatsächlich nicht nur Berge zu versetzen, sondern auch die menschliche Gesundheit massiv zu verbessern … Nachweislich wirken Gebet und Meditation jedoch beruhigend auf stress-sensible Gehirnregionen."

Für die Rückkehr der „*religio*" würden alpine Sagen, Kulte und Mythen, Kraftplätze mitsamt Wallfahrt und einigen Bräuchen eine große Rolle spielen können. Man müsste sie nur entdecken und neu bewerten. Weil in dieser alpinen Kult- und Kulturwelt jedoch auch Frauen als *Salige* und *Dialen*, als „Wissende", als „Herrin der Tiere und der Umwelt" eine einzigartige Bedeutung haben, wäre das Alpine weit überlegen. Damit wäre aber auch ein Gegenpol zum militant Männlich-Kriegerischen rund um den „Herrn der Ringe" und einschlägigen Massenprodukten geschaffen.

# JUNGFRÄULICHKEIT,
## SALIGE und WEISSE FRAU

In den überlieferten Sagen vom Uri-Stier, bei der Wallfahrt Kaltenbrunn, in Bergsagen aus Slowenien, beim „Vreneli" im Kanton Glarus, den Uldeunen im Bergell spielen sie ebenso eine Rolle wie als „Venedigerfrauen von Mittenwald" oder als „Geierwally": Die Frauen, immer als *Jungfrau*, mit großer Macht ausgestattet, meist als „Herrin der Tiere" und der gesamten Bergwelt, meist zugleich hilfreich und strafend.

### DIE REINE JUNGFRAU und DER STIER VON URI

Die einzigartig schöne und gewaltige Sage vom Uri-Stier und der Jungfrau gehört zweifellos zu den größten mündlich überlieferten Kostbarkeiten der Alpen. Der Autor Eduard RENNER ist ebenso einzigartig bei der Bergung alpiner Kultur, Überlieferung und Sagen. Er hat sich eingehend mit dieser Sage beschäftigt und mit ihm gemeinsam soll der Versuch unternommen werden, Alpenschätze zu heben und neu zu bewerten. Sein Buch „Goldener Ring über Uri. Ein Buch vom Erleben und Denken unserer Bergler, von Magie und Geistern und von den ersten und letzten Dingen" ist 1991 in einer Reprintausgabe neu erschienen. Daraus sind einige der folgenden Zitate und Hinweise für die alpinen Kult- und Kulturstationen, für die Mythen der Alpen entnommen.

Nun aber die Sage von der reinen Jungfrau und dem Stier von Uri im Wortlaut:

*Viele hundert Jahre sind es seitdem. Ein Knabe hirtete in der Alp Surenen die Schafe. Damals gehörte die Alp den Engelbergern.*

*Der Knabe, wenn es ihm an Speise gebrach, schlachtete ein Schaf, und als er dann mehrere Häute beisammen hatte, trug er sie in der Nacht nach Ursern zum Vertausch um Käs und Zieger. Eben war dies geschehen, als eine Truppe Lämmer und Schafe aus Wälschland her anlangte. Die gefielen ihm ungemein, viel mehr als die seinigen. Er begann, um ein Lamm inständig zu bitten und zu flehen. Man hielt ihm vor, er habe ja kein Geld zu bezahlen und sei nur ein Bettelbub. Aber der Surenenhirt gab nicht nach, sondern bettelte fort. Endlich verhießen sie ihm das Lämmchen, wenn er aufknien und einen Rosenkranz beten wolle. Denselben habe er von seiner Mutter gelernt, aber wenig geübt, gab er zur Antwort, erfüllte dann diese Bedingung und erhielt den Lohn.*

*Im Jubel kehrte der Knabe über Surenenecke nach der Alp dort zurück. Seine Liebe zu dem erworbenen Tierlein war über alle Maßen groß. Es mußte mit ihm essen, schlafen und immer um ihn sein. Endlich dachte er, es sollte auch getauft werden, er sei es ja auch. Ging deshalb über Surenenecke hinab nach Attinghausen in die Kirche, allwo er den Taufstein erbrach und Taufwasser nahm. Auf dem gleichen Wege heimgekehrt, taufte er das Lamm nach dem christlichen Glauben. O, hätt' er das doch um Gottes Willen nicht gefrevelt! Kaum war es geschehen, erbrauste ein furchtbarer Sturm in den Lüften, das lieblichste niedliche Lamm verwandelte sich in ein furchtbares Ungeheuer, das sogleich seinem Meister, dem Hirtenbub, durch ein grauenvolles Ungewitter die Hütte zerschmetterte, dann über ihn herstürzend die Sakramentenschändung in seinem Blute rächte. Weder Menschen noch Vieh verschonte und duldete das Gespenst mehr auf Surenen. Die Leute nannten den schrecklichen Unhold fortan das GREISS.*

*Den Engelbergern verleidete die Alp, und sie gaben sie den Urnern wohlfeil um ein Viertel Bensch, will sagen Zweischillinger, hin. Den Urnern tat sie ebenso wenig gut, und sie waren überfeil daran wie die früheren Besitzer. Einmal nun, als der wohlweise Rat von Uri beisammen saß im Wirtshaus zum Löwen, welches, beinebens gesagt, das älteste sei im Dorfe, und sie von der Surenen-Geschichte erzählten, da lauschte ein fremdes Männlein zu. Selbiges mischte sich bald auch in die Sache und sprach, es könne ihnen helfen, wenn sie ihm einen kleinen Becher zweimal mit Wein füllten. Gerne stillten sie ihm den Durst. Das Männlein riet alsdann, ein silberweißes Stierkalb sieben Jahr' lang und jegliches Jahr an einer Kuh mehr als im vorigen Jahr saugen zu lassen bis also sieben Kühe seien und das Stierkalb sieben Jahre alt. Dann sei es fähig, das Greiss zu töten. Jetzt hatten sie Not, einen solchen zu bekommen. Endlich fanden sie eines bei einem Schächentaler, dem sie es gut bezahlen wollten; jedoch er verlangte nichts dafür. So gut genährt ward das junge Tier zum Erstaunen stark und groß. Wie es vierjährig war, durfte niemand mehr bei und mit ihm sein wegen seiner Wildheit und Unbändigkeit. Sie schafften darum den Stier nach der Alp Waldnacht gegen die Surenen hin. Noch immer zeigt man allda den ‚Stierengaden‘, wo die sieben Jahre voll wurden.*

*Nun sollte nach des weisen Männleins Rat ihn eine reine Jungfrau, die edelste des Landes, von da dem Greiss entgegenführen. Sie waren wieder übel dran, bis die rechte in Attinghausen gefunden war. Sie wollte es wagen, reinigte sich vorher im Kloster zu Seedorf und rüstete sich auf den Tod.*

*Von der Kirche zu Attinghausen ging in Prozession viel Volk mit der Jungfrau, die weißgekleidet war, bis zum Stierengaden. Hier mußte die raine Maid den wilden Stier an ihre Haarbänder knüpfen und dann über die Egge nach Surenen lenken. Sonst unbezähmbar, fügte er sich ohne Widerstreben. Der Jungfrau ward nach des Männleins Bedeuten weiter gesagt: der Stier, in der Nähe des Greiss gekommen, werde dasselbe wittern und ihr davon ein merksames Zeichen geben, worauf er loszubinden sei. Schnellen*

*Fußes habe sie, wenn dies geschehen, den Rückzug zu betreten und dürfte unter keinen Umständen umschauen, sie möge hören, was sie wolle. Alles, der letzte Punkt ausgenommen, verlief in dieser Weise. Von der nötigen Ferne her schaute das Volk höchst gespannt nach jener Gegend, wo man den Kampfplatz vermutete, und wartete den Ausgang ab. Schreckliches Geprülle ward vernommen, und eine die Sonne verfinsternde Rauchsäule stieg auf, dann sah man die weißen Gewande der Jungfrau an einem Felsen herumfliegen. Nun tiefe Stille, während der Rauch verschwindet. Da sprechen sie: ,Jetzt ist der Kampf aus, wir wollen hin und schauen, was geschehen ist.' Von der Jungfrau sahen sie nichts mehr. Das Greiss, übel zugerichtet, war getötet. Der sagenhafte Riesenstier lag ebenfalls tot im Alpbache da, wohl deshalb, weil er nach der Kampfeshitze allzu gierig aus demselben getrunken. Davon ward das Wasser Stierenbach geheißen. An einem Felsen zeigt man seine Fußspuren, die er im Streite geschlagen. Vom Greiss war die Gegend befreit.*

(Müller, zitiert nach Renner, S. 204 f.)

Wir werden später im Kapitel „Ring und Kreis" diesen Sagenstoff noch einmal aufgreifen und in einen anderen, größeren Zusammenhang stellen: Denn auch im berühmten, etwa 4000 Jahre alten Gilgamesch-Epos, begegnen wir einem Stier, nämlich dem Himmels-Stier. Und auch hier spielt eine weibliche Figur eine maßgebliche Rolle. Dieser mutige Vergleich mit dem Gilgamesch-Epos lässt die Sage vom Uri-Stier, der reinen Jungfrau und der Tötung in einem anderen Licht erscheinen. Sie könnte auch dem Mythos als allgemein-gültigem Archetypus entsprechen. Im Kontext mit der „Herrin der Tiere" soll ansatzweise nachgewiesen werden, dass wir es mit einem Sagenstoff zu tun haben, der zu den ältesten und reichsten der Alpen gehört; trotz seiner mehr als 4000 Jahre ist er noch immer lebendig!

*Die „Hohe Wilde" bzw. „Hochwilde" (3480 m) und der „An(n)a-Kogel" (3333 m)
in den Ötztaler Alpen.*

## DIE REINE JUNGFRAU und
## DER LANGE GLETSCHER IM LÖTSCHENTAL

In der Sammlung „Sagen aus dem Lötschental" wird berichtet, wie die Lötschentaler in vielen Sommern darunter litten, dass ihre Wiesen in großer Trockenheit und sengender Sonne zu verbrennen drohten. Da erschien ein Fremder im Tale, der ihnen Folgendes riet:

*Eine reine Jungfrau suche Stücke von sieben Gletschern und lege sie zuoberst im Tale nieder, dort wo die Berge einander am nächsten kommen und ihr werdet Wasser haben zum Wässern und zum Trinken. Also suchten sie nach einer reinen Jungfrau und*

15

*fanden sie. Eine reine Jungfrau suchte Stücklein von sieben Gletschern und legte sie zuhinterst im Tale nieder, in der Lötschenlücke. Alsbald wuchsen die sieben Teile zu einem Gletscher zusammen, der den Lötschentalern ausreichend Wasser lieferte und den sie „der lange Gletscher" nannten.*

In dieser Lötschentaler Sage wird als einzigartige alpine Besonderheit erwähnt, dass die „reine Jungfrau" vor einem gefährlichen Anwachsen des Gletschers warnt: „Wenn aber die weiße Kuh ins Tal steigt, dann flieht vor ihr!"

Was das zu bedeuten hat, erfahren wir in einer weiteren Sage aus dem Lötschental, die in einer visionären Schreckensbotschaft endet:

*Bis ich nächstes Mal wiederkomme, wird sich noch vieles ändern, denn ich muß nochmals kommen. Bis dahin werden die weißen Schnecken das Blattendorf untergraben, der hängende Gletscher wird das Wilerdorf in den Bahn tragen … und wird von der Lonza fortgespült … Dann wird das Tal der Leukerrun Roßalpe, bis der Lange Gletscher von der Luägla nach Gimpel schaut. Weiß Gott, wo dann eure Gebeine ruhen werden, wenn die meinigen noch herumirren auf der sterbenden Erde. Weiß Gott, wieviele Jahrhunderte bis dahin noch verrauschen. Die Zeit geht schnell, schneller als man meint. Die Gletscher rücken wieder vor, die schwarzen Kirschen reifen nicht mehr in eurem Tale, die obersten Wälder wachsen nicht mehr, die Äcker werden zu Wiesen gelassen, und aus den höchsten Sitzen haben sich die Menschen schon zurückgezogen.*

*Wenn ich das nächste Mal wiederkomme, wird euer Tal das Wüst-Tal heißen.* (Sagen aus dem Lötschental, S. 27–31)

Die Prophezeiung widerspiegelt den in längeren oder kürzeren Zeitabständen wiederkehrenden Klimawandel. Es ist nachgewiesen, dass es beispielsweise in der so genannten „Kleinen Eiszeit", etwa zwischen 1580 und 1850, zu einem gewaltigen Vorrücken der Gletscher, zu einer dramatischen Abkühlung und zum Senken der Waldgrenze um bis zu 200 Meter kam. Heutige Klimaforscher befürchten, dass es bei einer Abkühlung des Golfstromes oder durch andere globale Klimaänderungen entgegen dem derzeitigen Trend erneut zu einer solchen kälteren Phase kommen könnte. Den wahren Kern der Sagen bildet das durch fünf Jahrtausende oder noch länger gespeicherte Wissen. Zur Zeit des *Ötzi*, des „Mannes aus dem Eis", also vor 5300 Jahren, waren die Alpengletscher erheblich kleiner als jetzt. Seit 1850 ist der Großteil der Alpengletscher um mehr als ein Drittel geschwunden. Das Wachsen geht – so zeigt es die Realität – schneller voran als das Weichen.

In der Lötschentaler Sage erfahren wir, wie das Anwachsen der Gletscher im Sinnbild der *Weißen Kuh* beschrieben wird. Das ist zugleich auch ein Hinweis auf das reale „Kalben" der Gletscher. Darunter versteht man das Abbrechen der Eismassen, wenn sie im Gebirge über einen steilen Felsen vorgerückt sind und mit gewaltigem Getöse ins Tal stürzen. In den Alpen führten solche Ereignisse auch zum Tod von Menschen und zur Zerstörung von ehemals fruchtbaren Almen.

Das „Kalben" der Gletscher ist dem heutigen Menschen aus Fernsehberichten bekannt, wenn die Gletschermassen am Südpol und anderen Weltgegenden ins Meer stürzen.

## DIE ULDEUNEN AUF DEN SCHNEEWEISSEN GIPFELN DES JULIER

*Dort oben wohnen die Uldeunen, drei schöne Jungfrauen des Gebirges, deren Antlitz und Körper von göttlicher Schönheit und engelhafter Reinheit waren. Sie wohnten in einem Kristallschloß mit glänzenden, durchsichtigen Eispfeilern. Die Innenwände waren mit Topasen, Rubinen, Chrysopasen und Smaragden besetzt. Kein Mensch hat je die Uldeunen von nahem gesehen. Oft tanzten sie auf dem Gipfel des Berges, wohin niemals ein menschliches Wesen seinen Fuß gesetzt hatte. Eines Tages wagte es ein Bursche, sich ihnen zu nähern. Sie hießen ihn sogar willkommen und führten ihn in das Kristallschloß des Berges. Der Bursch verliebte sich schließlich in die Schönste der Drei. Eines Tages packte ihn die Sehnsucht nach seiner Mutter. Mit einem Zauberring brachte ihn eine Uldeune dorthin. Der junge Mann kam wieder zurück in den Palast. Es sollte Hochzeit gefeiert werden. Dazu kam es aber nicht. Die Verlobten stiegen schweigend zu den Höhen des Julier hinauf. Als sie müde ein Brachfeld erreichten, beschlossen sie, in einer Hütte auszuruhen, die sie offen fanden. Aber während der junge Mann schlief, nahm die Uldeune ihm den Ring vom Finger und verschwand. Nach vielem Suchen und Nachforschen, auch mit einigen Zauberkünsten gelang es ihm, wieder in den Kristallpalast zu gelangen. Die Uldeune freute sich, umarmte ihn, und es wurde Hochzeit gefeiert. Die zauberhaften Kräfte waren ihm zuteil geworden, weil er ein geheimnisvolles Musikinstrument hatte, eine ‚Aura Sura‘. Diese begann er zu blasen, und der Ton dieser Musik trug ihn über senkrechte Felswände, über schneebedeckte Zacken und tiefe Schluchten.*

Diese Sage ist einer sehr freien Nachdichtung entnommen, erzählt von Elda SIMONETT-GIOVANOLI in der Sammlung „Bivio und das Bergell – Märchen, Geschichten, Legenden".

Es ist die einzige Sage mit einem Happy-End zwischen einer Berg-Fee und einem Menschen. Zu schön, um wahr zu sein? Zusätzlich sind die beiden Motive „Ring" und „Musik" in das Geschehen eingebaut. (Simonett, Bivio S. 9)

## DIE WEISSEN FRAUEN VOM TRIGLAV

*Das Tal Jezersko und die felsige Komna waren einmal ein Alpenparadies. Dort haben die weißen Frauen gewohnt; liebe, gutherzige Wesen, an die sich das Volk noch heute mit Dankbarkeit erinnert. Sie sind im Tal erschienen, haben den Armen in Not geholfen, besonders den Frauen bei der Geburt. So ein Kind war dann sein ganzes Leben unter dem Schutz der weißen Frauen. Den Hirten haben sie von Heilkräutern und ihrer Macht gelehrt. Auf den kahlen Felsen haben sie das saftige Gras zum Wachsen geweckt, damit auch die Ziege der Armen zum Weiden hat. Den Danksagungen aus dem Tal sind sie aus dem Weg gegangen. Wenn einer sich zu nahe an das hohe Tal getraut hat, haben sie ihn vom weiteren Weg mit grauenhaften Bewegungen zurückgewiesen. Wenn einer versehentlich oder absichtlich und frech in die Nähe ihres Wohnortes gekommen ist, haben sie ihn mit Steinlawinen, Regenstrom und Hagel aus den Bergen zur Rückkehr gezwungen.*

*Auf dem Felsen, der steil in das Soska-Tal fällt, haben weiße Ziegen von diesen Jungfrauen geweidet. Wenn ihnen jemand zu nahe gekommen ist, haben sie die Steine auf ihn fallen lassen. Diese Ziegen führt ein Steinbock, ein wunderschöner Bock mit goldenen Hörnern. Die weißen Frauen haben ihn unverwundbar gemacht. Wenn ihn ein Schütze getroffen hat, ist aus seinem Blut, egal wo es hingefallen ist, eine wunderschöne Pflanze gewachsen, die sie Wunderbalsam oder Dreikopfblume genannt haben. Wenn der Steinbock nur ein Blatt von dieser Pflanze verzehrt hat, war er sofort geheilt, auch wenn ihn der Jäger ins Herz getroffen hat. Seine goldenen Hörner waren der Schlüssel zum Gold im Berg Bogotin, der von einem hundertköpfigen Drachen bewacht war.*

(Vgl. Haid, Aufbruch in die Einsamkeit, S. 85 f.)

So beginnt eine der vielen Varianten rund um den **Heiligen Berg** der Slowenen, den Triglav. Die **Weißen Frauen** sind Hüterinnen, „Herrinnen der Tiere", Wissende und Weise um Kräuter und Naturgefahren. Sie bleiben unnahbar, keusch und rein. Als Symbol für ihre Reinheit halten sie weiße Ziegen. Die weiße Gämse gilt als Inbegriff des besonderen Schutzes durch die **Saligen Frauen** der Ötztaler Sagen. In der Lötschentaler Sage vom Langen Gletscher steht das weiße Kalb bzw. die weiße Kuh drohend über dem Tal. Das ist Symbol des kalbenden Gletschers, der sich als schreckliches Ungetüm vernichtend ins Tal stürzt.

## DIE WEISSEN FRAUEN IN CIRKUNCI und DIE WEISSE FRAU AUF RAVNICA/SLOWENIEN

*Seinerzeit haben die weißen Frauen in Cirkunci in einer Grotte gelebt, zu welcher man vom Haus Javorsk kommen kann. In der Nähe der genannten Grotte gibt es die Felder des Rados, wo die weißen Frauen gemäht haben, während die Mäherinnen gejausnet haben. Sie haben viel mehr gemäht als alle Mäherinnen zusammen. Dafür haben sie einen Topfenstrudel auf die Felder bringen müssen. Gemäht haben sie nur mit solchen Sensen, bei denen die Mäherinnen nicht in die Hände gespuckt haben.*

*In Ravnica neben Ljubno haben sie gegen den Hagel geschossen. Einmal haben sie eine weiße Frau heruntergeschossen. Sie haben*

20

*sie dann auf einem Felsen leben lassen und ihr auch zu Essen gege-*
*ben. Sie hat den Leuten vom Dorf aber Glück gebracht.*

(Vgl. Haid, Aufbruch in die Einsamkeit, S. 85 f.)

Diese und weitere slowenische Sagen haben wir Janez Bizjak zu
verdanken, dem langjährigen Direktor des Nationalparks Triglav
und einem überaus interessierten und unermüdlichen Erforscher
der alten slowenischen Kultur, der Sagen und Ur- und Frühgeschichte des Landes.

Entnommen sind die Sagen einer längst vergriffenen, im Jahr
1926 nur auf Slowenisch erschienenen Sammlung.

## DIE WEISSGEKLEIDETE JUNGFRAU
## VON KALTENBRUNN

Es ist es in höchstem Maße bemerkenswert, wie diese Geschichte
ungewollt und eher zufällig in eine offizielle, also kirchlich appro-
bierte Schilderung der Wallfahrt von *Kaltenbrunn* im Tiroler
Oberinntal hineingeraten ist. Die Nachricht erscheint so nebenbei, bildet aber einen wichtigen Kern des Mythos dieser Wallfahrt.
Immer wieder finden sich solche Elemente ja eher zwischen den
Zeilen. Der fromme Wallfahrts-Seelsorger stellt selbstverständlich
die Madonna in den Vordergrund, den goldenen Strahlenkranz,
die Gläubigkeit der Amtskirche, die Zahl der frommen Besucher
und Kommunionempfänger. Mindestens genauso wichtig sind
auch die eisernen Kästen neben den zu verkaufenden Kerzen, Wall-
fahrtsbildern, Wallfahrtsbeschreibungen und Souvenirs: die Büch-
sen für gottgefällige Spenden. Die Nachrichten über die Entstehung einer Wallfahrt müssen katholisch korrekt sein. Nur ganz
selten finden sich in offiziellen Wallfahrts-Beschreibungen Hin-

weise auf vorchristlichen oder gar „heidnischen" Kult. In einer der Broschüren über die Wallfahrt von Kaltenbrunn ist folgende Notiz zu finden:

*Zu dieser Zeit sahen auch Bauern, die im Walde oben arbeiteten, Pilgerfahrten mit einer roten Fahne nach Kaltenbrunn ziehen. Solche Kreuzgänge, denen eine weißgekleidete Jungfrau das Kreuz vorantrug, wurden von mehreren Personen in Gesichten vorausgeschaut.*

Also trägt die Jungfrau das Kreuz voraus. Diese Jungfrau ist weiß gekleidet. Und die Pilger kommen mit einer roten Fahne. In einer auch wieder unscheinbaren und kaum beachteten Darstellung in einem kleinen Medaillon an der Decke der Wallfahrtskirche ist dieser Vorgang dargestellt. Also war das für die Leute zumindest in früheren Jahrzehnten oder Jahrhunderten sehr wichtig: die weißgekleidete Jungfrau und die rote Fahne.

Nicht real, sondern „in Gesichten vorausgeschaut" ist dieses merkwürdige Ereignis. Es soll also eher an einen Traum erinnern, an ein Phantom. Die weißgekleidete Jungfrau: warum gerade eine Jungfrau? Woher kommt sie? Kommt sie wie die meisten Pilger aus dem Tal herauf, aus der Umgebung, aus dem Raum Landeck? Oder kommt sie vom Berg herunter? Dort ragen die gewaltigen Felsberge weit über 3500 m hinauf und oben befindet sich das Reich der *Saligen Fräulein*. In der Eiswelt der Gletscher leben sie im Kristallpalast.

Die *Saligen* werden in den Beschreibungen der Sagen als unnahbar geschildert, weiß und prächtig gewandet.

Warum geht eine Jungfrau mit dem Kreuz voran? Warum ist es nicht, wie üblich, ein männlicher Kreuzträger? Ist es eine blutgetränkte Fahne? Die weißgekleidete Jungfrau ist sicher eine *Salige*. Sie kommt aus einer anderen Welt, aus der *Anderswelt* der

*Der „Fee-Gletscher" bei Saas-Fee in der Schweiz.*

nahen Gletscher. Sie kommt aus einer anderen Zeit und aus einer anderen Kultur. Sie hat sich hineingeschwindelt. In vielen Wallfahrts-Legenden werden wir lernen, zwischen den Zeilen zu lesen und dort die ältesten Elemente zu entdecken, die zum überwiegenden Teil auf sehr raffinierte Weise verchristlicht wurden. Das macht auch die bravste christkatholische Wallfahrtsbeschreibung so spannend, rätselhaft, vieldeutig und widersprüchlich.

Namengebend für den Wallfahrtsort Kaltenbrunn ist zwar der „Kalte Brunnen". Der ist aber versiegt und beseitigt. Der Platz ist keineswegs attraktiv oder lieblich. Und trotzdem entstand dort eine der markantesten Wallfahrtsstätten Tirols. (Siehe dazu auch das Kapitel „Rund um den Similaun", S. 191!)

## DIE MYTHISCHE JUNGFRAU
## IM VRENELISGÄRTLI

Es ist die **Verena** im Glarnerland, weit droben in den Bergen, beim Gletscher, dessen weiße Kuppe die Einheimischen gemäß der mündlichen Überlieferung **Vrenelisgärtli** nennen. Die wichtigsten Informationen dazu sind der Schweizer Kulturforscherin Christina SCHLATTER zu verdanken, die im Jahre 2005 gemeinsam mit Kurt DERUNGS das Buch „Quellen Kulte Zauberberge – Landschaftsmythologie der Ostschweiz und Vorarlbergs" publiziert hat. Darin wird die wohl bekannteste Sagengruppe des Kantons Glarus immer wieder erwähnt und beschrieben („Vrenelisgärtli im Garten der Verena" [S. 60–67]). Verena ist die Ahnfrau, zugleich aber auch die Jungfrau. Der Name weist in die „vorkeltische Bronzezeit zurück" und gehört damit zur „ältesten Sprachschicht des Glarnerlandes". Weit droben in der Gletscherwelt wohnt sie, im Garten der Verena, unter Schnee und Eis. Sie ist die **Mythische Jungfrau.** Sie ist zugleich die Heilige, zumindest die verchristlichte „Mond- und Berggöttin". Sie ist aber auch die „stolze und übermütige Jungfrau".

Bereits 1873 hat *Die Alpenpost* die Sage abgedruckt. Diese Fassung ist dem genannten Buch von Derungs und Schlatter entnommen:

*Auf einem Felskopf des Glärnisch lag früher eine grasreiche Alpweide, die einer Witwe aus dem Linthal gehörte. Wenn diese im Sommer mit ihrem Vieh zu Berg fuhr, nahm sie auch ihre Tochter Verena mit, die da oben ihrer wilden Natur freien Lauf lassen konnte. So wuchs das Mädchen heran, ohne von strenger Hand im Zaum gehalten zu werden, und wurde eine gar stolze und übermütige Jungfrau. Nur ungern trennte sich die Jungfrau im Herbst von ihren Matten. Wenn der Winter kam und mit Eis und Schnee alles überdeckte, blickte Verena oft zornig hinauf auf den Glärnisch und wurde zornig über den weißen Mantel, der sich auch über ihre Alp ausgebreitet hatte. Da beschloß sie, dem Winter zu trotzen und droben auf der Höhe des Glärnisch mitten in Eis und Schnee Blumen zu pflanzen. Die gottvergessene Jungfrau nahm ein großes Sennkessi und machte sich auf den Weg. Vergebens bat die Mutter, sie möge Vernunft annehmen und Gott nicht auf frevelhafte Weise versuchen. Doch sie blieb hartnäckig und ging hinauf. Nach unsäglicher Mühe gelangte sie auf den Felskopf, wo ihr Besitztum war. Da grub sie mit den Händen den Schnee auf und setzte in die entblößte Erde die Blumen, die sie vom Tal mit hinauf genommen hatte. Allein auf dem Sennkessi, das Verena zum Schutz gegen den Schnee über sich genommen hatte, häufte sich eine große Schneemasse an, sodaß sie diese nicht mehr zu tragen vermochte. So mußte sie zur Strafe für ihren Übermut verhungern und erfrieren. Das Sennkessi aber wuchs und dehnte sich über die ganze Alp aus. Die Schneemassen, die sich allmählich auf ihm absetzten, erstarrten und wurden zu Firn und Eis. So erhielt dieser Gletscher seine gewölbte Form und wurde Vrenelisgärtli genannt.*

(Derungs/Schlatter, S. 62 f.)

Vergleiche zu anderen weiblichen Sagengestalten der Alpen lassen sich herstellen, ja drängen sich geradezu auf. So sei an die von ihrem hartherzigen Vater in die Gletscherwelt des Marzell (bzw. Murzoll) in den Ötztaler Alpen verbannte *Geier-Wally* erinnert oder an die *Weiße Frau* im hintersten Lötschental, an die Gletscher-Göttin *Tanna* in den Dolomiten, an die Jungfrau im *Morteratsch*-Gletscher, an die *Saligen* und die *Saližne*.

## DIE ERZFRÄULEIN VON MITTENWALD

Ausnahmsweise gab bzw. gibt es auch weibliche Entsprechungen zu den weitverbreiteten Geschichten der *Venediger*-Männlein, diesen geheimnisvollen kleinen Männern, die nach Erzen suchen und die auch durch allerlei Kunstfertigkeiten und großes Wissen speziell über die Natur berühmt geworden sind.

Aus dem *Isar*-Winkel, speziell aus Mittenwald berichtet eine Sage, die unter anderem von Willibald Schmidt 1936 veröffentlicht wurde und die bei Derungs/Schlatter erwähnt ist, von den *Erzfräulein von Mittenwald*:

*In alter Zeit zeigten sich bei Mittenwald oft die Venediger Fräulein. Wenn man aber darauf zuging, verschwanden sie, weil sie sich verblenden konnten. Immer wieder hörte man sie ihre Namen schreien: STRUTZIMUTZI, STRÄUSSLIFAISSLI und STEIN-TOT, solange bis man hinter den Schatz kam und im Ried die Erzgruben eröffnete.* (Derungs/Schlatter, S. 169)

Die drei Namen muten merkwürdig altertümlich an. Dass die naturkundigen Fräulein zu dritt erscheinen, macht die Sage zusätzlich spannend und interessant. Damit erinnern sie an die bekannte Dreiheit der Nornen und Parzen, aber auch von Ambeth, Borbet und Wilbeth genauso wie von Barbara, Katharina und Margaretha. In einigen Sagen, vor allem in den Ötztaler Alpen, erscheinen auch die *Saligen* Fräulein als Dreiheit.

Und genau dorthin führt eine weitere geheimnisvolle weibliche Gestalt:

*26*

## DIE GEIERWALLY AUF MURZOLL

Heute kennen die Einheimischen und die Tourenkarten nur mehr den Berg- und Gletschernamen *Marzell*. In alten Karten vor 1850 und vor allem im bekannten Roman *Die Geierwally* der Wilhelmine von Hillern heißt es noch *Murzoll*. Der Name konnte bislang nicht gedeutet werden. Franz Senn, von 1860 bis 1872 Kurat in Vent und vor allem maßgeblicher Gründer des Deutschen Alpenvereins, hat sogar einen Zusammenhang mit *Mariazell* herzustellen versucht. Der überaus populäre Roman über die *Geierwally* ist 1887 in einer italienischen Übersetzung erschienen und hat den Opernkomponisten Alfredo CATALANI zu seiner Oper *La Wally* angeregt.

Die Romanfigur der *Wally* gilt als Erfindung der deutschen Autorin Wilhelmine von Hillern. Allerdings wusste die Autorin, in genauer Kenntnis des hintersten Ötztales mit Vent, dem Similaun, dem Rofenhof und dem mächtigen Marzell-Ferner auch von den reichlich vorhandenen Sagen. Sie kennt und nennt sie: *Dies war der Vorhof zur Eisburg Murzolls, von der im Ötztal so viele Sagen gehen, wo die saligen Fräulein hausen.* Im Roman stehen sie sogar der in die Gletscherwelt verbannten Wally hilfreich bei.

Der *Murzoll* ist bei Wilhelmine von Hillern der personifizierte Wilde Mann, *seine Haare waren beschneite Fichten, seine Augen Eis, sein Bart war Moos, und die Brauen waren Edelweiß. Auf seiner Stirn stand als Diadem die Mondessichel ...* Der Murzoll will der Wally helfen. Er bringt sie weit hinauf in die Gletscherwelt, wo seine „Töchter" leben. *Und er trug sie durch weite, weite Hallen und endlose Gänge von Eis hindurch, und sie kamen in einen großen Saal, der war ganz durchsichtig wie von Kristall und die Sonnenstrahlen fielen herein und brachen sich in Millionen Funken ... Da spielten weiße, schneeglitzernde Mädchengestalten in*

*27*

*wallendem Nebelschleier mit einer Herde Gämsen ... Das waren die Töchter Murzolls, die saligen Fräulein des Ötztals.* [S. 47] *Die Wally kann aber unter den Bedingungen im Reiche des Murzoll und dessen Töchtern aufgenommen und gerettet werden, wenn sie allem weiteren Kontakt mit den Menschen im Tal, vor allem der* [geheimen] *Liebe zum Gämsenjäger abschwört. Die Wally liebt ihren Josef.* ,*Wenn du wieder unter die Menschen gehst, so zerschmettern wir den Joseph und werfen dich mit ihm in den Abgrund.*' *So drohten die Saligen.* ,*Denn keiner darf unter den Menschen leben, der uns gesehen.*'

Die **Wally** selbst ist eine *Salige*. Sie blieb, so weit einem Teil des Romans und vor allem der Catalani-Oper folgend, eine Jungfrau. Die dramatische Szene des geraubten Kusses und das Opernfinale mit Lawine, Todesschrei und Tod gestatten einige Rückschlüsse und Thesen. Dass sie gemäß dem Roman ein Adlernest ausgenommen und den jungen Adler überall hin als Begleiter mitgenommen hat, lässt sie durchaus als „Herrin der Tiere" erscheinen, ähnlich den *Saligen*. Auch hat sie die extremen Situationen als auf den Gletscher Verbannte überstehen können: dank ihrer „übernatürlichen" Kräfte und ihres Wissens um das Überleben nahe dem Gletscher.

Weiße Frauen, weise Frauen, Salige, Salžene usw., aber auch die jetzt so benannten *Gletscherfrauen* gehören zu den großen Alpen-Mythen. Sie heißen auch Langtüttin, Virginal, Vreneli, Tanna, Uldeunen, Gauli-Wiibli, Alp-Müeterli, Hure Kathry, Dialen, Madrisa, Vereina, Silvretta, Alpina etc. Unzählbar beherrschen sie bis heute die Sagen- und Mythenwelt der Alpen, weitaus mehr als alle männlichen Gestalten wie „Wilder Mann" oder „Venediger". Besonders die Gletscherwelt der Hochalpen birgt ungewöhnliche und einzigartige Geheimnisse. Dort befinden wir uns in Rückzugslandschaften mit allergrößter Beharrlichkeit. Hier finden wir Prototypen ältester europäischer und menschlicher Kultur und Zivilisation, von Kulten, Mythen und Traditionen, von allerältesten und mühsamsten Formen der Lebens- und Überlebenskultur unter besonders erschwerten Bedingungen.

Hinzu kommt, dass die extrem gelegenen Berggebiete weitgehend frei waren von kriegerischen Auseinandersetzungen, von gewaltsamen Ausrottungen, von feindlichen Übernahmen.

Im gesamten Alpenraum, von den französischen Seealpen bis zum slowenischen Triglav-Nationalpark, besonders konzentriert in den Dolomiten, in Graubünden, im Wallis, in Teilen Tirols, ist die Sagenwelt überaus reich an dominanten weiblichen Gestalten. Es sind durchwegs den Menschen wohlgesonnene Frauen. Sie können aber auch Rächerinnen sein, die als Todbringer auftreten, die Naturkatastrophen wie Lawinen und Muren schicken.

Sie treten auf als *Heilige und Hure*, als *Sontga Margriatha* oder als *Hure Kathry* in einigen Blümlisalp-Sagen. Durchwegs sind sie strahlend, weise, hilfreich, mütterlich und mit einem überdurchschnittlichen Wissen ausgestattet. Meist als Einzelperson, treten sie aber auch als bekannte *Dreiheit* auf. Es sei erinnert an Ambeth, Borbet und Wilbeth und ihre verchristlichten Nachfolgerinnen Barbara, Katharina, Margaretha oder als Nornen und Parzen in antiken Sagenstoffen.

Wichtig erscheint auch der Hinweis auf ihre Rolle bei der Benennung von Alpengipfeln:

So heißen im Berner Oberland, nahe Kandersteg zwei markante Berge *Wildi Frau* (3259 m) und *Wissi Frau* (3650 m); beide liegen im Gebirgsstock mit der Blümlisalp und der reichen Sagenlandschaft des angrenzenden Lötschentales im Kanton Wallis, wo auch die *Weiße Frau* zuhause ist.

Erinnert sei auch an den stolzen Berggipfel *Jungfrau* (4158 m), an den *Fee*-Gletscher bei Saas Fee, an den Ötztaler Gletscherberg *Hohe Wilde* (3486 m) mitsamt der kleinen vorgelagerten Bergspitze, dem *An(n)a*-Kogl (3333 m).

Nicht wesentlich andere Frauengestalten bevölkern übrigens auch die Berge im Chitral/Himalaya. So lebt am Tirich Mir die Feenkönigin mit ihrem Gefolge in ihrem Kristallpalast – ganz so wie die Saligen in ihrem alpinen Kristallpalast unter den Gletschern.

„Virginal" ist eine andere, aber ebenso geheimnisvolle Eiskönigin, die nach der Legende mit den milchspendenden Brüsten der Mutter Erde in Verbindung gebracht wird.

# ITALIEN

(ohne Südtirol)

## ITALIENISCHE STATIONEN VOM MONTE SACCARELLO ZUM MONTE LUSCHARI, SANT ANNA DI VINADIO, NOTRE DAME DE LA GUERISON, DIE QUADERNI DI CULTURA ALPINA etc.

## AUF DEM LUSCHARI-BERG, BEI DER „KÖNIGIN DER EUROPÄISCHEN VÖLKER"

Einer der bedeutendsten Wallfahrtsorte Italiens ist der *Luschari-Berg*, der zur Pfarre Camporosso der Provinz Udine gehört. „Hier ist der Himmel näher", heißt es im neuen, auch auf deutsch erhältlichen Prospekt. Der prominente Wallfahrtsort sieht sich jetzt nämlich ganz dem europäischen Gedanken verpflichtet. Folglich ist im Prospekt auch ein Gebet „zur Königin der Europäischen Völker" abgedruckt, das mit den Worten „Gottesmutter von Luschari, Königin Europas, bitte für uns!" endet.

Der Luschari-Berg verdankt seine große Bedeutung als Wallfahrtsort seinem Standort am Kreuzungspunkt dreier wichtiger Alpenvölker und Alpenkulturen: Slowenen, Romanen und Deutschen. In einer der interessantesten Beschreibungen des Wallfahrtsortes heißt es eingangs:

*Die drei mitteleuropäischen Völkerfamilien sind … in so naher Berührung, wie kaum an einem anderen Punkte. Die Grenzlinien deutscher, slavischer und romanischer Nationalität laufen hier in einem Gebirgswinkel zusammen, in welchem der Wischberg, der*

*In der Kulthöhle von Pradis in Friaul /Italien.*

*Manhart* [Mangart] *und der Montasio ihre kahlen Felsenhäupter in die Lüfte erheben. Wohl trennen hohe Bergspitzen, steile schwer übersteigbare Felsengrate die Thalbewohner verschiedener Zunge, aber dennoch wandern gerade in diesem Alpenwinkel aus weiter Ferne in langen zahlreichen Zügen Angehörige jeder der genannten Nationen. "*

Der Luschari-Berg gilt als der **Heilige Berg** der Völker slowenischer, italienischer und deutscher Muttersprache. Die Slowenen nennen ihn „svete Visarje". Nach einer Sage wird die Entstehung der Wallfahrt im christlichen Sinn um das Jahr 1360 so erklärt:

*Ein Hirt, der auf dem Berge seine Schafe weidete, fand sie eines Tages nach langem Herumsuchen auf dem Gipfel desselben vor einem Wacholderstrauche auf den Vorderfüßen knieend und in dem Strauche selbst ein altes in Holz geschnitztes Marienbild, das er mit sich nach Saifnitz nahm und dem Seelsorger daselbst zur Aufbewahrung übergab. Doch am nächsten Morgen fand er seine Lämmer und das Bild dennoch an derselben Stelle wieder, und da dies auch am dritten Tage der Fall war, so verordnete der Bischof von Aquileja, zu dessen Sprengel damals diese Gegend gehörte, nachdem ihm diese Begebenheit berichtet worden, daß an der Stelle, wo das Bild gefunden wurde, eine Kapelle erbaut und darin das Bild zur Verehrung ausgestellt werde. So berichtet die in Gesängen und Gebeten erhaltene Sage.*

Diese Sage und der Bericht sind im Jahrbuch des Österreichischen Alpenvereins, Band I vom Jahre 1865 abgedruckt. Verfasser ist J. PRETTNER. „Der heilige (Luschari-) Berg in Kärnten" heißt der Beitrag; tatsächlich gehörte ja der Berg bis 1918 zu Kärnten.

Euphorisch-schwärmerisch beginnt dafür die Beschreibung durch Pfarrer HOPPE im Jahre 1913:

*Sei mir gegrüßt, du hoher, heiliger Berg, du stolzer Ruhm des Kärntnerlandes, du kostbares Juwel im Steingeschmeide der Julischen Alpen! Dich grüßen von allen Seiten her die ungeheuren Felsbrüder: des Mangarts Riesenwände, des Wischbergs stolzer Grat, des Triglavs kahle Häupter, wahrhaft die Fürsten der julischen Berge. Dir winkt ganz nahe des Steinernen Jägers wildes Gehänge, dir winkt – ein Bruder dem Bruder – der vielgerühmte, schöne Dobratsch ...*                            (Hoppe, S. 351)

Für Hoppe war der Luschari-Berg der „allerhöchst gelegene Wallfahrtsort der Monarchie". Hier irrt er allerdings. Der heutigen katholischen Wallfahrt geht vermutlich eine viel ältere vorchristliche Kultstätte voraus, da erste frühgeschichtliche Funde und

Hinweise auf eine sehr alte Nutzung dieses markanten Berges hindeuten.

Bedeutungsvoll ist auf jeden Fall die Entstehungslegende mit den Schafen und dem Marienbild, die u. a. an die Kapelle auf dem Dobratsch, an Kaltenbrunn in Tirol und an viele ähnliche Legenden an anderen Wallfahrtsorten erinnert.

Auch die neue Orientierung der Wallfahrt im europäischen Geist, hin zur „Königin Europas" und zur „Königin der europäischen Völker" ist von Interesse. Seit 2004 zählen ja Staaten mit slawischer Sprache und Kultur zur Europäischen Union – der Wallfahrts-Geist hat diese Einbeziehung des Slawischen quasi vorweggenommen.

## DIE GRÜNEN GROTTEN VON PRADIS

in Friaul-Julisch Venetien sind ein besonderer Platz: Man hat in diesen Grotten und Höhlen Werkzeuge aus Silex gefunden, was auf eine urzeitliche Besiedelung hindeutet. Im Jahr 1964 fasste der Pfarrer von Pradis di Sotto, Don Terziano CATTARUZZA dann den Beschluss, diesen Platz zu einer neuen Kult-Stätte und Touristenattraktion umzuwandeln. In der größten, der Madonna geweihten Grotte, wurde eine Bronzefigur aufgestellt, und anlässlich der Weihnachtsmette am 24. Dezember 1968, so berichtet der Prospekt (auch in deutsch erhältlich), „zum internationalen Tempel der Höhlenforscher". Seit diesem Jahr feiern die Höhlenforscher jährlich dort ihre Weihnachtsmesse.

Auch so kann die Wandlung eines prähistorischen Kult(ur)-Platzes zu einer modernen Pilgerstätte erfolgen. Das ist durchaus legitim, wenn gewisse Rahmenbedingungen eingehalten werden. Es ist ohnedies ein nicht ungefährlicher Grenzgang, der bei der

Betrachtung und der Analyse von Wallfahrt und Kult gewagt werden muss.

In einem weiten Sprung durchqueren wir im Folgenden einen großen Teil Italiens und starten eine interessante Kultur-Reise nach Ligurien, pilgern durch piemontesische Bergtäler, streifen lombardische Kulturstätten und gelangen über das Veltlin oder durch das weltweit größte Freilichtmuseum der prähistorischen Felsbilder in der Val Camonica schließlich nach Südtirol und nach Österreich.

## RUND UM DEN MONTE SACCARELLO UND BEI DEN BRIGASKERN

An der Grenze der beiden italienischen Provinzen Ligurien und Piemont mit der französischen Region Nizza lebt eine winzige Sprachminderheit von etwa 800 aktiven Sprechern des *Brigaskischen*. Die einen halten das Brigaskische für einen alten französischen Dialekt; andere klassifizieren und erheben es zu einer eigenen Sprache mit vielen ungeklärten Ursprüngen und Zusammenhängen. Alle Brigasker wohnen in kleinen Bergdörfern rund um ihren *Heiligen* Berg, den ca. 2200 m hohen *Mont Saccarel / Monte Saccarello*.

Anlässlich einer Fachexkursion der *pro vita alpina* haben wir diese Gegend besucht: wir haben in Triora und Realdo Station gemacht, konnten von einem dort wohnhaften Dichter einige Verse auf Brigaskisch vernehmen, in Triora geheimnisvolle Geschichten über das *Hexendorf* hören und das dortige „Hexen"-Museum besuchen, konnten in prähistorisch genutzte Höhlen hineinklettern und schließlich in einer fulminanten Gourmet-Station einkehren. Bei dieser Gelegenheit erfuhren wir auch einiges zur Bedeutung des Berges *Saccarel / Saccarello*.

*35*

So findet sich in der brigaskischen Zeitschrift *R NI D'AIGÜRA il Nido d'Aquila*, Nummer 37/2002, eine umfangreiche Dokumentation heiliger Grotten und Höhlen, „Grotte sacre e Leggendarie dalle Alpi Marittime alle Alpui Apuane", zusammengestellt von Giorgio CASANOVA, in der über dreißig solcher Stätten aufgelistet werden.

Die Nummer 24 /1995 der oben genannten Zeitschrift enthält ein Verzeichnis religiöser Stätten, darunter 13 zur Madonna, also zur Mutter Gottes und zur Mutter Anna sowie weitere 40 zu verschiedenen Heiligen. Zweimal ist eine Stätte „della Neve", also zu „Maria Schnee" genannt, einmal auf 784 m Höhe bei Badalucco und einmal auf 1300 m bei Triora.

Auf der französischen Seite dieser bemerkenswerten und kaum bekannten Kulturregion gibt es dann unten in einem Seitental des *Roya* die berühmte Kirche „Notre Dame des Fontaines" mit den schrecklichen, teilweise grausamen, teilweise überwältigend eindrucksvollen Fresken, die alpenweit ihresgleichen suchen.

(Vgl. dazu Haid, Mythos und Kult in den Alpen, u. a. S. 135)

Im Hauptort des Roya-Tales, in Tende befindet sich das Museum der einzigartigen Felsritzbilder des *Mont Bego.*

In unmittelbarer Nähe zum Standort des ligurischen Partners der alpenweiten Vereinigung *pro vita alpina*, bei der Ortschaft Vendone, ist eine neuzeitliche Kult-Stätte besonderer Art zu entdecken: In einem kleinen Ort in der Nähe von Vendone hat hier ein Steinbildhauer, seine Steinsäulen und Menhire sehr eindrucksvoll in die Landschaft gesetzt. Und in der Nähe, auf dem *Halbmond-Joch* (Passo Mazzaluna" auf ungefähr 1400 Meter Seehöhe) steht ein mächtiger, eindrucksvoller, zwei Meter hoher Menhir.

(Siehe dazu Haid, Mythos und Kult in den Alpen, Seite 21)

Einer der regional wichtigsten und zugleich höchstgelegenen Wallfahrtsorte ist

## S. ANNA DI VINADIO

Ausgehend vom Ort Vinadio im Val Stura führt ein teilweise extrem ausgesetztes kleines Bergsträsschen ca. 15 km hinauf in die Nähe des Passo di Sant Anna (2308 m). Die überwältigende Größe und Monumentalität der Wallfahrt S. Anna di Vinadio auf 2010 m ist für den Besucher dann überraschend und sehr beeindruckend.

(Siehe dazu auch in Haid, Mythos und Kult in den Alpen, S. 156)

Über den Passo di Sant Anna und den daneben befindlichen Colle delle Lombarda führten und führen alte Wege von Italien nach Frankreich. Diese Wege dienten früher auch dem Salztransport. Die größte Bedeutung hat diese Route aber als Wallfahrtsweg, sowohl aus den italienischen wie aus den französischen Tälern. Bei Michelangelo BRUNO sind ausführliche Schilderungen der wichtigsten Grenzübergänge in diesem Teil der Alpen nachzulesen. Immer wieder waren diese Pässe auch Schauplatz kriegerischer Auseinandersetzungen. Zuletzt diente der Pass während des Zweiten Weltkriegs als „Bollwerk" heißer blutiger Schlachten im Jahre 1940.                    (Michelangelo Bruno, Valichi di provenza)

Als katholisch-marianische Wallfahrt ist Sankt Anna seit dem 11. Jahrhundert bezeugt. Aber es gibt stichhaltige Hinweise auf einen möglicherweise prähistorischen Kultplatz. Nach der Legende sei die Mutter Anna einem Hirtenmädchen namens Anna Bagnis erschienen und trug ihm auf, an diesem Ort eine kleine Kirche zu errichten. Bemerkenswert erscheint die Nachricht, dass diese Stätte der „Maria de Brasca" geweiht war, dass aber erst ab 1443 die Verehrung „Unserer Frau Sankt Anna" begann. Und noch später hat sich der jetzige Name der Wallfahrt mit „Santuario di Sant' Anna di Vinadio" durchgesetzt. Ob *Anna* oder *Maria*: In jedem Fall ist es ein Ort der Mutter und der Madonna. Eine Stätte der

Frau, ein *Frauen*-Kult-Ort mit eindringlicher Ausstrahlung und starkem Mythos!

Auf der anderen Seite des Val Stura, hoch in den Bergen auf halber Strecke ins Val Maira, liegt der ebenfalls sehr bedeutende Wallfahrtsort

## CASTELMAGNO.

Dieser scheinbar abgelegene, auf 1760 m Höhe angesiedelte eindrucksvolle Ort ist das Ziel zahlreicher Wallfahrer.

(Vgl. Haid, Mythos und Kult, u. a. S. 131, 132, 147)

Eine Erkundungsreise der *pro vita alpina* führte quasi als Pilgerfahrt in ein weiteres nördlich gelegenes Tal der Provinz Cuneo, in das Valle Varaita.

In diesem Tal lebt und wirkt eine der wichtigsten Persönlichkeiten der alpinen Kultur, Luigi DEMATTEIS, der Herausgeber der alpenweit umfassendsten und vielfältigsten Buchreihe, der *„Quaderni di Cultura Alpina"* mit mehr als 80 Einzelpublikationen. Dort wohnen und leben auch die Familien seiner Kinder mitsamt den jetzt über 20 Enkelkindern. Hier entstand wirklich *Neues* Leben, sowohl hinsichtlich der Aktionen zur Revitalisierung alter Gebäude, als auch in vorbildlicher Weise im Bereich des „sanften", also des ökologischen und nachhaltigen Tourismus. Es ist auch eines jener piemontesischen Bergtäler, in denen sich die alte occitanische bzw. provenzalische Sprache am lebendigsten erhalten hat. Dort, speziell in den Orten Rore und Sampeyre (St. Peter) finden wir auch einen der typischen und regional sehr wichtigen Fasnachtsbräuche.

Das vom Tourismus fast überhaupt nicht berührte Tal beeindruckt ebenso durch die vielen kleineren und größeren Kirchen in der Ebene und an den Berghängen.

*38*

Zuhinterst im Tal liegt eines der am besten ursprünglich erhaltenen Bergdörfer Italiens und der gesamten Alpen: *Bellino* bzw. *Blins.* Hier finden wir das Musterbeispiel einer großartigen altertümlichen Baukultur. In den kleinen Kirchen stößt man auf unglaubliche Schätze – eigenartige Figuren, eingemauerte, sogar auf den Kopf gestellte Köpfe. Zuhinterst im Tal liegt die kleine Wallfahrtskirche *S. Anna.*

(Vgl. Haid, Mythos und Kult, S. 155 und 169)

Luigi Dematteis informiert in lebendigen und überaus kundigen Exkursionen unter anderem darüber, dass es über *Blinio/Blins/ Bellino* und *S. Anna* auf einen Pass hinaufgeht, den *Colle dell Auteret* (2875 m), der im Volksmund „Kleiner Altar" genannt wird, über den ein alter Wallfahrtsweg und sogar ein Teil des Jakobsweges führt. In der kleinen Bergkirche von Celle befindet sich daher auch eine Darstellung des heiligen Jakob. An einigen alten Häusern sind noch Inschriften mit alten Weihe-Zeichen, dem doppelten V zum W für „Viva": es lebe! zu entdecken.

## MARIEN-WALLFAHRTEN IN DEN ITALIENISCHEN ALPEN

Ein Buch der Serie *„Quaderni di cultura alpina"* stammt von Piercarlo JORIO und trägt den Titel *„Santuari Mariani dell'arco alpino italiano".* Darin sind viele wichtige und markante Heiligtümer beschrieben, einschließlich *Sant Anna di Vinadio* und anderen Stätten der Heiligen Mutter Anna. Auf die drei bedeutendsten, nämlich *„Santuario della Madonna delle Neve", Santuario di Notre Dame de la Guersion (del Barrier) und Santuario della Madonna Della Corona* sei im Folgenden näher eingegangen.

*39*

*Saint Barthelemey-Cuney*, das Heiligtum der *Madonna della Neve*, also zu Maria Schnee ist mit 2652 m der höchstgelegene Wallfahrtsort von Aosta und einer der höchstgelegenen Pilgerstätten der Alpen überhaupt; vom Talort aus ist er in drei Stunden erreichbar. Ziemlich sicher gilt diese Stätte schon als prähistorisch genutzte Hochgebirgs-Station. Piercarlo Jorio schreibt, es könnte ein Zentrum uralter Riten gewesen sein.

Die Madonna wird auch in einem ganz besonderen Anliegen um Hilfe und Schutz gebeten: Sie ist die Beschützerin einer wichtigen Bewässerungsanlage für die Felder und Fluren. Auch heute noch gilt das Wasser, das in der Nähe des Heiligtums entspringt, als besonders wertvoll, speziell für die Felder und für eine gute Ernte.

Ein anderes Heiligtum befindet sich oberhalb von *Courmayeur*. Es ist die Wallfahrt *Notre Dame de la Guerison* auf 1440 m Höhe, Maria „von der Heimsuchung", ganz nahe und in Sichtweite zu den Gletschern. Es ist bekannt, dass spätestens um 1537 in der Nähe des Gletschers ein Holzkreuz stand; nach dessen Zerfall wurde weiter unten die erste Kapelle gebaut. Nach 1800 wuchs der Gletscher so stark an, dass er die damalige Kirche gefährdete. Alle Votivgaben wurden entfernt. Schließlich wurde die Kirche vom Gletscher zerstört und an anderer Stelle eine neue Kirche erbaut.

Das eindrucksvoll in den Felswänden des Monte Baldo gelegene Heiligtum *Madonna della Corona* liegt zwar auf „nur" 774 m, klebt aber so extrem steil in den Felswänden, dass es auf jeden Fall zu den eindrucksvollsten Bergheiligtümern der Alpen gezählt werden darf.

Der alte Zugang führt von *Brentino* im Etschtal über 1540 Stufen, von *Spiazzi* über 744 und vom Hospiz über 765 Stufen. Von oben her gibt es eine Straßenverbindung.

*Der eindrucksvolle Wallfahrtsort Sant Anna di Vinadio auf knapp über 2000 m an der Grenze Piemont/Italien zu Frankreich.*

Nachweisbar liegt der Ursprung dieses Ortes im 16. oder 17. Jahrhundert.

Lange Zeit konnte man die erste kleine Kapelle nur erreichen, indem man von oben über die Felswand abgeseilt wurde. Um einen besseren Zugang zu ermöglichen, baten die Bewohner von Spiazzi die Madonna um Hilfe. *In der Nacht wuchs aus einem Stein ein großer weiblicher Lindenbaum, dessen Äste so gebogen sind, dass sie eine Brücke tragen konnten … Bald wurden dem Baum magische Kräfte zugeschrieben, was dazu führte, dass er durch das häufige Entnehmen von ‚Reliquien‘ und der Nutzung des ‚Pulvers‘ verschwand und die Brücke durch eine Steinbrücke ersetzt wurde.*

(Jorio, S. 140 f., in der deutschen Übersetzung durch Barbara Haid)

Eine neue Publikation über Wallfahrten in Italien ist im Jahre 2000 im Verlag Musumeci editore in Quart/Aosta erschienen. Der

Fotograf Luciano RAMIRES hat darin die *Processioni in Valle d'Aosta* in überaus eindrucksvollen Bildern dokumentiert.

In der ganzen Welt bekannt, vielfach beschrieben und in vielen Büchern dokumentiert sind die Felszeichnungen des

VALCAMONICA.

Dieser „Nationalpark der Felszeichnungen" beinhaltet inzwischen mehr als 300.000 in die Felsen geritzte Zeichnungen, die seit 8000 Jahren bestehen. Die meisten „Zeichnungen" (besser: „Stein-Gravierungen") stammen aus der Eisenzeit, dem 1. Jahrtausend v. Chr. Ein Teil des Geländes im „Park der hundert Felsen" heißt *Naquane*. Es ist nach der mündlichen Überlieferung der Ort der *Quellgöttinnen*, ein Kultplatz der Frauen. Das überrascht, weil ein erheblicher Teil der Zeichnungen militant und männlich ist. Der Felsen mit der „Totenszene", der „Felsen der Begräbnisse", der „Felsen der Andacht" und der „Felsen der Betenden" birgt aber „weibliche Geheimnisse". Neuerdings ist eine kleine Broschüre, verfasst von Alberto GALBIATI, auch in deutscher Übersetzung im Nationalpark erhältlich.

Weitere wichtige Stationen unserer Wanderung finden sich in den Bergtälern der Provinz Cuneo, insbesondere in *Sanct Lucia di Coumboscuro*, in *San Martino im Val Maira*, in *Rore/Val Varaita*. In dem kleinen Bergdorf *Sanct Lucia* wurde ein kleines Lokalmuseum der örtlichen provenzalischen Kultur aufgebaut. Dessen Gründer Sergio ARNEODO organisiert mit seiner Familie auch lokale Feste und Prozessionen und hat die Einführung der provenzalischen/occitanischen Sprache bei kirchlichen Predigten und im Schulunterricht durchgesetzt. Rundum ist ein regionales

Zentrum der uralten und erneuerten Riten, Rituale, des Mythos und der *Heiligen Berge* entstanden.

In dem kleinen, hochgelegenen Bergdorf *San Martino inferiore* ist in zwanzigjähriger, überaus engagierter Arbeit das *centro culturale borgata* entstanden, maßgeblich von der aus Köln stammenden Maria SCHNEIDER und ihrem (inzwischen verstorbenen, aus dem Vorarlberger Montafon stammenden) Ehemann Andrea initiiert und geleitet. Auch dort kann ringsum eine faszinierende Welt alter und ältester Bergkulturen erlebt werden. Direkt in San Martino inferiore sowie im darüber liegenden *San Martino superiore* und insbesondere im hochgelegenen Dorf *Elva* befinden sich einzigartige Stätten des Zusammentreffens aller Elemente alpiner Kulte und Kulturen.

Es ist unmöglich, in diesem Buch alle wichtigen Stationen magischer Kulte in den Alpen einigermaßen übersichtlich darzustellen. Allein die Fülle an Örtlichkeiten im alpinen Teil Italiens macht eine seriöse Dokumentation nahezu aussichtslos. Umso mehr soll auf eine Vielzahl von Büchern verwiesen werden, die in den letzten Jahren zu diesem Thema erschienen sind:

Die Reihe *Quaderni di Cultura Alpina*, herausgegeben von Luigi Dematteis, mit 80 Titeln, gilt als eines der Hauptwerke alpiner Kultur im italienischen Teil. Fast 15 Bände widmen sich der Architektur vor allem im italienischen Teil der Alpen. Mehrere Bände widmen sich den Kulten, Kraftlinien und Wallfahrtsorten.

Weitere empfehlenswerte Bände sind:
- *SANTUARIO MARIANI DELL ARCO ALPINO ITALIANO* von Piercarlo Jorio,
- *ARTE E RELIGIOSITA POPOLARE* von Fiorenzo Degasperi (mit 42 Wegen in Trentino und Südtirol),
- *SACRI MONTI in PIEMONTE* in der Serie „Verdivalli" sowie

NOTRE DAME de GUERISON

*Bergheiligtum Notre Dame von Guerison/Aosta,
nahe den Gletschern des Mont-Blanc-Massivs.*

– der oben bereits genannte Bildband
   *PROCESSIONI in VALLE D'AOSTA* von Luciano Ramires.
   Im Jahre 2002 folgte dann ein weiteres Buch, in dem Südtirol
   behandelt wird.
– Der Fotograf Karl GRUBER und der Volkskundler Dr. Hans
   GRIESSMAIR haben den prächtigen Band *GEHEIMNISVOLLES*
   *SÜDTIROL* herausgegeben und darin in den Kapiteln „Heilige
   Berge", „Höhlen", „Heilige Steine", „Tiere und Pflanzen", „Orte
   der Kraft", „Heilige Wasser, Quellen, Seen und Brunnen", „Wil-
   de, Hexen und Salige" sowie „Bräuche" einen erheblichen, dennoch immer noch kleinen Teil der Südtiroler Stätten und Kraftorte beschrieben.

*Fasnacht im Tersental (Trentin).*

45

*Mutterbergeralm im Stubaital, ca. 1875.*

# HEILIGE BERGE

## MUT – MUOTTA – MOT – MOUT – MOTTE – MOUTIERE – SVETE GORE
## und VELIKA BABA

Überall in den Alpen und in den Berggebieten der Welt gelten ausgewählte Berge als Stätten der Verehrung, der Scheu, der Pietät und der Kulte.

Für diese *Heiligen Berge* gibt es in den Sprachen der Alpen mehrere Bezeichnungen. Der häufigste Begriff ist *Mut* in allen Varianten; so bezeichnet im Kanton Graubünden überwiegend als *Muotta*, im Wallis als *Mut*, ebenso in Nord- und Südtirol. Bei den Slowenen sind *Svete Gore* die Heiligen Berge, und einige markante Gipfel heißen *Velika Baba*, was große Mutter, Mutter-Berg bedeutet. Nicht anders ist es im Wallis, im Stubaital, bei Meran, in der Nähe von Innsbruck und in der Nähe von Bludenz.

Das *Matterhorn* ist weltweit als einer der meistgepriesenen und charakteristischsten Berge der Alpen bekannt. Daneben und darunter liegt ausgebreitet der *Z'Muttgletscher*, und am Eingang in das Hochtal befindet sich die Flut *Z'Mutt*. Wir können das Matterhorn also als *Mutter*-Horn, als *Mut*-Berg erkennen.

Im hintersten Stubaital am Aufstieg zu den Gletschern liegt die *Mutterberger Alm* im *Mutterberger Tal*, und im Talschluss ragt die *Mutterberger Seespitze* (3250 m). Diese Spitze ist, umrahmt vom Bockkogelferner, sehr markant vom Ort Gries im Sulztal aus sichtbar. Sie ist der krönende Abschluss des Weges der Pilger im hochverehrten Wallfahrtsort, vielleicht ein Heiliger Berg. Heute wissen die dortigen Bewohner nichts mehr davon. Es ist verschwunden und vergessen.

Der bekannte Ort *Mutters* bei Innsbruck mitsamt dem beliebten Skiberg der Innsbrucker, der *Mutterer Alm*, muss wohl ebenfalls zur *Mut* in Verbindung gebracht werden. Gleiches gilt nach dem neuesten Forschungsstand höchstwahrscheinlich auch vom *Muttersberg* oberhalb von Bludenz und Nüziders in Vorarlberg, der ein beliebter Aussichts- und Skiberg ist. Als dieses beliebte Ausflugsziel der massentouristisch-kommerziellen Vermarktung anheimzufallen drohte, gab es unten im Tal, vor allem in Nüziders, eine massive Bürgerprotest-Bewegung dagegen, die schließlich auch erfolgreich war.

Vom Wallis beginnend, finden wir Flur- und Bergnamen in großer Fülle. Es sind fast ausschließlich Namen für kennzeichnende Berge und Bergkuppen, für abgeflachte Bergrücken und stumpfe abgerundete Gipfel. Deswegen sind es heute auch vielfach beliebte und gut nutzbare Skiberge.

Der Begriff *Mut* – stellvertretend für die Varianten wie Muotta, Mout, Motta usw. – ist namenskundlich nicht eindeutig erklärbar. Der Tiroler Sprachforscher SCHATZ hat sich damit ebenso beschäftigt wie der Südtiroler Archäologe Raimo LUNZ, der Tiroler Namensforscher FINSTERWALDER oder der Schweizer Sprachforscher Linus BRUNNER. Unbedingt beizuziehen sind jedoch die wichtigen Forschungen des Franzosen Paul-Louis ROUSSET aus der Nähe von Grenoble.

(Paul-Louis Rousset, Les alpes et leurs noms de lieux: 6000 ans d'histoire) Es scheint sich wohl um eines jener alten Ur-Worte bzw. Ur-Begriffe zu handeln, die im Grunde auch alpin sind, von ihren Wurzeln aber unbedingt prä-indoeuropäisch zu definieren wären. Der Begriff ist also mit keiner indogermanischen bzw. indoeuropäischen Sprache erklärbar, weder germanisch noch slawisch, weder keltisch oder romanisch. Er kommt auch in Kleinasien vor als *moutas, mota, motas* und *mutas*: immer in der Bedeutung von abgerundetem Berg oder Hügel.

Bei mehreren *Mut*-Beispielen vor allem aus der Schweiz und aus Tirol kommt noch hinzu, dass es sich um alte Kult-Plätze handelt, auch um Stätten der Ur- und Frühgeschichte, um Stationen des alpinen Mythos. Diese Stätten sind also doppelt bedeutsam.

Linus Brunner, der Schweizer Sprachforscher, sieht in dem Wort ein rätisches Relikt. *Romanisch Motta wird ein Hügel, eine Kuppe geheißen; das ist hebräisch motah ‚Joch‘, denn ‚Joch‘ wird auch im Deutschen für eine Anhöhe gebraucht. Mut gehört also auch zu diesen Wörtern und Begriffen, die wir durchaus schon seit mehr als 4000 Jahren in unserer Kultur kennen; übrigens ähnlich auch dem Urwort für Alm. Raimo Lunz hat unter anderem festgehalten, daß der romanische Flurname Mut/Muotte an derart bezeichneten Urzeitsiedlungen im Graubündner Raum öfters wiederkehrt.*

(Brunner, S. 66)

In den vergangenen Jahren wurde durch vergleichende und internationale Forschungen immer wieder versucht, möglichst überall die Orts- und Flurnamen in Verbindung mit *Mut* zu finden, in Karten einzuzeichnen und damit einigermaßen einen Überblick zu bekommen, wo dieser Begriff in Varianten vorkommt.

Die besten Übersichten existieren über den Kanton Graubünden.

*Wallis:*

(1) „Mut" als Flurnamen „z' Mut" sowie als „Z' Muttgletscher" gibt es oberhalb von Zermatt. Damit in Verbindung kann auch das „Matterhorn" als „Mutterhorn" in Verbindung gebracht werden.
(2) „Mutthorn" heißt der im Kanderfirn im hinteren Lötschental aufragende Berg- und Fels-Rücken mit 3034 m. Knapp darunter auf 2898 m liegt die Mutthornhütte.

*Graubünden:*

(1) Der Kirchhügel von San Pietro in der Nähe von Coltura im Bergell heißt die „Mota".

(2) Auf der „Mutta", dem Hügel von St. Remigius, wurde eine Siedlung aus der mittleren Bronzezeit festgestellt. Schalensteine, ein Steinkreis und sechs gereihte säulenartige Felsblöcke unterhalb des Hügels deuten auf eine wichtige Kultstätte.

(Vgl. Mythologische Landeskunde Graubünden, S. 749)

(3) Kurt Derungs beschreibt in seinem Buch „Kultplatz Zuoz-Engadin" auch den geheimnisvollen Platz im Fextal mit dem „Muot-Hügel" in Sils Maria. In der Spezialkarte ist auf der Höhe von ca. 1950 m eine Flur „Muot" eingetragen.

(4) Ausgehend vom Oberengadiner Ort Samedan Richtung Piz Vadret und Piz Muragl befindet sich laut Spezialkarte eine Flur „Muottas Mural" auf 2453 m und anschließend ein Steig, der als „Tschimas da Muottas" eingetragen ist.

(Derungs, Zuoz)

(5) Knapp oberhalb von Ilanz liegt die Ortschaft Ruschein, und knapp darüber heißt auf 1932 m eine Flur „Muota".

(6) Abzweigend von Disentis führt die Straße durch das Medel. Oberhalb von Fuorns kennzeichnet die Karte eine Flur „Muota" auf 2324 m.

(7) Taleinwärts von Disentis zum Oberalppass oberhalb der Ortschaft Selva ist die Flur „A. Mut" (2116 m) eingetragen, also die Alpe Mut.

(8) Am bekanntesten ist sicher der Hügel „Muota" von Falera in der Sulselva. Die überregional, ja alpenweit und international bekannte Kultstätte von Falera als bedeutende Megalithanlage ist vielfach und ausführlich beschrieben worden. Der Hügel hinter der Remigiuskirche heißt „Muota".

(9) Im Unterengadin erhebt sich hoch über dem heutigen Dorf

*50*

Ramosch ein Felskopf mit Namen „Mott'ata" (1525 m). Dort wurden mit Erfolg archäologische Grabungen durchgeführt.

(10) Oberhalb von Seewis (im Prätigau?) befindet sich der „Motta-bühel". Das ist der „Hügel-Hügel".

Das sind sicherlich nur einige Beispiele für Berg- und Flurnamen, die aus den einschlägigen Karten entnommen werden können.

*Ötztaler Alpen und Stubaier Alpen/Nord-und Südtirol:*

Mut-Spitze ( 2294 m) bei Meran, ebenso der Mut-Kopf
Hochmut (1359 m) ebenfalls bei Meran; mit den Muthöfen
Mut-Spitze (2264 m) oberhalb der Ulfas-Alm im Passeiertal
Auf Mut (2487 m) im Matscher Tal
Muttersberg: Alm und Berg im Stubaital
Muttersberger Seespitze (3305) im hintersten Teil des Sulztales
Muttenkogel (2420 m) oberhalb St. Sigmund im Sellrain
Die Mute (2398 m) beim Speichersee Finstertal/Kühtai
Mutkopf mit Muthütte (1990 m) oberhalb Roppen im Inntal
Mutzeiger (2277 m) oberhalb Roppen im Inntal
In der Muta (2505) im hintersten Timmelstal
Mutboden oberhalb Heiligkreuz im Ventertal
Mutkogel (3309 m) oberhalb von Heiligkreuz im Ventertal
Mutsbichl (ca 2100 m) oberhalb von Vent
Mutmalkamm mit Mutmalspitze (3525 m) neben dem Similaun
Mutspitze (3257 m) oberhalb dem Hochjochhospiz im Rofental
„Mutterländchen" (laut LEWALD, 1835, für das Gebiet rund um Meran, „das bis an die Oetzthaler Ferner reicht")

In Verbindung mit *Mut* steht auf jeden Fall auch das bekannte Schweizer *Muoata*-Tal im Kanton Schwyz.

Paul-Louis ROUSSET listet in seinem Buch „Les Alpes et Leurs noms de Lieux / 6000 ans d'histoire?" ca. 70 Belegorte ausschließlich in den Westalpen auf, von „Motas" über „Motte" zu „Mottes", „Moutta" bis „Moutieres". (Rousset, S. 153 u. 340)

Die *Heiligen Berge* in Slowenien sind die „svete gore"; „sveta gora" ist der Heilige Berg in der Einzahl.

Hoppe schreibt dazu in seinem Buch über die Wallfahrtsstätten der Österreichischen Monarchie: *Wo immer die Natur eine schön hervortretende Anhöhe bietet, baut der fromme Slowene eine Kirche hinauf ... weil er eben eine unausrottbare Neigung hat, auf hohe Berge Kirchen zu bauen.* (Hoppe, 1913, S. 351)

Zu der Reihe solcher mit einem Mythos umgebenen charakteristischen Berge gehören sicher auch die „Hohe Wilde" (3486 m) in den Ötztaler Alpen, das „Böse Weibl" (3119 m) in den Hohen Tauern, der *Mangart* (2677 m) – auch *Velika Baba*, also „Große Mutter" genannt –, und eine weitere „Velika Baba" (2148 m) am Ende des Resia-Tales, an der Grenze zwischen Italien und Slowenien. Bei der Wallfahrt „Übers Steinerne Meer" von Maria Alm in Salzburg zum Königssee in Bayern geht es unter anderem vorbei an einem *Betstein* und am „Toten Weibl" (2081 m).

# FRANKREICH

## BOÈGE mit Notre Dame des Voirons

Bei der „Mutter der Wahrnehmung" wollen wir einkehren. Ungefähr 30 km östlich von Genf befindet sich im Voiron-Gebirgsstock dieser alte Wallfahrts- und Kultort, dessen Charakteristikum die so genannte „Schwarze Madonna" darstellt, eine aus gedunkeltem Lindenholz geschnitzte, ca. 50 cm hohe Statue.

Die Entstehung dieses heiligen Ortes wird mehrfach in vorchristliche Zeit verlegt. So habe im 10. Jahrhundert der Bischof von Genf den dort befindlichen Jupiter-Tempel zerstören lassen. Aber bereits vor den Römern habe sich eine Kultstätte auf dem Berg befunden. Auch ein Bär soll dort gehaust habe, der angeblich die Gegend unsicher machte. Als der Sieur de Langan das Tier jagen wollte, wurde er schwer verletzt und kam nur deswegen mit dem Leben davon, weil er die Jungfrau Maria angerufen hatte. Ihr zu Ehren baute er daraufhin eine Kapelle, die im Jahr 1536 dann von protestantischen Plünderern zerstört wurde. Einer der Plünderer, der die schwarze Madonna wie zum Spott und zur Verhöhnung hinter sich her zog, musste angeblich in dieser Stellung verharren. 350 Jahre standen seine Nachkommen unter diesem Fluch. In jener Nacht, wird überliefert, fiel Schnee und verdeckte die Madonna und die Kirchenglocke, sodass die Plünderer beide nicht sehen konnten.

Diese und andere Hinweise sind in dem kleinen Büchlein „Pélerinages en Savoie" enthalten. Dort ist auch zu erfahren, dass nach der Etymologie Voiron auf keltischen Wurzeln beruhen soll. Es soll sich dabei um ein Heiligtum handeln, an dem auch eine Heilige Quelle aus dem Boden sprießt.

„Es steht außer Zweifel, daß der Berg Voirons früher, lange vor den Römern bewohnt war."

Auf der sonnigen Talterrasse, die Chablais überragt und auf der noch Almen vorhanden sind, hat man prähistorische Reste gefunden. Auch im Süden der Kultstätte, in den bewaldeteten Hängen wurden Spuren prähistorischer Nutzung festgestellt.

*Eine alte Überlieferung bestätigt, daß sich am Berggipfel ein heidnischer Tempel erhob. Die Bewohner dieser Region sagen allgemein, daß auf dem Rücken dieses Berges die Bauern bzw. die Bewohner ein Idol verehrten, aus dem der Dämon sprach, und daß dieses Idol denjenigen bestrafe, der den üblichen Zeremonien fernbleibe. Wer war dieser Gott? Niemand wußte es mit Bestimmtheit. Es war ohne Zweifel Teutates, der Gott der Kelten, der später während der Römerherrschaft von Jupiter Tonnant abgelöst wurde.*

(Pélerinages en Savoie)

## MYANS

10 km südöstlich von **Chambery** liegt in **Myans** die Kirche **Notre Dame de Myans**, eine Stätte der „Königin von Savoyen". In der Krypta wird ein wertvolles Sanktuarium aufbewahrt. Seit ungefähr 1000 n. Chr. existiert auch eine Kapelle mit einem Bildnis Unserer Lieben Frau in „abessinischem Schwarz". Also wieder eine schwarze Madonna!

Die Wallfahrt nach Myans gilt als eine der ältesten in ganz Frankreich. Es wird überliefert, dass am 27. November 1248 die Benediktinermönche von Apremont aus der Stadt St. Andre vor einem Erdrutsch, der 16 Dörfer ausgelöscht hatte, bis zur Kapelle von Myans geflohen seien. Wie durch ein Wunder sei die Steinlawine knapp vor der Kapelle zum Stehen gekommen. Angeblich

*Ein steinerner Löwe als Beschützer und Wächter vor der Kirche St. Veran/Frankreich.*

konnte man hören, wie die Dämonen einander zuriefen: „Macht weiter, macht weiter!" Und es sei die Antwort gekommen: „Das können wir nicht, weil die Braune, das heißt die Schwarze uns daran hindert."

## In der HAUTE-MAURIENNE

sind zahlreiche Kultur- und Kultstätten zu nennen. Eindrucksvoll ist die Strecke zwischen *Lanslebourg* und dem *Col de Iseran* (2770 m). Hier gibt es dicht gedrängt eine Überraschung nach der anderen. So befindet sich etwa in *Lanslevillard* und *Bessans* das neben dem

Monte Bego wichtigste Gebiet für Felszeichnungen in den französischen Alpen, was in der populären Literatur eher wenig oder kaum bekannt ist.

Zentrum unserer Spurensuche ist **Bessans** mit seinen einzigartigen Zeugnissen religiösen Lebens und religiöser Volkskunst in Form von geschnitzten Teufeln und dem Kreuz der Marterwerkzeuge. Bessans ist dafür in ganz Frankreich bekannt, ebenso wie für seinen bis in die jüngste Zeit lebendigen Schatz an Weihnachtsliedern. Rundum stehen zahlreiche Kapellen und Kirchen, finden sich auf den Felsen die berühmten Felsritzbilder.

Nicht weit davon entfernt, talaufwärts, hat sich das knapp über 1800 m hoch gelegene **Bonneval sur Arc** seinen alten Baustil, seine alte Dorfstruktur weitgehend erhalten. Es ist heute eines der alpenweit seltenen und besten Beispiele für sensible touristische Nutzung unter Beibehaltung überlieferter Strukturen.

Oberhalb und in nächster Nähe von Bessans steht auf dem 2973 m hohen Gipfel **Notre Dame du Mont Carmel à la Pointe de Tierce** (Pointe = Bergspitze) eine Kapelle, ein Wallfahrtsort.

Die Bewohner des Weilers **Vincendiere** haben diese Kapelle auf dem Gipfel erbaut, *um sich heiligen Schutz zu sichern für alle jene, die im Herbst über die steilen Hänge gehen mußten, um die Schafe, die während des Sommers frei am Berg geweidet hatten, zurückzuholen.*

Der berühmteste Wallfahrts- und Kultort der gesamten Region ist der

## ROCCIAMELONE.

Auf der Bergspitze in 3538 m Höhe, ganz knapp auf italienischem Gebiet, aber vielfach auch von Frankreich aus besucht, steht eine überlebensgroße Madonna. Hier befinden wir uns auf dem unbestritten und nachweisbar höchsten Wallfahrtsort der ganzen Alpen und Europas.

(Vgl. u. a. Haid, Mythos und Kult in den Alpen, S. 112, 202–204)

Wenden wir uns nun einem anderen Berg-Heiligtum zu. Auf dem

## MONT TABOR (3180 m)

wird „Maria der Schmerzen" (Notre Dame des douleurs) verehrt, auf der zweithöchsten Wallfahrtsstätte der Alpen. Dokumente aus dem Archiv der zuständigen Pfarrgemeinde belegen, dass dort „seit undenklichen Zeiten" eine Kapelle steht. Sie stammt wahrscheinlich aus dem 11. Jahrhundert. In der Nähe der Kirche befand sich früher, so schreibt Patrick BRAUNS in seinem Buch „Die Berge rufen / Alpen Sprachen Mythen" eine kreisförmige Anhäufung von Steinen, was auf eine prähistorische Kultstätte hinweisen würde. Also wurde auch hier ein vorchristlicher Platz geschickt umgewandelt – ein durchaus legitimes Mittel, das von der katholischen Kirche sehr häufig eingesetzt wurde. (Brauns, S. 36–39)

Eine weitere Station der Alpenreise führt uns in die höchstgelegene Gemeinde der Alpen und damit auch Europas, nämlich nach

## ST. VERAN

in 2040 m Höhe in der geheimnisvollen Region Queyras der französischen Alpen. Damit befinden wir uns in einer der kulturgeschichtlich und vor allem volkskulturell bedeutendsten Herzeigeregionen der gesamten französischen Alpen. Eine Region

*57*

voller einzigartiger Kunstwerke, aber auch alter Kulte. Zu nennen sind hier vor allem die archaisch anmutenden Köpfe und Steinplastiken in reichster Fülle und von unbeschreiblicher Aussagekraft. Kein anderer Ort kann auf einen solchen konzentrierten Reichtum verweisen.

Dazu kommt die Lage des Ortes oberhalb der Waldgrenze, kommen die vielen Kirchen und Kapellen, kleine Lokalwallfahrten wie eine Sankt-Agatha-Kapelle talauswärts oder die Chapelle Ste. Elisabeth taleinwärts auf 2223 Meter. Von dort ist über Bergwege oder durch das Paralleltal der Col Agnel (2744 m) an der Grenze zum Piemont erreichbar. In den Sommermonaten führt die schmale Straße über einen der höchstgelegenen, mit einem Auto erreichbaren Bergpässe der Alpen lang und kurvenreich bis hinunter in das Val Varaita im Piemont. Dort warten dann eine Reihe wichtiger Stationen auf den Kulturinteressierten und den „Kultplatz-Sucher".

Exemplarisch für eine Talschaft in den französischen Alpen kann die

## UBAYE

genannt werden. Deren Hauptort ist *Barcellonette.* Das religiöse Kulturerbe in der Ubaye ist reichhaltig und spannend in seiner Gegensätzlichkeit zwischen prähistorischen Felszeichnungen und neuen „Wallfahrtsorten"– also neuen Skistationen wie *Pra Loup* und *Super Sauze.* Kult der Fans im Schnee und beim Après-Ski? In der Nummer 15/2002 der Talschafts-Revue *Toute la Valle La vie en Ubaye* wurde auch der bedeutende Wallfahrtsort *Saint-Ours* vorgestellt.                                        *(Revue Toute la Valle)*

Jedes Jahr am 17. Juni strömen Pilger aus den umliegenden Orten und Tälern hierher. Von weit her über die Jöcher kommen Italie-

ner aus dem Valle Stura, Val Maira und Val Varaita. Der Ort liegt
bereits im Anstieg zum Col de Larche / Colle della Maddalena
(1991 m) an der französisch-italienischen Grenze, an einer der wichtigen Passrouten der südlichen Alpen.

Ex-Voto-Bilder bezeugen viele Hilfen und sogar Wunderhei-
lungen. Saint-Ours gilt auch als Wallfahrt für Mädchen, die einen
Mann finden wollen. Sie sprechen dafür folgendes Gebet:

*Saint Ours*
*schicke mir einen Ehemann*
*sei er häßlich oder schön*
*es genügt, wenn er einen schönen Vogel hat.*

(„Vogel" in einer sehr zweideutigen Bedeutung.)

*Danach werden für die Mädchen neben dem Friedhof drei Kreuze*
*aufgestellt, von denen sie mit den Zähnen ein Stück herausbrechen*
*sollen. In der Realität verwenden sie dafür ein Messer. Danach*
*gehen sie zum Brunnen von Saint Ours, um neun Schlucke zu*
*trinken, ohne zu atmen, um in diesem Jahr noch zu heiraten.*

(Patrimoine religieux …, S. 93, aus dem Französischen von Barbara Haid)

Am Ende des Zweiten Weltkrieges, im April 1945, wurden sämtliche Orte und Weiler der Ubayette durch deutsche Truppen zerstört. Auch der Weiler Saint Ourse und dessen Kirche aus dem
Jahr 1770 blieben nicht verschont. Im Weiler *des Plan de Mey-
ronnes* (dem heutigen Saint Ours) wurde daraufhin eine neue
kleine Kirche errichtet.

Der Vorgängerbau der zu Kriegsende zerstörten Kirche war abgelegen, soll aber „großzügige Ausmaße" gehabt haben. Dorthin
strömten früher weitaus mehr Pilger als in der Gegenwart.

Auch bei dieser Wallfahrt lassen die Hinweise auf eine ältere
vorchristliche Kultstätte aufhorchen, wenn auch die Zusammen-

hänge eigenartig und verschlüsselt anmuten: die Geschichte mit den heiratssüchtigen Mädchen, weiters die Dreizahl der Kreuze, das Ausbeißen aus dem Kreuz, der Gang zum Brunnen und vor allem die neun Schlucke Wasser.

Die Publikation „Patrimoine religieux de la vallée de l'Ubaye" beschreibt darüber hinaus eine Vielzahl weiterer heiliger Stätten. Darunter auch

## SAINT PONS,

die als eine der schönsten romanischen Kirchen der Ubaye gilt. Erbaut wurde diese Kirche im 12. Jahrhundert. Ich finde die beiden Steinplastiken an der Kirche am ehesten mit St. Veran im Queyras vergleichbar.

Abgelegen und schwer zu finden sowie schwer erreichbar ist eine besondere Kostbarkeit der religiösen Volks-Tradition: Der so genannte

### *Brautstein*

im kleinen Weiler von *Fours-Saint-Laurent* in der Nähe von *Barcellonette*. An diesem Kultstein neben der Kirche musste sich die Braut hinsetzen und konnte dort Geschenke und Glückwünsche in Empfang nehmen.

Jetzt führt die Straße hinauf zum Pass an der Grenze. Für die Italiener ist es der *Colle delle Maddalena*, für die Franzosen der *Col de Larche*. Dort werden auf einer Tafel auch religiöse Themenwanderwege angeboten, 32 *itinerario religioso*. Das weist auf die steigende Bedeutung solcher Themenwege hin und damit auch auf die Beachtung der kleineren und größeren Kirchen, die Verehrung einiger Heiliger und der alten Kulte. Es sind durchwegs neue

*Itinerario religioso – religiöse Wander- und
Themenwege als neue Tourismusangebote:
auf dem Pass Colle delle Maddalena/Col de Larche
an der Grenze zwischen Italien und Frankreich.*

touristische Aktionen, die zum Großteil über EU-Projekte mit-
finanziert wurden.

## COLE DE LA NOSTRA DONNA
## DELLA FENESTRA

## DAS HEILIGTUM IN DEN BERGEN
## DER SEEALPEN

Sehr zu empfehlen ist der Besuch eines eindrucksvollen Bergheilig-
tums. Es ist *Madonne de Fenestre*, die Madonna in ihrem Fenster,
auf 2474 m Seehöhe in den französischen Seealpen gelegen. Vom
Talort *Belvedere* und aus anderen Dörfern ziehen am Annatag, also
am 26. Juli, zahlreiche Bewohner dort hinauf. Sie benutzen dabei
einen uralten Übergang in den Piemont, einst ein Weg des Salzes,
der Soldaten, der Händler, Fahrenden und Hirten, und immer noch
ein Weg der Pilger. Ein Maultierpfad ermöglicht den Transport von
Gütern. Nachweisbar haben auch die Römer diesen Übergang mit
Maultieren genutzt. Der Übergang ist sicherlich viel älter, an
Bedeutung fast dem *Colle de Tenda* und dem *Colle dell'Argentera*
ebenbürtig. Michelangelo BRUNO hat sich in seinem Buch „Valichi
di Provenza" mit den Übergängen zwischen Italien und Frankreich
beschäftigt und auch den heutigen *Colle di Finestra/Col de Fenestre*
beschrieben. Auf der französischen Seite befindet sich das gut
besuchte Heiligtum *Mariae Virginis de Fenestris*, das bereits im
13. Jahrhundert als *Notre Dame des Graces* erwähnt wurde. Dem
Heiligtum ist ein kleines Hospiz angeschlossen. Nach der örtlichen
Überlieferung wurden die christlichen Stätten auf den Ruinen eines
„kleinen heidnischen Tempels" errichtet.

Das Heiligtum mit dem angeschlossenen *domus hospitalis
beate Marie de Fenestris supra collem de Fenestris* am Maultier-

pfad auf den Pass wurde anfangs wahrscheinlich von den Templern verwaltet, einem Mönchsorden französisch-provenzalischer Ritter. Auf der piemontesischen Seite unterhielt die Gemeinde *Entraque* lange Zeit eine Unterkunft für Wanderer und Pilger mit einer angeschlossenen Koppel für die Reit- und Lasttiere.

(Michelangelo Bruno, Valichi di Provenze)

In der von *pro vita alpina* herausgegebenen Doppel-CD der Reihe „musica alpina" ist im Cut III/25 auch das Wallfahrtslied mit Text und Noten in einer Live-Aufnahme enthalten. Das Kirchenvolk von Belvedere sang es in dieser Weise am 26. Juli 1989. Den Text hat der einheimische Sänger und Vorbeter Zephirin CASTELLON auf die Melodie eines alten französischen Kirchenliedes gedichtet.

Obwohl es sich um ein Marien-Heiligtum handelt und auch die „Jungfrau Maria" im Lied angesprochen ist, kommt zugleich auch die „Königin der Mütter" vor; damit ergibt sich die klare terminliche Zuweisung zum Sankt-Anna-Tag, also zum Festtag der Mutter Anna. Mutter Anna und Gottesmutter Maria werden gleichzeitig und zusammen verehrt – als Steigerung und Verdoppelung himmlischer Hilfe in Nöten, Gefahren und zur Erfüllung von Wünschen.

Auf halber Strecke zwischen Belvedere und dem Heiligtum Madonne de Fenestre liegt der kleine Hauptort des Tales, *Saint-Martin-Vesubie*. Dort befinden sich die Kapellen der weißen und der schwarzen Büßer.

Die Statue der Notre-Dame-de-Fenestre verlässt jedes Jahr ihr Schutzdach in der Kirche von St. Martin und wird auf den Col de Fenestre hinaufgetragen, wo sie zwischen Juni und September verbleibt. Dabei muss jedesmal eine Strecke von 13 km zurückgelegt werden.

Von St. Martin und Belvedere talauswärts Richtung Nizza wäre noch das wichtige Heiligtum

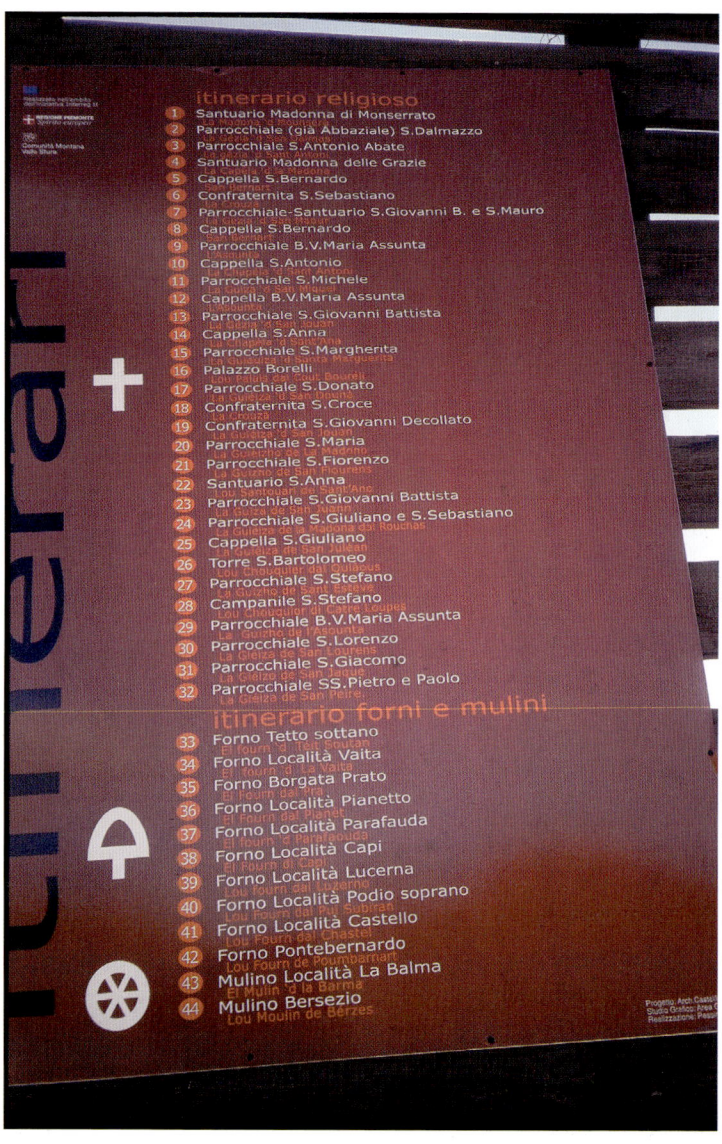

*Ein Detail aus den religiösen Themenwanderungen.*

## LA MADONE D'UTELLE

zu nennen. Dorthin führen gemeinsame Prozessionen am 9. Juli, 15. August und 8. September.

In dieser Region sind noch viele weitere Stätten der Wallfahrt und zugleich auch Orte aus vorchristlicher Zeit zu entdecken und zu erforschen.

Die überregional bedeutsame Wallfahrt am *Passo di Sant'Anna* (2308 m) mit *Sant Anna di Vinadio* wurde ja bereits im Kapitel „Italien" kurz beschrieben. Das Heiligtum auf 2010 m Seehöhe, bereits knapp auf italienischem Boden, wird auch von Pilgern aus Frankreich besucht. Michelangelo Bruno hat auch über diesen Kultplatz geschrieben.

Ein anderes Bergheiligtum, der Mutter *Anna* geweiht, befindet sich an einem weiteren Übergang zwischen Frankreich und Italien: Der

## COLLE DELL' AUTARET (2875 m)

verbindet das Valle Varaita über den Ort Blins/Blinio/Bellino mit Maljasset/Maurin im Vallée de l'Ubaye. Es ist ein hoher, sehr beschwerlicher Übergang von lokaler Bedeutung. Vermutlich wurde er bereits in prähistorischer Zeit begangen. Der Name wird im Volksmund als „Altar der Versöhnung" gedeutet. Diese Erklärung gibt Luigi Dematteis aus Rore im Val Varaita als bester Kenner der Region. Die Existenz eines alten Kultplatzes gilt als gesichert.

Weit unten im Valle Varaita, schon im Talschluss auf ca. 1882 m könnte noch das kleine, recht unscheinbare Kirchlein *Sankt Anna* besucht werden.

(Vgl. Haid, Mythos und Kult in den Alpen, S. 69)

Anzumerken wäre, dass dieser Übergang mehrmals im Zuge von Kriegshandlungen begangen wurde, so auch 1744 anlässlich des Österreichischen Erbfolgekrieges, als französisch-spanische Bataillone darüberzogen. An dieser Stelle, zugleich auch eine Wasserscheide, entbrannte ein blutiger Kampf, der in einem heftigen, aber sinnlosen Gemetzel endete und bei dem Tausende ihr Leben verloren.

Im Rahmen der Westalpenschlacht des Zweiten Weltkrieges diente der Pass den Gebirgstruppen der Division Cuneo, die in die Haute Ubaye vordringen wollten, dort aber auf erbitterten Widerstand des französischen Heeres stießen. Im Sommer 1944 waren Partisanenverbände aus Italien und Frankreich ebenfalls gezwungen, den Pass zu überschreiten, nachdem die Faschisten den ganzen Alpenbogen in dieser Region auf der Suche nach Partisanen durchkämmten. Es mag also der „Altar der Versöhnung" auch eine beständige Versöhnung der Völker diesseits und jenseits des Passes bewirken.

*Die mächtige Statue der Madonna auf dem Gipfel des 3538 m hohen Rocciamelone an der Grenze zwischen Frankreich und Italien. Höchster Wallfahrtsort der Alpen. Vor allem am 5. August, dem Tag „Maria Schnee", pilgern Hunderte, ja Tausende auf den Gipfel.*

*Historische Ansichten in der Gegend von Chamonix, ca. 1800.*

# RUND UM DEN MONT BLANC

„Von jungen Bräuchen und ihren Ursprüngen" berichtet Elsbeth FLÜELER in ihrem Buch „Wandern rund um den Montblanc."

Im Hauptteil ihres Beitrages geht es um einen Kuhkampf. Dieser Kampf ist eine Besonderheit im Gebiet „rund um den Mont Blanc", nämlich in Aosta/Italien, in Savoyen/Frankreich und im Wallis/Schweiz. Es handelt sich dabei um einen rituellen Kampf schwarzer Rinder, die speziell für solche Kuhkämpfe gezüchtet werden. Die in den genannten drei Ländern stattfindenden Wettkämpfe erreichen dabei beinahe den Stellenwert religiöser Feste.

Vor einigen Jahren durften wir einen solchen Wettkampf miterleben. Mit unglaublicher Sensibilität tasten die Kampfkühe einander gegenseitig ab, scharren im Sand und in der Erde, lauern sekundenlang, rennen aufeinander los, stoßen mit den Hörnern zusammen. Es dröhnt. Die Zuschauer schauen gebannt zu. Die Tiere gehen zurück, weichen voneinander, lauern wieder und stoßen erneut zu. Diese Kämpfe ziehen sich in den Bergtälern über Tage und Wochen. Der „Combat de reines" lässt die Herzen höher schlagen – nicht nur die der stolzen Besitzer einer Preiskuh. Das heutige Ritual existiert seit rund 80 Jahren, seit „die bäuerliche Welt ritualisiert wurde" (Flüeler). Es ist dasselbe Rind, das seit der Römerzeit im schweizerischen Martigny als Wappentier gilt und im berühmten „Eringer"-Rind seine züchterische, international bedeutsame Vollendung gefunden hat. Das Ganze ist ein spannendes und eindrucksvolles Erlebnis.

*Die Eringer-Kampfkuh ist heute ein Statusymbol wie die Limousine in der Garage oder der Swimmingpool im Garten. Kampf-*

*kühe gehören den Notablen, dem Herrn Notar oder Herrn Direktor im Tal. Wer etwas auf sich hält, besitzt eine Königin.*

(Flüeler, S. 164)

Die Preiskuh ist eine Königin. *Dennoch beherrscht die Kuh die Emotionen nicht nur in der Arena, sondern auch auf dem Teller … Der Fontina in Italien, der Reblochon, die Tomme de Savoie in Frankreich und das Raclette im Wallis gehören zur kulturellen Identität wie andernorts Reis, Mais oder Bohnen. Käse ist viel mehr als nur ein Nahrungsmittel. Er ist Lebensstil, bedeutet Zugehörigkeit und wird wahlweise als Hauptmahlzeit, als Zvieri, Znüni oder Dessert verspeist.*

(Flüeler, S. 165)

Wenn die Autorin feststellt, der Montblanc wäre „das Scharnier der Alpen, geologisch wie kulinarisch", dann sei das auch um die kulturelle Komponente ergänzt und erweitert: dazu zählt auch das Element des Kultischen in den vielen Sagen, in den Bräuchen rund um den Kuhkampf und vor allem in den vielen Bergkirchen und den hochgelegenen Kultstätten. Die Madonna in Guerison gehört beispielsweise dazu und ist ein alpenweit extremes Beispiel des Glaubens, der *religio*, der Beschwörung drohender Naturgefahren. Oder der Carneval von Samoens. Auch der Poet Maurize Chappaz wurzelt mit Leib und Seele in dieser Welt der Berge, ihrer Faszination, ihrer Bedrohung und ihrer überwältigenden Schönheit. Wer bei rechtem Licht, vielleicht bei Sonnenaufgang oder Sonnenuntergang das Leuchten der Gletscher von Chamonix erlebt hat, vom „mer de glace" beispielsweise, wird verstehen, warum diese Berg- und Gletscherwelt rund um den höchsten Berg der Alpen und Europas eine solche Faszination ausübt. Er wird auch besser verstehen, warum der Schutz dieser Kult- und Kulturlandschaft zu einem brennenden Anliegen von Kultur- und Umweltschützern wurde. Seit vielen Jahren verfolgt auch die Organisation *pro vita alpina*, wie diffizil und mühsam, wie undankbar und letztlich auch erfolglos sich der Kampf gegen den gigantischen Tunnel unter dem Montblanc-Massiv und dessen Wiedereröffnung nach der Unfallkatastrophe gestaltet hat. Wenig Erfolg hatten bisher etwa die Bürgerinitiativen gegen eine zu radikale und vor allem umweltschädigende Auswirkung neuer Tourismusprojekte in der Gletscherwelt rund um den Montblanc. Seit Jahrzehnten haben auswärtige Investoren den Einheimischen durch Kauf und durch massive Einmischung nach und nach jegliche Eigenverantwortung entzogen. Bis es schließlich so weit kam, dass Chamonix heute keinen Einfluss mehr auf die Entwicklung im Tal hat. Aus der „Weltstadt des Alpinismus" wurde eine Kolonie fremder Kapitalgesellschaften und Spekulanten. Im Juni 2004 haben sich deshalb mehrere hundert Personen in Chamonix versammelt, um gegen weitere Zerstörungen und für eine Trendwende der regionalen Entwicklung zu protestieren. Ein Manifest „Kulturschutz" wurde verabschiedet. Das Bündnis „Espace Mont-Blanc" hat sich unter anderem „die Aufwertung des soziokulturellen Erbes" zum Ziel gesetzt. Das Wissen um die reiche Welt der Sagen und Mythen ist weitgehend verkümmert, wird aber, so kann festgestellt werden, schrittweise zurückgewonnen. Im Bündnis sind gegenwärtig 15 französische, 5 italienische und 13 Schweizer Gemeinden zusammengefasst.

Einigen Publikationen kann entnommen werden, dass die Wiederentdeckung und damit auch die Wiedergewinnung kulturell-kultischer Ressourcen derzeit einen großen Aufschwung zu erleben scheint:

Das Buch „Vie et Traditions populaires Savoyardes" von Roger DEVOS berichtet von Exorzismen an gefährlichen Gletschern („les exorcismes contre les glaciers"), von Bannungen und Prozessionen zu den Gletschern. Es geschah in der „kleinen Eiszeit" zwischen 1590 und 1850, dass von den Gletschern Wälder, Almen und

Dörfer überfahren wurden. Anno 1600 wird von der ersten Gletscherbannung berichtet und dann wieder von 1644. Und wir vernehmen, dass der Bischof anlässlich der Visitationen in Chamonix jeweils eine eigene, eine spezielle Bannung der Gletscher vornahm, einen regelrechten Exorzismus nach kirchlichem Ritual („exorcis les glaciers à chacune de les visites pastorales à Chamonix").

(Devos, S. 106 f.)

Aus dem Wallis kennen wir die Totenprozessionen über und in den Gletschern, festgehalten und dokumentiert in vielen Sagen. Wir kennen die Bemühungen, auch im französisch sprechenden Teil des Wallis, als einem Teil „rund um den Mont Blanc", die lokalen Traditionen wiederaufleben zu lassen und intensive Forschungen zu betreiben.

So wurde unter anderem im Jahr der Berge (2002) der Versuch gestartet, den Mont Blanc als UNESCO-„Naturerbe" eintragen zu lassen. Das ist nicht gelungen. Besser wäre es gewesen, bei der UNESCO anhand konkreter Fakten um ein kombiniertes „Kultur- und Naturerbe" anzusuchen. Vom *Feegletscher* in Saas Fee hätten die Feen der Sagen vielleicht hilfreich zur Seite stehen können. Ebenso hilfreich hätten auch die Forschungen und Publikationen des Ethnologen Arnold Van Gennep unter anderem im Buch „La Savoie" sein können, in dem er Steinkreise, Gletschersagen und Heilige Quellen beschreibt. (Gennep, S. 419–425)

Über die Gletscher hinweg bestanden enge Beziehungen zwischen dem Wallis und Aosta.

So soll der Theodulpass neben dem Großen St. Bernhard der am häufigsten benutzte Übergang vom Wallis ins Aosta-Tal gewesen sein. Man erzählt in diesem Zusammenhang von einer Begebenheit, wie der Vater des ehrwürdigen Jean Lateltin, des Pfarrers von Gressony-Saint Jean, sich gemeinsam mit seinem Sohn Jakob aufmachte, um über den Pass zu gehen. Nachdem sie in Begleitung eines Bergführers den in der Nähe des Theodulpasses gelegenen Gletscher erreicht hatten, begegneten sie dort der Prozession der „toten Seelen": *Die Prozession ging schnell vorbei und bewegte sich weiter in Richtung des Gletschers unterhalb des Felikjoches (4068 m). Die drei Männer setzten ihren Weg fort, ohne auch nur ein Wort zu sprechen, doch mit den Blicken all jenen Seelen folgend, die Richtung Gressoney verschwanden, nachdem sie das Felikjoch erreicht hatten. Ohne weitere Vorkommnisse gingen sie weiter und überschritten den Theodulpaß und am nächsten Tag kehrte der Führer nach Zermatt zurück. Vater und Sohn hingegen erreichten noch am Abend nach Überquerung des Colle della Betta-Furka Gressonay.*

(Zitiert aus: „La processione del morte", in: Attaverso i monti, S. 34)

Dieser ehemals wichtige Verbindungsweg galt als besonders gefährliche Route. In mehreren Sagen ist daher auch von der Wirkung des Teufels die Rede, der diesen Pass bewachen wollte. Einmal kam zur Begegnung zwischen dem Teufel und dem heiligen Theodul, der sich auf dem Weg von Sion im Wallis nach Aosta befand. Der Teufel wollte den Heiligen schrecken und vom Überschreiten des Passes abhalten, aber Theodul, der Gottesmann, setzte seinen Weg betend fort und beseitigte damit den Fluch, der auf dem Pass lag. Der Teufel wurde in einen Serac, eine mächtige Fels- und Eisschlucht verbannt, „von dessen Grund auch heute noch das Dröhnen seines Sturzes dringt."

Ein wichtiger Teil der Beziehungen über die Gletscher rund um Saas Fee und Zermatt bis hinüber in das Aosta-Tal ist auch die bekannte Kultur-Verbindung der Walser. In einigen Orten der zu Italien gehörigen autonomen Region *Aosta* siedelten ab etwa 1300 n. Chr. so genannte Walser, die aus dem Wallis gekommen waren. Bis in die Gegenwart hat sich diese deutschsprachige Minderheit mit ihrem altertümlichen Alemannisch erhalten können. Dazu und generell zur Rolle der Walser in der alpinen Kultur gibt es eine ganze Reihe von Publikationen; und es gibt eine sehr aktive Walservereinigung, die jährlich ein Treffen organisiert. Eines dieser Treffen fand im Tiroler Dorf Galtür im hinteren Paznauntal statt.

Die Walser sind nach wie vor Repräsentanten der gemeinsamen Tradition, Sprache und Kultur über alle politischen Grenzen hinweg. Gleichzeitig sind sie auch Überlieferungsträger einer alten Kultur, die sie in den Bergtälern vorgefunden haben. Alte Reliktwörter, speziell Berg- und Flurnamen aus dem „Rätischen" sowie aus präindoeuropäischen Sprachen, wurden von ihnen übernommen und weitertradiert. Somit lassen sich aus alten Sagensammlungen und Kult-Vorstellungen die prä-walserischen Wurzeln nicht immer nachweisen und verfolgen. Der legendäre Totenzug über die Gletscher vom Wallis nach Aosta sowie von Aosta in das Wallis dürfte wohl eher einer solchen älteren Kultur zuzuordnen sein, ebenso wie die weiblichen Sagengestalten in der patriarchal geprägten Walserkultur.

Rund um den Mont-Blanc können wir also die noch kaum erschlossenen Geheimnisse und wenig bekannten Sagen von Gletschern und dem Totenzug sowie den Gletscher-Exorzismen ergründen. Auch ist, nicht zuletzt provoziert durch Tunnelprojekte und gigantische Tourismusinvestitionen, ein starkes Bündnis entstanden. Bewusste und besorgte Bürger in den Regionen rund um den *Weißen Berg* haben sich zu zahlreichen Initiativen zusammengeschlossen. Das ist durchaus Teil der alten sowie der neuen und vor allem der künftigen Überlebens-*Kultur.*

## MAURICE CHAPPAZ

Außerhalb der Betrachtungen über die „Mythen der Alpen" muss eines Mannes, eines Poeten gedacht werden, der Mythisches in seine Literatur einziehen lässt, der uns teilhaben lässt am kulturellen Verständnis speziell im Wallis. Im kleinen Bergdorf Le Chable im französischsprachigen Unterwallis lebt der Dichter und Poet Maurice CHAPPAZ. Der 1916 geborene Chappaz ist „ein Drechsler, ein Schleifer, ein Feinmechaniker, ein Formensprüher, ein Formulierer", ein begnadeter Schriftsteller, ein Poet, ein Mahner und Rufer in der massentouristisch verseuchten Eiswüste des katholischen Wallis.

„Was Laxness für Island, ist Chappaz für das Wallis: totaler Dichter einer Landschaft, der Mythologie eines Volkes". Nahezu alle seine vielen Bücher, zumeist französisch gedacht und geschrieben, einige in deutschsprachigen Übertragungen, befinden sich mit persönlicher Widmung in der „Alpenakademie" der *pro vita alpina*.

Kein anderer Poet der Alpen hat mit überaus wachem Bewusstsein die neueste, die vor allem massentouristische Wandlung der Alpen und ihrer einschlägig berüchtigten Protagonisten in so poetisch-vollendeter Polemik analysiert, hat so scharfzüngig die damit einhergehende Mutation des Älplers beschrieben.

Im deutschsprachigen Wallis, in der deutschsprachigen Schweiz und darüber hinaus ist er u. a. durch seine Bücher *„Die Walliser"*, *„Rinder, Kinder und Propheten"*, *„Die Hohe Zeit des Frühlings"*, *„Testament der Oberen Rhône"*, *„Gesang von der Grande Dixence"* und vor allem durch sein poetisches Pamphlet *„Die Zuhälter des ewigen Schnees"* bekannt und berühmt geworden.

Deftige Reaktionen, Gehässigkeiten, Gegenpamphlete waren die Konsequenz.

Maurice Chappaz, der 1916 geborene
und immer noch aktive Poet, beim
Signieren eines seiner Bücher im
Oktober 2003.

Der Mahner wurde und wird gehört. Das sticht, das brennt. *Ein Schrei, der aufstört ... Als Seher sieht Chappaz die Katastrophe voraus und will ihr entgegenwirken ...* Es wurde ihm u. a. Zusammenhanglosigkeit, Seichtheit, Fehlen jeglichen Gemüts, intellektuelle Kurzsichtigkeit, Verleumdung, Plattheit usw. vorgeworfen. Das Gegenteil von alledem trifft zu. „Er rückt vor mit poetischen Ausfällen. Er schlägt uns die Wahrheit mitten ins Gesicht." Es sind nicht „Grimassen eines Clowns", aber sehr wohl apokalyptische Szenarien der Rettung und Befreiung von Krebsgeschwüren und plumper Zuhälterei. Deswegen sind seine 30 Pamphlet-Texte wie poetische Schreie eines in der verkommenen Tourismuswelt Verwundeten. Kein Poet der Alpen kann mit ihm verglichen werden. Keiner hat so scharf analysiert. Kein anderer Poet – zumindest in Europa – hat so beinhart mit den Perversionen eines aus den Fugen geratenen Tourismus abgerechnet. Chappaz ist *Umwelt- und Kulturschützer.* Zur Veranschaulichung im Folgenden einige Zitate aus seinen Werken:

*Ganze Täler waren in den Schluchten verschwunden, an deren Rand die Unternehmer, nachdem sie die Berge abgehobelt hatten, ihre Ferien verbrachten ... Ich habe die neue Welt heraufkommen sehn: Schufte und Schwächlinge.*

(Chappaz, Die Zuhälter ..., Kap. III, Hochtourismus)

*Doch ein großes Problem bleibt: der Kehricht der Hotels. Die Abfälle kommen von den Vatikanen in Holz, den Riesenchalets, die reihenweise auf den Bergen thronen. Die Abfälle assimilierten sich an die Felsen ... Ein paar Täler dienen als Lagerhallen. Doch die Abfälle klettern, breiten sich aus, treten über. Die rechtsufrigen Schluchtkörbe sind voll. Die Dörfer verschwinden unter der Abfallwoge ... Unsere Psyche wird sich auftun mit dem Geruch der Fäulnis. Die Hässlichkeiten werden uns moralisch stärken.*

*Tausend biologische Bilder drehen das Hirn in einer Sekunde.*
*Im Mencheninneren hat man das Metzgerei-Kino eröffnet.*
*Jede wichtige Ortschaft hat ihre Umwandlungsstation.*
*Der Tourismus lieferte das große Linderungsmittel.*
*Heilig Schwein, töte uns!*

(Chappaz, Rinder, Kinder und Propheten, S. 127)

*Lifte, Stadien, Knusper-aus-dem-Häuschen, kreuz und quer über*
*unsere Matten, Wiesen und Wälder rasend; Neon im Tuff,*
*Flutlicht als Alpenglühn …*

*Ein Volk betet; und sei es zur Heiligen Materie. De profundis.*

(Chappaz, Die Walliser, S. 171)

Und noch einmal aus „Die Walliser" (S. 46):
*Doch der Tourismus ist heute nichts als ein Großunternehmen*
*primitiver Zuhälter.*

Zu seinen Fans gehörten und gehören junge Menschen im Wallis und der Schweiz. Studenten, umweltbewusst, kritisch. „Evviva Chapazz", lautete eine Aufschrift.

Hochgelobt ist er jetzt: weniger im Wallis, mehr in der übrigen Schweiz, höchstgeehrt aber international, besonders in Paris. Mehrmals kamen Fernsehredakteure aus Paris zu ihm in das kleine Bergdorf im schweizerischen Wallis.

Seine Stimme ist die eines Mahners, eines Poeten, eines alpinen Predigers.

Das gibt Hoffnung. Hoffentlich noch viele Jahre.

*Das Ehepaar Chappaz im L'Abbaye/Wallis, Oktober 2003.*

*Typisch für das obere Lötschental sind die vielen Lawinenstriche und dazwischen die überaus gepflegte Kulturlandschaft.*

# SCHWEIZ

## KANDERSTEG und GLETSCHERSTAFEL

Außerhalb der Schweiz weitgehend unbekannt ist die Region rund um Kandersteg mit der in der Sagen-Kultur der Alpen bedeutsamen *Blümlisalp* sowie den Berggestalten, denen die Bewohner die Namen „Wilde Frau" und „Weiße Frau" gegeben haben. Eindrucksvoll sind die Geschichten, Legenden und Sagen, die mit dem Lötschental im Kanton Wallis und dort besonders mit der Gletscherstafel zusammenhängen.

Imposant ragen bei der Annäherung an Kandersteg die massigen Dreitausender in die Höhe, zuerst der Altels (3629 m), berüchtigt wegen der großen Naturkatastrophen, dann das 3699 m hohe Balmhorn. Zuletzt erst wird über dem Öschinensee das Blümlisalp-Rothorn (3279 m), das Blümlisalphorn (3603 m) sowie die faszinierende Gestalt jenes Berges frei, der den merkwürdigen Namen „Wildi Frau" (3259 m) trägt. Vom Tal aus kaum sichtbar, also weitgehend verborgen bleibt der Wilde Berg, die „Wyssy Frau" genannt, einer der eindrucksvollsten Berge mit 3650 m Höhe.

Und drüben über dem Bergkamm der vergletscherten Dreitausender, mitten aus dem Gletscher, ragt das „nur" 3034 m hohe Mutthorn. Von dort führt ein Bergsteig über Gletscher und das Uisterstal direkt zur Fafleralp mit der „Gletscherstafel".

Es ist ein Gebiet, das kulturell und vor allem kultur- und religionshistorisch sensibel untersucht werden müsste. Wesentliche Anregungen dazu können unter anderem aus dem Dorfbuch von Kandersteg und aus Ausstellungskatalogen des Lötschentaler Museums bezogen werden.

Am Fuße des Blümlisalp-Bergstockes liegt **Blümlisalp,** jene Alm bzw. Alpe, die allen „Untergangssagen" ihren Namen gegeben hat. Wo ehemals blühende Almen waren, befindet sich jetzt unwirtliches Gelände. Wo einst Rinder fette Weiden fanden, wo schöne Almhütten standen, wo es sogar kleine Bergsiedlungen gab, breiten sich jetzt weite Flächen mit Geröll, Schutt etc. aus. Auf der Blümlisalp soll die „wilde" Frau Kathry gehaust haben, mitunter als „Hure" bezeichnet, immer aber als schöne Frau beschrieben. Ihr „zuliebe" musste der kotige Zugang zum Käsekeller, zur Hütte, mit Käselaiben gepflastert werden. Ihr „zuliebe" musste der Hirt oder Senner der eigenen Mutter einen schlimmen Fraß vorsetzen und sie verjagen. Was folgte, war Rache, Untergang, Gletscher.

Zu den bedeutungsvollsten Bergnamen der Alpen zählen, wie bereits früher erwähnt, **Mut** und **Muotta**. Das mitten im Kanderfirn befindliche „Mutthorn" schließt den Bogen dieser Berg- und Flurnamen zwischen Tirol und den französischen Alpen.

Von der Blümlisalphütte aus bietet sich ein prächtiges Berg- und Gletscherpanorama hinauf zur „Wilden Frau", zum Firngrat der „Weißen Frau", hinauf zu abschreckenden Hängegletschern.

Im Vordergrund sind Steinmänner aufgerichtet, die sicherlich schon lange vor dem Alpinismus errichtet worden sind. Eine hochalpine Kult-Region von immenser Bedeutung!

Einer der Übergänge aus dem Berner Oberland in das Lötschental führt von Kandersteg über Selden zur Gfelalp, dann weiter über den Lötschenpass (2690 m). Hoch über dem Sommerdörfchen Selden liegen wunderschöne Sommerberge. Und so berichtet die Sage:

*Die stattliche Alphütte stand mitten in einem Felde blühender Alpenrosen. Drei Brüdern war sie als Erbe zugefallen; aber sie konnten sich über die Teilung der Weiden nicht einigen. Menk und Jörg verdrängten ihren jüngsten Bruder Uli immer mehr und* wollten ihn zuletzt nicht einmal mehr in der Hütte schlafen lassen. Da sprach dieser eines Morgens, nachdem er die kalte Nacht unter einer Felsbalm zugebracht hatte, zu den anderen: ‚Brüder, laßt uns die ungerechte Sache beendigen. Der himmlische Richter hat mir einen Weg gewiesen. Hier sind drei Strahlen [Kristalle], die ich am Gletscher gefunden. Der eine hat einen rötlichen Glanz, das ist Gfel mit der Hütte in den Bergrosen und was darunter liegt, der lautere hier soll das Schönbühl bedeuten und der dunkle das Stocki. Hier lege ich sie zum Zeichen auf das Wandbrett neben dem Kreuz. Gehe jeder und suche am Gletscher nach Strahlen und was er zuerst findet, das soll ihm sein Eigentum weisen.‘

‚Einverstanden!‘, riefen die Zwei; denn sie dachten in ihrem argen Herzen: ‚Wir wollen dich schon meistern, du dummer Bub!‘ Sie gingen wie sonst an ihr Tagwerk. Als sie des Abends auf Gfel wieder zusammentrafen, sprang der Jüngste den beiden Älteren freudestrahlend entgegen.

‚Die Hütte gehört mir!‘, rief er ihnen zu. ‚Gott hat mich einen Rosenstein finden lassen.‘

Da lachten die beiden hämisch, griffen in ihre Hosentaschen und zogen ein jeder drei Strahlen heraus, einen roten, einen rein weißen und einen dunklen.

‚Unser ist die ganze Alp, Hansnarr! Gott hat es selber gefügt, und du sollst unser Knecht sein.‘

Da ergrimmte Uli in seinem Innersten. ‚Betrüger seid ihr!‘, schrie er: ‚Lieber will ich des Teufels Knecht sein als der eure.‘ Damit lief er dem Letibache zu und stieg die Bergstraße hinan. Als er den Gletscherkamm hoch oben auf dem Berg erreicht hatte, sank er auf die Knie, weinte bittere Tränen, daß er von der geliebten Heimat scheiden müsse und sprach: ‚Gott, erbarm dich meiner!‘

Dann floh er wild den Berg hinab; er wollte sich dem Bischof von Sitten als Kriegsmann stellen. Hinter ihm aber verfinsterte *sich der Himmel. Wilde Wolken umflogen die Gipfel und mitten in der Sommernacht fiel ein furchtbares Schneegestöber. Am Morgen aber schien die brennende Sonne hinein und löste von allen Bergseiten große Schneefelder, die von allen Seiten zu Tale stürzten. Hinweggewischt war die stattliche Hütte auf Gfel und tief unter klafterhohem Schnee lagen Herde und Hirten begraben. Uli kam bald darauf in einer Schlacht des Bischofs um. Seither war Gfelalp verflucht; denn die Geister der Unseligen gingen darauf herum und wer seine Herden hinauftrieb, den störten sie in seinem Frieden. Lawinen fuhren hernieder, die Bergweiden zu verwüsten, fallende Felsen töteten das Vieh, bis eines Tages ein Pilger auf seiner Reise vom Heiligen Land über den Lötschenpaß zog. Er trug einen heiligen Spruch bei sich, dem alle bösen Geister weichen mußten. Damit bannte er die ruhelosen Seelen der unredlichen Brüder in eine Lärche, schlug einen Pfropfen auf das Loch und verschaffte den Älplern Friede und Ruhe.*

*Noch lange erinnerte die Lärche mit dem Pfropfen an die unseligen Tage des Bruderzwists.*

(Aus dem Dorfbuch: Kandersteg. Natur-Geschichte-Menschen, S. 19/20)

Der schon genannte Berg Altels war deshalb gefürchtet, weil Gletscherlawinen und Muren von dort niedergingen. Eine Urkunde der Gemeinde Leukerbad im Wallis berichtet wie folgt:

*Kund, offenbar und zu wissen seye, dass anno 1782 den 18. Augusti durch ein erschröck- und schaudervollen Gletscherbruch das gantze melche Vich, kein eintzige Kuh ausgenommen. welches sich auf die sogenannte matten in der Alpen Wintereggen befande, jähmerlich zugrunde gegangen und erschlagen worden. Es befinden sich der verunglückten Kühen auf benannter Alpen 62, geis und Kühschaf über 20, so alle durch diesen Gletzer-Bruch zerschmettert worden. Allein nicht Vieh, sondern auch Betrübnis und schreckensvolles*

*Schicksal. Auch vier Personen, welche zwey Pferd mit Sommer*
*Nutz beladen mit sich fiehren und sich auf Spitel Alt Matten, um*
*nach Haus sich zu begeben, befinden, um diesen schaudervollen*
*Gletzer-Bruch mussten ihr Leben einbüssen und unter Gletzer*
*und Stein ihr Grabstatt finden.*

Noch ein weiteres Unglück erschütterte das Tal und seine Bewohner. Am 11. September 1895 löste sich gegen fünf Uhr morgens
wiederum eine Eismasse von 4,5 Millionen Kubikmetern vom
Altelsgletscher und bedeckte fast zwei Quadratkilometer der Spittel-
matte und der Alp Winteregg. Sechs Männer und 169 Stück Vieh
wurden auf der Stelle getötet. Eine Tafel an dieser Stelle erinnert
daran.

### Gletscherstafel

Auf Lötschentaler Seite führt bis zur Fafleralp zumindest in den
Sommermonaten ein Taxi-Bus. Unter der auf ca. 1790 m gelegenen Alp liegt der Gletscherstafel auf 1771 m und dahinter auf
1933 m der Guggistafel.

Der Gletscherstafel ist ein spannender Fleck. Ein gewaltiger
Gletscherschliff ist an vielen Stellen mit Rinnen, Löchern und
Schalen bedeckt, schlecht erkennbar und stark verwittert.

Es würde nicht auffallen, gäbe es nicht den Hinweis auf eine
Ausstellung vom Jahre 1991 im Heimatmuseum des Tales. „Fund-
ort Lötschental" hieß die Ausstellung; das gleichnamige Heftchen
über diese Präsentation enthält auch eine Seite mit einer hand-
schriftlichen Eintragung über „Steinbearbeitungen". Darüber hinaus
finden sich nur sehr mühsam weitere Hinweise auf diese Alp mit
ihren offenbar sehr alten und sicherlich „kultischen" Rillen,
Schalen und Rinnen.

Der Platz erinnert ein wenig an die Kaser oberhalb von Vent im Ötztal und den „Schnegg" im Tisental oberhalb von Vernagt im Schnalstal. Diese drei Stationen sind auch deswegen miteinander vergleichbar, weil es sich in allen drei Fällen um hochgelegene Kulturorte, wahrscheinlich sogar um Reste alter Dauersiedlungen handelt. Es sind bedeutsame Plätze des Glaubens und der Orientierung. In allen drei Fällen befinden sich die Kultorte knapp unter den Gletschern: Oben die geheimnisvolle „Anderswelt" im Eis, unten die Steinritzungen als Teil einer alpinen Kultur.

Erst bei mehrmaligem Suchen in der lokalen Literatur und beim Studium der Detailkarten eröffnet sich eine weitere neue Sagenwelt von spannendem Reiz. Es lohnt sich, vor allem die Berge und Fluren im hintersten Lötschental genauer zu erforschen. Dabei stößt man auf eigenartig-archaische Alpenkulte.

In einer detailreich geschilderten Sage erfährt der Besucher, der Forscher, der sensible Alpenreisende etwa mehr von der *Weißen Frau:*

*Anna war die reichste und schönste Frau der Stadt Sitten, und das will etwas bedeuten.*

So beginnt die Sage, wie sie im kleinen Büchlein „Sagen aus dem Lötschental. Erweiterte Ausgabe der ‚Gletschermärchen'" enthalten ist. Diese Frau Anna wurde vom Volk auch die „Weiße Frau" genannt. Voller Sehnsucht trieb es sie in die Oberwalliser Berge. Endlich hatte sie dort, wo sich heute der „Lange Gletscher" befindet, ihren Platz gefunden, „Bergseelein mit silberhellem Spiegel, kristalle Quellen und Gletschergrotten mit himmelblauen Wänden." Sie fand also den alpenweit unter den Gletschern verborgenen Kristallpalast, wohnte dort und war sehr einsam. Durch einen Fluch wird sie in die höchsten Höhen hinauf verdammt, „wo sie seufzt und weint, bis ihre Tränen den harten Stein glatt

*Die „Gletschertafel" im obersten Teil des Lötschentales / Wallis.*
*Auf den gewaltigen Felsen, durch die Gletscher glattgeschliffen, sind viele Schalen*
*und Rinnen erkennbar, die Zeugnisse zumindest 5000-jähriger Kulte sind.*

geschliffen und tiefe Rinnen darin gezogen haben." Seither sind die Gletscher wieder abgeschmolzen und die Quellen aufgetaut, die Rasen wieder grün geworden, vermeldet die Sage weiter. Diese Sage mit dem alpenweit wohl einzigartigen Schluss weist uns in völlig neue Dimensionen. Im Gegensatz zu allen bisher bekannten Sagen im „Blümlisalp"-Bereich oder im Motiv der „übergossenen Alm" geht es nicht um Zerstörung der Almen durch Vergletscherung und Verödung. Ganz im Gegenteil! Erlösung findet die *Weiße Frau* namens Anna erst in einer Periode neuer Vergletscherung der Alpen. Seit mehr als 20 Jahren erleben wir jedoch einen dramatischen Anstieg der Jahrestemperatur, verbunden mit dem erschreckend-dramatischen Rückgang der Gletscher. Seit ungefähr 1900 sind fast 50 % der Gletscherflächen verschwunden. Folgen wir der geheimnisvollen, der bedrückend visionären Sage:

*Sie schaut nach den Gletschern, ob diese nicht bald vorstoßen ins Tal. Sie weiß nämlich, daß wenn die Gletscher wiederum das ganze Lötschental anfüllen, ins Rhonetal vorstoßen und mit ihrer Zunge die Felsen von Tourbillon und Valeria lecken werden, die Stunde ihrer Erlösung schlage ...* (Sagen aus dem Lötschental, S. 23/24)

Bis dahin, so hieß es vor einigen Jahrzehnten in der alten Sagen-aufzeichnung, „wird noch mancher heisse Sommer und mancher kalte Winter vergehen, wird noch mancher Hirte von Gugginen hinüberschauen nach den Weiden des verlorenen Paradieses, die heute noch *Die Anen* heissen." Tatsächlich finden sich im aller-hintersten Teil des Tales die Flur- und Bergnamen, zuerst die *Aana*, darüber der *Anunggletscher* und schließlich ganz oben das *Anujoch* (3635 m) auf dem langgezogen *Anun*-Grat.

Das ist ein Beispiel, wie spannend die Spurensuche in den hochalpinen Regionen sein kann. Die einschlägigen Bergmagazine huldigen zumeist nur dem Klettern, dem Extrem-Alpinsport. Ganz selten werden kulturelle Themen berührt oder besprochen.

*Anu* und *Anna* und *Ana*: Immer wieder *Mutter* und das *Weibliche* in den Alpen.

Zwischen Kandersteg und Goppenstein könnte sich eine der geheimnisvollsten Gletscher-Regionen der Alpen befinden. Bis jetzt wissen wir nahezu nichts davon.

## SAAS-FEE

ist ein Zauberort im Wallis, eine erstrangige Tourismusstation, ein weitgehend autofreier Ort.

*88*

Saas-Fee ist vom *Allalin* geprägt. „Allalin, die elegante, ganz in Weiß gekleidete Dame vis-à-vis jenes martialischen Dreizack-Trypticons, das wir Mischabel nennen".

Raoul Imseng hat das in seinem „Saas-Fee"-Buch, einem „Zwiegespräch mit Dorf und Bergwelt" als Bildlegende zu einem prachtvollen Gletscherbild geschrieben. „Miss Allalin & Co" formuliert er zum Beginn seines Beitrages „zur Klima-, Besiedlungs- und frühalpinistischen Geschichte des Saastals".

*Allalin* prägt Saas-Fee. *Allalin* ist ein Gletscher, ein Berg sowie eine Gipfelregion und Teil der Saas-Feer-Identität.

*Allalin* ist weiblich. Und Saas-Fee ist laut Selbstdarstellung „eines der alpinsten Kurort-Bergdörfer der Welt."

Über den Tourismusverband und zahlreiche Hotels können Prospekte und Informationen per Post oder per Internet bezogen werden. Die Themen „Mythos und Kult" wird man dort allerdings eher vergeblich suchen.

Einzig der „Walliser-Hof" hat zumindest im UNO-Jahr der Berge und des Ökotourismus extra auf diese Werbeschiene verwiesen.


# DAVOS

hat den „Zauberberg", Thomas MANN, das „Hüreli" und den Weltwirtschaftsgipfel. Davos hat das weltweit anerkannte und beispielhafte Institut für Lawinenkunde.

Der „Zauberberg" ist ein Teil der Impression einer Kult-Landschaft. Thomas Mann hat die Sensibilität gehabt und die literarische Kraft. Sein berühmter Roman spielt im Luxussanatorium mit dem bezeichnenden Namen „Schatzalp", ab 1900 eine der weithin modernsten Kuranstalten.

Dahinter und darüber in den Bergen liegt eine Menge von

Schätzen verborgen, kann eine Vielzahl von so genannten „starken" Plätzen entdeckt werden.

Eine wichtige Alp und ein wichtiger Pass tragen den geheimnisvollen Namen „*Strela*".

Um 1380 ist die heutige Strelalp als *Striaira* belegt, das wiederum mit *Striga* zusammenhängen soll, was *Hexe* bedeuten würde. Möglicherweise können wir dort einen *Hexentanzplatz* vermuten. Vielleicht hatten es deswegen die Bischöfe von Chur so eilig, eine ihrer Visitations-Routen über den Strela-Pass zu führen. Solche *Hexentanzplätze* finden wir an vielen Orten der Alpen und anderswo in ganz Europa.

In der Schweiz ist die Burgruine von Wolhusen einer davon. Die Hexe Adelheid Wyss habe (nach entsprechender Folter) gestanden, so wird als grausige Geschichte berichtet, sich mehrmals dort aufgehalten zu haben. Ein anderer *Hexentanzplatz* wird in Kerns angesiedelt, aber auch in Sursee. Eine Elsbeth Sutter aus Sursee fuhr 1592 auf die Müswanger Allmend zum Tanz. Dort trafen sich die Hexen wie auf der Allmend (Gemeinschaftsweide) in Malters, Ruswil, Meggen sowie auf dem Gütsch in Luzern, weiters auf dem Moor von Geuensee, auf dem Knutwiler Feld, in den Wäldern Rutschwinkel und Hasenwart bei Sursee (vgl. Lussi, Geister). Hinsichtlich Hexentanzplatz und Hexen samt deren Abwehr hilft – unter anderem – das Eisenkraut *(verbena officinalis)*. Schon bei den Römern wird es genannt und gilt laut alter Überlieferung als „Liebeszauber". Als Mittel gegen Behexung müsse es aber in getrocknetem Zustand, in Stoffsäckchen verpackt den Kindern um den Hals gehängt werden. Wer weiß?

Wer kennt nicht die Begehrlichkeiten der Touristiker nach Gletschern, nach Sagen, nach Mythen und allem Kultischen, sofern das alles vermarktbar zubereitet wird? Da ist den Machern in Davos, in Saas-Fee, in Ischgl, Sölden oder Verbier jedes Mittel recht.

Relativ halbherzig und unprofessionell wurde z. B. das Projekt „Sagenhaftes Wanderparadies" durch den Tourismus der Zentralschweiz beworben und ist folglich inzwischen wieder sanft entschlafen. „Zwölf sagenhafte Wandervorschläge" sollten neugierig-esoterische Touristen den Spuren von Wilhelm Tell folgen lassen, den „Wollmanndli von Andermatt", hinauf zum „Zuger Alpli", mit „König Hakon auf dem Großen Mythen", weiter mit den Wildleuten zum Rigiberg, schnell zum Pilatus, vorbei am Struthan von Winkelried, die Sage vom Greiss zu Surenen streifend bis zum Küfer und den Lindwürmern der Schweiz. Gespenstisches begegnet uns am Niederbauen, wir lauschen der Sage vom Enziloch. Wenn wir auf der Schrattenfluh noch der Jungfrau begegnen, öffnen wir den Esoterik-Koffer, zahlen dem Sagenführer sein Honorar und verabschieden uns. Es ist besser, wenn touristische Vermarktung oberflächlich an den weniger sensiblen Schichten hängen bleibt.

Soweit bisher erfahrbar ist, konnten „schamanische Erfahrungen in den Schweizer Alpen" erstmalig ab Sommer 1997 gesammelt werden. Eine Agentur hatte zur „Kraft der Berge" aufgerufen.

*Mit verbundenen Augen am Abgrund. Barfuß auf dem Hochgebirgspfad, die Augen verbunden, setze ich Fuß vor Fuss, links von mir der Abgrund. Wenn Gelassenheit die Furcht besiegt, sehe ich vor mir mein Krafttier mir sicheren Weg weisend. 15 Leute aus Deutschland, der Schweiz und aus Österreich hatten sich in Preda zusammengefunden.*

*Wir arbeiten viel mit Kraftplätzen und den Energielinien in der Natur …*

hieß es im Prospekt. Als eines der Beispiele für die „Nutzung" dieser und ähnlicher Phänomene sei das neue Wanderprogramm genannt, das von Pier HÄNNI und Elmar GOOD durchgeführt wird. Auf der aktuellen Website vom März 2006 wird „Mystisch Wan-

dern in der Schweiz" angeboten, werden „Wanderungen zu Kraftorten" angepriesen. Sie führen …

*durch wundervolle Landschaften zu natürlichen Kraftorten, wie
Quellen, Wasserfälle, antike Steinheiligtümer, Bergseen, geheim-
nisvolle Höhlen, sagenhafte Täler, idyllische Alpen, antike
Kultstätten oder frühchristliche Kirchen.*

(Vgl. www.alpenmagie.ch / März 2006)

Von Piet Hänni werden die Bücher „Quellen der Kraft", „Magisches
Bernbiet", „Magisches Berner Oberland", „Kraftort Thunersee"
angeboten und von Elmar Good „Magisches Graubünden".
Zusätzlich kann eine „Linksammlung" dem Weiterforschen dienen.

Empfehlenswerter und seriöser sind die Angebote, die der
überregional bedeutende Kulturforscher und Buchherausgeber
Kurt Derungs erstellt hat.                    (Vgl. www.amalia.ch)

Mit einigem Vorbehalt können auch die Bücher der Reihe
„Magisch reisen" (Schweiz, Österreich etc.) benützt werden.

Verdienstvoll ist die Arbeit und Forschung der vielen amtlichen
und vor allem der ehrenamtlichen Heimat- und Kulturforscher.
Einer davon war der inzwischen verstorbene Schweizer Volkskultur-
Forscher Joseph ZIELMANN. In vielen Schriften hat er äußerst gewis-
senhaft aufgelistet, katalogisiert und wissenschaftlich publiziert und
sich dabei auch in die Grenzbereiche von Volkskunde, Brauch-
forschung, alten Kulten und den Wurzeln der Esoterik begeben.

Allein zum Thema „Besenopfer" hat er zeitlebens in seiner
Luzerner Landschaft und vergleichend weitum geforscht. Seine
kleine Schrift „Das Besen- oder Rutenopfer auf der Luzerner
Landschaft" listet auf und beschreibt, wie diese Opfer im Kanton
Luzern an vielen Orten geübt wurden und „Brauch" waren: Bein-
hauskapelle in Grossdietwil, Mariahilf-Kapelle im Altishofer Feld,
Beinhauskapelle in Wolhusen, Heilig-Blut-Kapelle in Willisau,

Pfarrkirche in Hergiswil bei Willisau, Kapelle St. Joder in Hergiswil, Maria Heilbronn im Luthernbad, Kapelle auf dem Heimberg in Luthern, Kapelle St. Blasius in Alberswil, Helgenstöckli hinter Willisau, Galgenchäppeli in Sempach, Kirche St. Maria in Bertiswil bei Rothenburg, Beinhaus in der Senti in Luzern usw.

Als sichtbares Zeichen wurde bei diesem Brauch ein Besen oder ein Zopf geopfert und in die Kirche oder in die Kapelle gehängt. Joseph Zielmann wollte nicht in alte Zeiten zurückdeuten und sich nicht auf das Alter dieses Brauches festlegen lassen.

Sicher ist jedoch, dass die Wurzeln dieses Brauches „selbstverständlich" weit in vorchristliche Zeiten zurückreichen.

(Zielmann, Besen- und Rutenopfer)

Aus der großen und kaum überschaubaren Fülle der Schweizer Belege sollen noch einige wenige Stationen genannt sein:

## Der ANGELSACHSENSTEIN in SARMENSDORF

ist ein Findling, der als „altheidnischer Opferstein" gedeutet wird. Auf der Höhe zwischen Muri und Sarmensdorf sollen sich einst fromme Männer, von Einsiedeln kommend, unter dem großen Stein niedergelassen haben. Am anderen Tag seien sie tot dort gelegen. Der Sarkophag wurde bis in die Neuzeit als *Heilstein* vom Volk kultisch verehrt.

Als

## WALLFAHRTSORT mit MAGIE, als FRIEDHOF DER 2000 SEELEN

gilt *Oberbüren an der Aare* im Kanton Bern. Was sich dort in geschichtlich nachweisbaren Zeiten ereignet hat, klingt makaber,

93

wirkt erschütternd, trug sich aber in abgeschwächter Form an vielen Wallfahrtsorten zu. Schweizer Forscher nennen diesen Ort jetzt den „Friedhof der 2000 unschuldigen Seelen": Im Jahr 1998 kam bei Grabungen zum Vorschein, dass an dieser Stelle im 11. und 12. Jahrhundert eine große Kathedrale gestanden haben musste, vergleichbar mit jener in Einsiedeln. Aus ganz Europa waren Eltern mit ihren tot geborenen Kindern hierher gepilgert, um sie taufen zu lassen. Weil nach dem Ritus der katholischen Kirche keine toten Körper getauft werden können, wussten die verzweifelten Eltern keinen anderen Ausweg, als ihre Kinder zu einer bestimmten Stätte zu bringen, um ihnen die „ewige Verdammnis" zu ersparen. Der Ritus der „Taufe" der toten Kinder und Embryonen wirkt makaber und abstoßend: Man legte die kleinen leblosen Körper auf eine warme Platte und steckte ihnen eine Feder in den Mund. Wenn sich durch die Erwärmung bedingt die Feder dann bewegte, galt dies als Zeichen zumindest kurzfristig wiedergekehrten Lebens und man konnte rasch die Taufe vollziehen. Der Zulauf nach Oberbüren soll beinahe gigantische Ausmaße angenommen haben. Im 14. Jahrhundert rollte dann die Reformation übers Land. Der Ort wurde aufklärerisch als Schandfleck klassifiziert, die große Kirchenanlage bis auf die Grundmauern zerstört. Bis zum heutigen Tag liegen Kinderknöchelchen in diesem Feld in Oberbüren.

Blanche MERZ verweist als fundierte Expertin und Autorin des Buches „Orte der Kraft in der Schweiz" auf die Tatsache, dass biometrische Messungen an diesem einzigartigen Friedhof extrem niedrige Boviseinheiten von nur 3000 ergeben hätten. Das sei, so urteilt Frau Merz, „die bekannte Schwingung der Verwesung" und es sei davon abgeraten, an Orten mit solchen extrem niedrigen Boviswerten neue Wohnhäuser zu errichten.

(Merz, Orte der Kraft in der Schweiz, S. 247 f.)

*94*

# FALERA

Die uralte *Falera* und der christliche Wallfahrtsort *Einsiedeln* stehen in scheinbarem Widerspruch zueinander. Vielerorts konnten Jahrtausende alte Kulte nicht verdrängt werden, während andere im Laufe der Zeit verschwanden oder unbedeutend wurden. Einsiedeln als der wichtigste Wallfahrtsort der Schweiz protzt dagegen mit Prunk und Herrlichkeit. *Falera* im Kanton Graubünden, unweit auch den Steinritzungen von Carschenna, wiederum liegt auf 1218 m Seehöhe in der Surselva, in rätoromanischem Sprachgebiet. Von überregionaler Bedeutung sind die Menhire und Steinblöcke der Muota-Falera, deren Alter Kurt Derungs auf ca. 3600 Jahre schätzt. In dem von ihm herausgegebenen Buch „Mythologische Landschaft Schweiz" schreibt er über die Falera-Steinsetzungen, diese seien nur noch der Rest einer ehemals größeren komplexen Anlage. Viele Steine wurden zerstört, als Baumaterial verwendet oder aus Platzgründen entfernt. Seit 1986 wird die Anlage nun teilweise rekonstruiert und heute stehen wieder sechs Blöcke in einer Steinreihe.

*Die Kultstätte von Falera ist zweifellos in den Ort und in das Tal eingebettet, doch das eigentlich Heilige des Platzes ist der Muota-Hügel selbst hinter der Remigiuskirche …*
   *Der Muota-Hügel ist also das Heiligtum an sich, worauf auch der Ortsname hinweisen dürfte.*

(Derungs, Mythologische Landschaft Schweiz, S. 231, 232)

Laut Kirchengemeinde in Falera sind Kirchen und Kapellen im Raum Ilanz „über heidnischen Kultstätten erbaut, die bereits zur Bronzezeit nach bestimmten Sonnenaufgängen angelegt wurden."
   Ulrich und Grete BÜCHI haben als Pioniere der Regionalforschung fast zeitlebens am Thema „Megalithe der Surselva" gearbeitet und eine ganze Reihe ausgezeichnet recherchierter Publika-

*Hinweistafel auf Stätten alter Steinkulte in Falera im Kanton Graubünden.*

tionen zum Thema herausgegeben. Darauf bauen alle weiteren Forscher auf.

Es ist demnach nicht auszuschließen, dass die Steine der Surselva – nicht nur die in Falera – mit Bezug auf die Ahnen, zu Gottheiten und für astronomische Zwecke angelegt und verwendet wurden. Zumindest seit der Bronzezeit, eher bereits seit der Jungsteinzeit, ist bis in unsere Tage eine kontinuierliche Nutzung nachweisbar. Sogar die im Jahre 1904 neu erbaute Kirche, dem Heiligsten Herzen Jesu geweiht, ist ein Glied dieser Kette. Die Wiederentdeckung und Neuaufstellung einiger Steine seit ca. 1998 und die ständigen Besuche von *Kultplatz*-Suchern inklusive einer mitunter dubiosen „Nutzung" durch gewisse Tendenzen der

Esoterik stellen wiederum ein vorläufiges Schlusskapitel der Neuzeit dar.

Die gesamte Gegend um Ilanz, in der Lumnezia, im Knotenpunkt Pleif, bis in die innersten Bergtäler nach Vals und Vrin hinein ist voll von diesen merkwürdigen Steinsetzungen. Oft sind an der Stelle alter Schalensteinplätze und Menhire katholische Kirchen errichtet worden. Heute sind sie Ziel neuer Wallfahrer „auf der Suche nach Sinn" und *religio*, die ihnen offensichtlich die etablierten Kirchen nicht mehr geben können. Im Buch „Kulturweg Alpen" werden wir „zum wechselnden Gebrauch" an viele dieser heiligen Orte geschickt. (Bachmann, Kulturweg Alpen, S. 280 ff.)

Ähnlich wie in Schottland oder Irland wird auch hier versucht, Linien in die Landschaft zu ziehen, Bezugspunkte von einem heiligen Ort zum anderen zu finden, diese Linien einzuzeichnen, daraus auch astronomische Deutungen abzulesen.

*Solche Kraftorte sind ebenfalls linienförmig verbunden miteinander und können durch den Menschen geschaffen, verstärkt oder zerstört werden. Die Ururahnen der Lugnetzer haben ihre Kultstätten abgestimmt auf den ewigen Lauf des Himmels und die Kräfte der Erde. Und Generationen von Menschen scheinen um die besondere Kraft kultischer Orte gewußt zu haben. Die Namen der Götter haben gewechselt, jetzt sind die Bergler Christen, die Opfer- und Gebetsstätten jedoch sind dieselben geblieben ...*

(Bachmann, Kulturweg Alpen, S. 281)

Jetzt finden so genannte „Neu-Heiden" zu diesen Plätzen und versuchen, dort Kraft zu tanken.

Ein typisches Beispiel dafür, wie es die katholische Kirche verstanden hat, einen einstmals überragenden Kultplatz neu zu entdecken und eine der größten Wallfahrten Europas, zumindest die größte Wallfahrt der Schweiz, dort zu situieren, ist

# MARIA EINSIEDELN

als Nationalheiligtum der Schweiz. So weit bisher erforscht werden konnte, liegt dessen Ursprung im Jahre 835. Angeblich habe sich der heilige Meinrad tief im Wald an einer Stelle niedergelassen, wo er einen Brunnen vorfand, der zu „Unserer Lieben Frau" umbenannt wurde. Sicher hatte diese Quelle schon vorher eine große Bedeutung gehabt. An dieser Stelle wurde der Heilige dann anno 861 mit einer Keule erschlagen. Im Jahr 934 wurde das Kloster vom heiligen Erhard gegründet. Die gewaltige und beeindruckende Kirche in ihrer heutigen Form wurde im 18. Jahrhundert errichtet. 1799 drangen die Franzosen ein und wollten das Kultbild der Madonna rauben. Es war jedoch bereits im 1798 in die kleine Probstei St. Gerold im Großen Walsertal/Vorarlberg gebracht worden, von wo es später wieder nach Einsiedeln zurückgegeben wurde.

Viele Geschichten werden rund um die *Schwarze* Madonna von Einsiedeln erzählt, viel wird über ihr Aussehen gedeutet und verglichen. Eine der Antworten könnte sein, dass sie bei einem der großen Bränden auf diese Weise geschwärzt wurde.

In den katholischen Kirchen- und Wallfahrtsführern wird weitgehend ausgeklammert, dass unter der Gnadenkapelle eine Quelle entspringt, deren Wasser man aus vierzehn Röhren des Gnadenbrunnens trinken kann. Wie bei fast allen wichtigen Wallfahrtsorten ist auch hier die Heilige Quelle wesentlicher, mitunter der wichtigste Bestandteil der Wallfahrt.

Der bedeutendste christliche Kraftort der Schweiz war und ist Ziel von Wallfahrern auch aus Deutschland und Österreich. Tirol und Vorarlberg sind eindeutig nach Einsiedeln und nicht nach Maria Zell in der Steiermark orientiert. Früher war Einsiedeln auch als Hochzeitsreiseziel vieler Tirolerinnen und Tiroler, auch aus dem Ötztal, beliebt. Zwischenstation war dabei stets Rankweil in Vorarlberg. Deswegen finden sich in Haushalten in Vorarlberg und Tirol immer wieder ältere Wallfahrtsbildchen von Maria-Einsiedeln im Familienbesitz.

Eine der seltenen kritischen Betrachtungen über christliche Kultorte findet man in Bezug auf Einsiedeln unter anderem bei Blanche Merz in ihrem Buch „Orte der Kraft in der Schweiz“:

*Doch unbestreitbar hat die schwarze Madonna etwas Mystisches an sich. Dank einer einmaligen Ausnahme durften wir sie ohne Gitter bewerten. Der Ausstrahlungswert betrug verblüffende 30.000 Boviseinheiten. Sie besitzt somit in der Tat ein enormes Potential, das aber nicht der Masse zur freien Verfügung steht. Und draußen bei den vielen ‚Händlern des Tempels‘ amüsieren sich weisshaarige Besucher mit dem gekauften, vermeintlich heiligen Kitsch.* (Merz, S. 161)

Die *Surselva* ist ein wichtiger Teil des Kantons Graubünden; von Chur bergaufwärts zum Oberalp-Pass, mit dem prachtvollen Kloster Disentis und versteckten Geheimnissen und Kostbarkeiten in den Tälern.

## VALS und VRIN

sind zwei kleine Bergdörfer und Berggemeinden von unterschiedlicher Prägung und scheinbaren Kontrasten. *Vrin* wurde weit über die Schweiz hinaus dafür bekannt, dass es als Region ausgeprägter kleinstrukturierter Berglandwirtschaft im Gegensatz zum allgemeinen Trend nach wie vor auf die Landwirtschaft setzt und diese als Haupterwerbsquelle erfolgreich zu nutzen versteht. Das war und ist allerdings nur mit intensiver öffentlicher Hilfe der Regionalentwicklung möglich. Vrin gilt als Musterbeispiel nachhaltiger agrikultureller Entwicklung. Das ist die eine Seite, die aber stark mit der zweiten Komponente zusammenhängt. In Vrin arbeitet und wirkt Gion A. CAMINADA, Einheimischer, Gemeindebürger, Bauausschuss in einer Person, Architekt.

Caminada hat ein neues Vrin geschaffen: es ist das Dorf der neuen Holzbau-Architektur, international und fast schon weltweit geschätzt und anerkannt. Keine spektakulären Holzbauten, sondern Heustadel, Ställe, ein Telefonhäuschen und eine „Totenstube", die „stiva da morts" sind entstanden. Bei letzterer handelt es sich keineswegs um eine Aufbahrungshalle oder einen der üblichen Aufbahrungsorte, sondern um eine neue Kultstätte der Toten, wahrhaftig eine Wohn-Stube. Dort vollzieht sich vor der Beerdigung ein einzigartiges Übergangsritual. Es ist ein schlichter Holzbau, der aber im Gegensatz zu den anderen Holzgebäuden weiß gestrichen ist – fast wie die gemauerte Kirche. Der Hauptraum unten dient der üblichen und vorgeschriebenen „Aufbewahrung" des Leichnams, ist aber dem Dorf zugewandt. Das Besondere an der „stiva da morts" ist das Obergeschoss mit dem sehr intim gehaltenen Raum, in den sich die Trauernden und die Gäste der Trauerfeier zurückziehen können, zum Kaffee, zum Plaudern, „mit etwas Distanz zum Toten und zum gleichsam offenen Trauern". Durch große Fenster schauen die Leute in die Weite des Tales und zu den Bergen statt zu Friedhofskreuzen und Kirchturm. Die Konstruktion des Gebäudes und die Gesamtkonzeption gelten unter Fachleuten und Architekturexperten mitsamt der von Caminada geprägten neuen Dorfstruktur als genial und einzigartig. Etwas von der Caminadischen Philosophie ist in seinen „Neun Thesen für die Stärkung der Peripherie" erkennbar.                    (Schlorhaufer, S. 133 f.)

Peripherie, also auch Abgeschiedenheit und zugewiesene (Schein-) Rückständigkeit erscheint für Caminada als Impulsgeber und

*Steinsetzung vor einer Kirche in Falera im Kanton Graubünden.*

dient der Unterscheidung zum (scheinbar alles beherrschenden) Zentrum. Notwendige Raumplanung „muß die Eigenständigkeit der Peripherie heben". Die seit Jahrhunderten und Jahrtausenden geprägte Kulturlandschaft „ist das größte ökonomische Potential der Alpen". Wesentlicher Teil dieser Kulturlandschaft sind Sagen, Rituale, Bräuche, Lebensweisen und somit auch der Mythos; am konkreten Beispiel dieses Teils der schweizerischen Surselva sind es Kultplätze, Schalensteine, Steinkreise usw. Caminada setzt auf eine „authentische und ganzheitliche Landwirtschaft". Für ihn gilt das Motto gemäß Punkt sechs seiner Thesen: „Der Gast ist König, der Einheimische ebenfalls". Die „Konstanten des Ortes bilden die Basis für eine neue Architektur". Schließlich wird durch optimal hohe Wertschöpfung eine gesunde Basis gelegt und zu allerletzt – oder sogar primär – gelingt die „Ästhetik der Nutzung".

Sehr zu empfehlen ist die im Quart Verlag Luzern von Bettina SCHLORHAUFER unter dem Titel „Cul zuffel l'aura dado" zweisprachig über Gion A. Caminada herausgegebene Publikation, angereichert mit eindrucksvollen Fotos.    (Schlorhaufer, speziell S. 133–136)

Im Buch von Elmar Good „Magisches Graubünden. Wanderungen zu Orten der Kraft" führt die Spur auch nach Vrin, zum dortigen Beinhaus an der Kirche und zur Kristallhöhle am Piz Regina.

(Good, S. 128–131)

Scheinbar ein Kontrast dazu ist vor allem wegen der außergewöhnlichen Architektur seines Bades der Ort *Vals*. Beide Orte sind Teil der *Lumnezia* und werden von Ilanz aus erreicht. Stündlich und überaus korrekt fährt das Postauto. Beide Orte und die gesamte Region sind reich an Plätzen mit Baum- und Steinkulten. Der aus der Region stammende spätere Bischof von Chur, Christian Caminada, hat eines der wichtigsten Bücher zum Generalthema dieses Buches verfasst.

*Vals* beeindruckt vor allem durch seine Therme. Sie wurde in den letzten Jahren durch den weltweit anerkannten Architekten Peter ZUMTHOR neu gebaut und gilt in der Fachwelt als „schönstes Bad der Welt". Zumthor hat radikal konsequent aus heimischem Stein, perfekt geschnittenem, aus über 50.000 Steinplatten zusammengefügtem Quarzit, den Steinbau der Therme errichten lassen. Entstanden ist daraus eine wahrhaft einzigartige Perfektion an Produkten, Schönheit und Kunstsinn. Das Erlebnis im „Dom aus Stein" hat magische Dimensionen. Es ist wie in einer gotischen Kathedrale, wie in einem römischen Kultbad, wie an einem neuen Platz der „Anderswelt". Beinahe ist es ein Wallfahrtsort. Deswegen hat das Bad mit diesem Buch über den Mythos der Alpen zu tun.

Rundum und im gesamten Tal bis hinauf zu den Gletschern wurden Stätten gefunden mit Schalen in den Steinplatten, mit einem kleinen Kirchlein zur Mutter Anna, mit einer unscheinbar wirkenden Nikolauskapelle („Hansjola"), die unter einem Torbogen durchschritten werden musste.

In der Sammlung „Sagen und Geschichten aus dem Valsertal", gesammelt von Bernhard SCHMID, werden auch die beiden Sagen von der Teufelsplatte, der „Tüüfelsch Blatta" und dem Teufelsstein, dem „Tüüfel-Stei" erzählt. Dieser Stein „fascht so höi wie dr Chilchaturra", also beinahe so hoch wie der Kirchturm, steht im „Heidboda", im „Heidenboden".     (Schmid, B., S. 22–26)

Das kleine Heiligtum von Bucarischuna ist der Mutter Anna anvertraut.

Im dreibändigen Werk von Arnold BÜCHLI „Mythologische Landeskunde von Graubünden" gelten mehrere Seiten dem Valsertal.     (Büchli, S. 648–655)

Die Sagen, also die Zeugnisse der mythologischen Landeskunde, sind auch in diesem Fall fast ausschließlich im Dialekt wiedergegeben. Es bereitet einige Mühe, wenn sich nicht-alemannische Leser in diese Welt der Sagen und Märchen vortasten wollen. Annalisa ZUMTHOR als Direktorin der Therme samt Hotel und Peter SCHMID als kompetentester Fachmann der Kultur des Valsertales publizieren unter anderem im zweimal im Jahr erscheinenden Heft „Stein und Wasser" (von der Therme herausgegeben) einschlägige Geschichten und poetische Texte.

(www.therme-vals.ch, STEIN und WASSER, Hotel Therme Vals, 2 x pro Jahr)

An der „Qualität Vals", der „Bescheidenheit in höchster Qualität" können und sollen sich neue Kult-Tempel des Wellnessbooms alpenweit messen. In der Therme gilt das Prinzip, dass die Qualitätsprodukte für die Gastronomie nach Möglichkeit fast ausschließlich aus der Region und aus biologischer Landwirtschaft stammen sollen. Dieses Ziel wird so weit als möglich erreicht; es ist vorbildlich und alpenweit einzigartig!

Die Valser vergessen auch nicht auf ihre Geschichte. Zum Gedenken an eine schreckliche Lawinenkatastrophe im Februar 1951 mit 19 Toten, davon 12 Kindern, kommen sie jährlich am Jahrestag zu einer Totenfeier zusammen. Weit droben in den Bergen ist ab 1958 eine Alm unter Wasser gesetzt worden. Jetzt speist der Zevreila-Stausee die Menschen mit Strom und die Gemeinde Vals mit reichlichen Zuwendungen aus dem „Wasser-Zins". Droben, hinter dem Stausee, befanden und befinden sich große Schafalmen. Ehemals weideten dort auch Schafe aus Italien, aus dem Bergamaskischen, und die von dort stammenden Schafhüter hatten ein kleines Kirchlein errichtet, das sie dem Heiligen Bartholomäus weihten. Peter Schmid, tätig auch als Publizist und Theaterautor, vor allem im Sommer als Schafhirt, weiß darüber Näheres. (Siehe dazu mehr im Kapitel „Häutung und Totem", S. 205).

Vom 3121 m hohen Quell-Berg Piz Aul strömt das Heil- und Thermalwasser. Rundum in den Bergen erinnern alte Orts-, Flur- und Bergnamen wie Frunt, Selva, Walletsch, Leis, Tompl und Rischuna an reiche Vergangenheit und reiche Kultur.

## NEBEL-HEILUNG

In das Reich der Magie gehört ein Ritual, das die Valser „Näbelheila" nennen. Es ist das „Nebel-Heilen", genauer das Vertreiben und Bannen des Nebels. Dazu werden harte Holzstücke quer zwischen Türe und den Pfosten gesteckt und mit einer Schnur umwickelt. Die Schnur wird an beiden Enden kräftig hin und her gezogen, wodurch das Holzstück in rasende Bewegung gerät und in der Folge zu rauchen und mitunter auch zu brennen beginnt. Wenn der Zauber helfen soll, so muss dazu gerufen werden: *Näbel, Näbel, ich heile-ti* (Nebel, Nebel, ich heile dich). Im Büchlein „Bei den Walsern des Valsertales" von J. J. JÖRGER und Paula JÖRGER ist dazu zu lesen: „Wegen der erlittenen Mißhandlung flieht der Nebel auf und davon, sofern er männlichen Geschlechts ist."

(Jörger, S. 95)

Der „Nebel" ist tatsächlich männlichen Geschlechts. Peter Schmid weist darauf hin, dass es für den besonders dichten, dunklen und fast undurchdringlichen Nebel das Spezialwort „Brenta" gibt. Und diese ist weiblich und kann nicht vertrieben werden. „Brenta" ist nach neueren Forschungen ein präindoeuropäisches Alpenwort für Nebel. Das kennen auch die Ötztaler von den Längenfelder Ortsteilen Au, Winklen und „endere" Seite.

Talauswärts, von Ilanz weiter Richtung Disentis, steht droben die kleine Bergkirche San Benedeg, zum Heiligen Benedikt, errichtet von Peter Zumthor an einem alten vorchristlichen Kultplatz. Die kleine Bergkirche ist neuer Wallfahrtsort von Architekten aus aller Herren Länder. Es ist das wundersamste und kostbarste Schmuckstück neuer *religio* in den Bergen.

## MÜSTAIR (CH) und TAUFERS (I) im Münstertal

Zwei Orte nebeneinander: der eine rätoromanisch und in der Schweiz, der andere deutschsprachig und in Südtirol: Müstair und St. Johann, beide im Münstertal. Orte voller Geheimnisse und mit großer Ausstrahlung. Geschlossene Häuserzeilen in rätoromanischer Steinbauweise. Beide Orte voller Kirchen und Kapellen. Offenbar auch voller Kultplätze, die aber nicht oder kaum erschlossen oder bekannt sind.

*Die kleine unscheinbare Kapelle St. Anna*
*im Valser Tal, Kanton Graubünden.*

Allein im Ort Taufers befinden sich drei Kirchen neben- und übereinander im Tal und auf dem Berg. Es sind teilweise sehr bedeutende christliche Stätten, geradezu verdreifacht und bis in den Himmel hinauf.

Jeder, der durch das Tal fährt, ist beeindruckt von der Klosterkirche Müstair. Sie ist ein so bedeutendes und einzigartiges Kulturdenkmal, dass sie die UNESCO in den elitären Kreis des Welt-Kulturerbes aufgenommen hat.

Ähnlich wie im großen Wallfahrtsort Maria-Einsiedeln ist auch hier das Katholische, die Demonstration von Macht dominant. Das Geheimnisvolle, das eigentlich Kultische wird dabei entweder abgedrängt oder überlagert.

Folgt man Kurt Derungs, dürfte irgendwo im Klostergarten oder nahe der Kirche ein Stein, eine „mumma veglia" („alte Mutter") vergraben sein. Es wäre einer jener Steine, die im Volksglauben bis in die Gegenwart eine wichtige Rolle spielen. Derungs nennt sie *Ahnfrau* oder *Ahnin* (siehe Näheres dazu im Kapitel „Mumma veglia").

Zwei Orte im Münstertal beherbergen sichere Nachweise einer solchen „Mumma veglia". Beide Male sind es Almen, und auch sie werden im Kapitel „Mumma veglia" näher beschrieben.

Der Stein auf der Alpe Mora befindet sich übrigens an einem wichtigen historischen Übergang. Es ist ein historisch belegter „Bischofsweg" der Bischöfe von Chur zu den Christen im Vinschgau und auch nach Vent im hintersten Ötztal. Es mutet eigenartig an, dass beide Male das Männerkloster von Müstair im Kontext mit der *Alten Mutter* genannt ist, einmal im Garten des Klosters – jedoch vergraben und verschüttet –, und einmal auf der Klosteralm.

Am Beispiel des mächtigen und berühmten Klosters kann er-messen werden, an welch kostbarem Platz die Klosteranlage zwischen 780 und 810 zum ersten Mal errichtet wurde. Hier sind einzigartige Kunst- und Kulturschätze erhalten geblieben, ein Standbild von Kaiser Karl dem Großen, ein großes Stuckrelief der Taufe Christi und vor allem die bemalten Wände, die angeblich den weltweit größten Freskenzyklus des frühen Mittelalters bergen.

Daneben und eher unscheinbar das Andere: der Stein, die kleine Kultstation abseits vom offiziellen Zentrum. Im bereits erwähnten Buch von Blanche MERZ „Orte der Kraft in der Schweiz" können wertvolle Hinweise in Bezug auf die Intentionen dieses Buches gefunden werden. Es gibt fundierte Kritik an der Zerstörung und später bedrohlichen Auslöschung der Kraft:

*Eigenartig: Die Stimmung in diesem Kleinod ist etwas kalt. Es ist keine geomantische Zone in dieser Kirche zu finden; mehrere Untersuchungen ergaben das gleiche Resultat. Die Boviswerte sind entsprechend niedrig und erreichen in den Absiden lediglich 13.000–14.000 Boviseinheiten. Wir haben hier nochmals eine Bestätigung, dass extremer Tourismus dem sakralen Wert eines Kraftortes sehr schadet und ihn zu einem Museum macht.*

*Das spüren auch die Gläubigen. Wo beten die Menschen? Der Kirche angebaut wurde 1758 eine winzige Gnadenkapelle mit einem schönen Gnadenbild der Maria Immakulata von 1621. Hier brennen Hunderte von Kerzen, hier ist Licht und Wärme. Viele Menschen haben sich von der berühmten Klosterkirche abgewandt, um eine intimere Aufnahme zu finden. Je nach Tag und Zeit variieren hier die hohen Boviswerte zwischen 18.000 und 24.000 Boviseinheiten. Der Ort der Kraft liegt in der kleinen Gnadenkapelle und nicht dort, wo es die Publizität haben wollte.*

(Merz, S. 95/96)

*108*

*Unter dem Torbogen der kleinen St.-Nikolaus-Kapelle („Hansjola"-Kapelle) in Vals mussten die Leute gebückt durchschreiten.*

## SCHWEIZER BESONDERHEITEN: CHINDLI-STEINE, WILDKIRCHLI, BRUDER KLAUS und der BETRUF

Es ist unmöglich, in diesem Rahmen alle interessanten Punkte der Schweiz oder gar der ganzen Alpen auch nur annähernd zu nennen oder zu beschreiben. So muss es im Fall der Schweiz mit ihrem überaus konzentrierten Anbot bei einigen Einzelbeispielen bleiben, die typisch oder sonstwie bedeutsam erscheinen. Erwähnenswert sind unter anderem die vielen Chindli-Steine (Kinder-Steine, wo die Kinder herkommen) oder die vielen urgeschichtlichen *Brandopferplätze*. Bemerkenswert ist auch die reichhaltige Literatur. Keine andere Landschaft der Alpen hat ihren „Kult- und Kulturbestand" so gründlich aufbereitet und publiziert wie die

Schweiz. Ich möchte hier vor allem den Sammelband „Mytho-
logische Landschaft Schweiz", herausgegeben von Kurt Derungs
erwähnen. Dort können wichtige Beiträge der Co-AutorInnen zu
folgenden Themen nachgelesen werden:
- Wasserkult in der Schweiz – (Heinrich Runge)
- Wassergöttin Verena" – (Ernst L. Rochholz)
- Fruchtbarkeitsriten" – (Eduard Hoffmann-Krayer)
- Margaretha – Göttin der Vegetation – (Christian Caminada)
- Maibäume und Maikönigin – (Eduard Hoffmann-Krayer)
- Steinkult in der Schweiz – (Ernst L. Rochlitz)
- Schalen- und Gleitsteine – (Leopold Rütimeyer)
- Menhire der Westschweiz – (Kurt Derungs)
- Kinderherkunft und Kinderbringer – (Elsbeth Liebl und
    Hanns Bächtold)
- Seelenorte – (Ernst Tappolet)
- Mythologische Landschaft Graubünden – (Kurt Derungs)
- Masken-Gesichter einer Landschaft – (Karl Meuli)
- Spuren des Matriarchats in der Schweiz – (Heide Göttner-
    Abendroth)

In diesem Zusammenhang seien auch sämtliche Bücher aus dem
Verlag „edition amalia" genannt, die von Kurt Derungs betreut
und herausgegeben werden.
Mehrfach stammen Zitate aus den Büchern:
- Blanche Merz, „Orte der Kraft in der Schweiz"
- Pirmin Meier, „Magisch Reisen Schweiz"

Weitere Hinweise auf Bücher können aus der Literaturliste entnommen werden.

Weiters müsste auch über das *Wildkirchli* und die *Wildkirchli*-
Höhle berichtet werden: auf 1500 m Höhe wurde ein Ort gefunden, an dem es angeblich einen urzeitlichen *Bärenkult* gab und
wo später unter anderem ein Einsiedler wohnte und betete.

Hier sei kurz auch auf die angeblich keltischen Kultberge in den Alpes de Leysin eingegangen. Deren „Entdecker" ist J. A. LAVANCHY aus dem schweizerischen La Tour-de-Peilz, dessen Schriften darüber wir viele Hinweise verdanken.

Folgt man seinen Ausführungen, so wäre im ganzen Ober- und Unterengadin fast jeder Ort eine eigene Kult-Station. Zu diesem Thema hat es vom 16. bis 22. Oktober 1999 sogar eine überaus interessante Tagung in Zuoz im Oberengadin gegeben, wo zum ersten und leider vorerst letzten Mal die „1. Rätische Akademie" stattgefunden hat, an der unter anderem auch Heidi GÖTTNER-ABENDROTH und Kurt DERUNGS teilgenommen haben. Kurt Derungs beschreibt in seinem Buch „Mythen und Kultplätze im Drei-Seen-Land" eine Fülle bereits bekannter und noch mehr unbekannter Plätze dieser bedeutungsvollen Region.

Im Heft „Bergsteiger Compact" über die Schweiz (2001) findet sich unter anderem der Beitrag über „Herrn Blümlis Mythen-Wanderung". Der Berg mit Namen „Mythen" steht in der Zentralschweiz. *Der Name weist weit zurück in die Vergangenheit, in eine Zeit, wo Geschichte noch nicht aufgeschrieben, sondern weiter erzählt wurde. Leicht mythisch gibt sich auch der Ort am Fuß des markanten Doppelzacks, der sich als ‚Wiege der Eidgenossenschaft' versteht: Schwyz ...*, ist dort zu lesen.

Zu den geheimnisumwitterten Gebirgslandschaften gehört die *Greina*, ein Gebiet voller Sagen und Rätsel. Tief im Terri-Gletscher befindet sich eine Kapelle. Dort sind altertümlich gekleidete Geister büßend in stillem Gebet versammelt. Auf der Alp Salischina soll sich ein Schutzgeist in Gestalt einer Schlange befinden. Diese und andere Sagen sind in den zahlreichen Schweizer Sagensammlungen nachzulesen, speziell im Buch „Sagen der Schweiz".

Vielfältig, kenntnisreich und engagiert sind alle Bücher des Schweizer Forschers Sergius GOLOWIN, diesem „Magier der Schwei-

*Zu den neuen Kostbarkeiten der Kirchenarchitektur, inzwischen ein neuer „Wallfahrts-
ort" an einem alten Kultplatz, ist die von Peter Zumthor erbaute Kapelle San Benedeg,
also zum Hl. Benedikt, knapp oberhalb der Ortschaft Sumrita in der Surselva.*

zer Berge". Aus seiner Feder stammen wichtige Bücher über die
„Fahrenden", über die Außenseiter der Berge, über Alm-Leute und
ihre Kultur.

Nicht vergessen werden soll auf den **Heiligen Bruder Klaus** im
Kanton Obwalden und das dortige prächtige Kloster Engelberg.

Es müssten auch noch jene geheimnisvollen Plätze gesucht und
erforscht werden, die vor einigen Jahren von Niklaus VÖLKE-
STEINLIN aus Wädenswil mitgeteilt wurden. Dort befindet sich eine
so genannte *Agete-Platte*, eine alte Rutschplatte. Diese Agathen-
Platte ist im „Führer durch das Säntisgebiet" kurz beschrieben.

Weithin über viele Schweizer Almen hallt auch noch immer
der berühmt gewordene *Betruf,* diese archaische und altertümliche
Betform, der Ruf gegen böse Geister, gegen wilde Tiere, zum Schutz
der Alm, des Viehs und der Bewohner mitsamt dem geheimnisvollen Kreis-Ziehen „rund um diese Alp".

# BLÜMLISALP

## UNTERGEGANGENE ALMEN, DÖRFER, STÄDTE – ABWEHR und SCHUTZ PROZESSIONEN UND „SCHARFE GELÜBDE"

### BLÜMLISALP

heißt ein Bergstock oberhalb von Kandersteg im Kanton Bern, der in den angrenzenden Kanton Wallis mit dem Lötschental führt. Blümlisalp ist auch der Name einer legendären Alm oberhalb von Kandersteg. Der höchste Gipfel des Gebirgsstockes ist das „Blümlisalphorn" mit 3664 m.

Mehrere Sagen der Innerschweiz und im Kanton Wallis handeln vom Untergang einer ehemals blühenden und gesegneten Alm mit dem Namen „Blümlisalp". In der Folge wurde dieser Begriff für alle alpinen Untergangssagen verwendet. Solche Almen sind wohl aus klimatischen Gründen, also infolge eintretender Klimaverschlechterung, mehr oder weniger unfruchtbar geworden, weshalb etwa ehemalige Rinderalpen nur mehr als Schafweiden benutzt werden können. Das Volk hat aber auch andere Ursachen gefunden, etwa dass die ehemalige Fruchtbarkeit infolge eines Frevels verloren ging. Konkret ging es dabei immer um die „Sünde" der Vergeudung im Umgang mit den kostbaren Gütern der Alm, mit Milch, Butter und Käse. Eine weitere Ursache wurde in der Lasterhaftigkeit des Almpersonals gesehen: So hören und lesen wir immer wieder von der „Hure Kathry" auf der Alm, deretwegen der Senner den kotigen Weg zur Käsehütte mit Käselaiben ausgelegt und gepflastert hat. Die arme Mutter oder der arme Vater hingegen werden bei ihrem Besuch überaus schändlich behandelt. Das allerärgste Unheil drohte der Alm aber dann, wenn die Männer aus Teig oder Butter das so genannte „Toggeli" bzw. die „Sennenpuppe" herstellten, sich also einen Frauenersatz in die Hütte holten. Diese Puppe erwachte schließlich zum Leben und die Senner mussten ihr mehr und mehr Nahrung in den Mund stopfen. Und einige Sagen berichten davon, dass die Puppe beim Almabtrieb im Herbst nicht mit ins Tal wollte und dafür einer der Senner bei ihr zurückbleiben musste. Dann ereignete sich das Allerschrecklichste: Dem Hirten oder Senner, der zurückging oder zwangsweise zurückbleiben musste, wurde die Haut abgezogen und zur Demonstration von schrecklichem Gräuel auf dem Hüttendach aufgespannt. Näheres dazu siehe im Kap. „Häutung und Totem", S. 205.

Jetzt folgt eine der vielen Varianten der Blümlisalp- Sage, die auf Walliser Seite überliefert und aufgezeichnet ist. Der Begriff „Tochter" ist im Schweizerischen übrigens nicht für die leibliche Tochter, sondern für Dienstmädchen, Serviererinnen, Verkäuferinnen etc. in Gebrauch:

## DIE BLÜMLISALP

*Wo jetzt der Turtmanngletscher das Tal nach Süden abschließt, war einst die blütenreiche Blümlisalm, die schönste des ganzen Tales. Dort führte ein Senn mit einer Tochter namens Kathryn ein sündhaftes Leben. Der alte, blinde Vater wurde abscheulich behandelt; man strich ihm sogar Kuhmist statt Butter aufs Brot.*

*In einer fürchterlichen Gewitternacht befahl der Senn dem armen Vater, das entfernte Vieh einzutreiben. Der Vater gehorcht; aber ohne es zu wollen, kam er immer weiter von der Alpe weg und die ganze Herde folgte ihm nach. Dann stürzten ungeheure Eismassen über die Alpen herab und begruben sie samt dem bösen*

*Sennen, der Tochter Kathryn und dem kleinen schwarzen Hund des Sennen. Später sah man, wenn der Turtmannbach groß wurde, den kleinen schwarzen Hund längs des Wassers hin und her laufen und aus dem Gletscher hörte man rufen: ‚Ich und min Kathryn müssen immer und ewig auf der Blümlisalp sin.'*

In anderen Fassungen stößt die grausam misshandelte Mutter den Fluch aus. In weiteren Varianten wiederum ist es der Bettler, der von den hartherzigen Almleuten verjagt worden war. Der bekannte Schweizer Kulturforscher und Kulturpublizist Sergius Golowin stellt für diesen Sagentypus eine Parallele zum Mythos um den indischen Hirtengott Krischna her. Es handelt sich um einen der reichsten und vielfältigsten Sagenstoffe der Alpen und nahezu aller Berggebiete der Welt, in denen Almwirtschaft betrieben wird. In Österreich kennen wir das allgemein gebräuchliche „Blümlisalp" als „Übergossene Alm".

Keinesfalls kann die Entstehung der Sagen allein aus der Klimaverschlechterung erklärt werden. Ganz sicher haben sich aber beispielsweise die dramatischen Auswirkungen der so genannten „Kleinen Eiszeit" (um 1580 bis 1850 n. Chr.) bemerkbar gemacht.

Bei Eduard RENNER ist eine Beschreibung der Wechselwirkung zwischen Gletscher, Klima und Alm-Kultur nachzulesen:

*Die Beschaffenheit der Alp ist abhängig vom Vorrücken und Schwinden der Gletscher. Ein Frevel kann nach der Sage die blühenden Gebreiten einer reichen Alp zum starren Gletscher wandeln. Aber auch das Schwinden der Randgletscher wird dort große Veränderungen einleiten, weil Steinschlag und Lawinen die Alp viel schwerer bedrohen. Die Bitte um Gletscher als Schutz vor räuberischen Einfällen, andererseits Bitten um das Wachstum der Gletscher aufzuhalten, sind Sagenmotive und lassen ihren bildnerischen Ein-*

*druck zurück in den Hauszeichen und Runen am Hübschen Stein in der Göscheneralp oder in Form von Heiligenstöcken und kleinen Kapellen.*

(Renner, S. 56)

Das Schweizer Forscherduo Walter Schneebeli und Friedrich Röthlisberger hat gemeinsam eines der aufschlussreichsten Bücher geschrieben, das sich umfassend mit dem Phänomen der Geschichte und der Kultur der Schweizer Gletscher beschäftigt. Aus anderen Teilen der Alpen gibt es keine vergleichbare Publikation. Im Buch „8000 Jahre Walliser Gletschergeschichte" beschreiben die Autoren nicht allein die Gletscherbewegungen mit vielen Daten und Jahreszahlen, sondern ziehen Sagen bei und forschen in Bereichen der Ur- und Frühgeschichte, lassen mündliche Überlieferungen gelten und finden beispielsweise Hinweise auf einen Schalenstein als weitere Quelle der Forschung.

Einst existierte, so berichtet die Sage, das hochgelegene Dörfchen

## TIEFENMATTEN

im Kanton Wallis, weit droben auf einer Höhe zwischen 2300 und 2400 m. Der Zmuttgletscher hat das ehemalige Dörfchen vernichtet. Bei weiterer Ausaperung der Gletscher könnten sogar Reste davon zum Vorschein kommen. Die beiden Forscher haben der Sage nachgespürt, nach der unter den Grotten der Gletscher ehemals die *Wilden* gehaust haben; auch ein kleines Dörfchen soll dort bestanden haben. Doch dann verließen die *Wilden* (Frauen oder/und Männer?) das Eis und siedelten weiter unten im Tal unter Felsüberhängen, die heute noch „Heidenlöcher" heißen. Bei den Forschungsarbeiten stellte sich heraus, dass es droben tatsächlich eine kleine Dauersiedlung gab, die entweder im Zuge der starken

*116*

Vergletscherung um 500 oder dann endgültig um 1600 aufgegeben und dann vom Gletscher überrollt worden sein dürfte.

Vom „goldenen Zeitalter" kündet eine Walliser Sage:

*Wie ein schönes Märchen klingt die Erzählung von einer längst entschwundenen goldenen Zeit. Damals sah es in Zermatt und Umgebung ganz anders aus als heutzutage.*

*Keine rauhe Gletscherluft wehte durch das Tal, und die goldenen Früchte des Südens reiften hier in jeder Menge ... Weiter hinten im Tal lag das Dörfen Tiefenmatten. Jetzt liegt droben ein gewaltiger Gletscher: der Tiefenmattengletscher. Von Zmuttal führte eine gepflasterte Straße über den Col d'Ering nach Evolene und Sitten. Über diesen Paß gingen die Zermatter oft bis nach Sitten zur Messe ...*

*Auf der schönen Ebene, wo sich heute der Theodulgletscher ausdehnt, stand in vordenklicher Zeit eine prächtige Stadt. Als der ,ewige Jude' auf seiner Wanderung dort zum ersten Mal vorbeikam, wollte ihn niemand aufnehmen. Sein Fluch hatte die Vergletscherung der Stadt zur Folge.*

Und von einer anderen verschwundenen Siedlung namens Briccola hoch in den Bergen auf über 2300 m, die jetzt unter dem Mont-Mine-Gletscher liegen soll, kündet eine weitere Walliser Sage:

*Es war einmal ein sehr reiches Dorf im Tal von Ferpecle. Dieses lag bei Manzettes, zwischen Briccola und dem Mont Mine und besaß einige prunkvolle Kirchen. Der König des Dorfes hatte eine Tochter namens Annaes, die die Einsamkeit des väterlichen Palastes nicht mochte. Eines Tages kam ein vornehmer ausländischer Herr auf Besuch, der in Wirklichkeit aber der Teufel war und der sich der reichen Stadt bemächtigen wollte. Die Tochter des Königs aber ließ sich von ihm verführen. Da begann plötzlich das Eis des*

*Mont-Mine-Gletschers zu krachen, und die Stadt wurde von den wild gewordenen Eismassen überfahren. Der König konnte mit seiner Tochter gerade noch fliehen. Zur Strafe sperrte er sie in eine Höhle und verdammte sie dazu, im Gefängnis zu bleiben, bis ein tüchtiger Mann um sie anhalten würde. Wegen ihres schlechten Rufes wagte niemand sie zu erlösen. Man sagt, die Wanderer hörten auf dem Mont Mine die Glocken der verlorenen Stadt läuten.*

Im katholischen Wallis kommt der Teufel ebenso ins Spiel wie der „ewige Jude" und die Kirchenglocken. Die Sage kündet von einer Stadt. Ein Dörfchen dieses Namens lässt sich als Alm lokalisieren.

Es gilt: der Kern der Sage ist Wahrheit, ist Realität. Es gab an der Lokalität von Tiefenmatten und Briccola zumindest Almhütten oder ein kleines Dorf. Im Laufe der Jahrhunderte wird die Legende dann aufgebauscht und ausgeschmückt. Aus dem Dorf wird eine Stadt, die immer glänzender und reicher zu werden beginnt und deren Bewohner immer geiziger und hartherziger werden. Dieser Sagentypus ist in den Alpen mehrfach nachweisbar.

Schwierig wird die historische Zuordnung. Sicher hat es in der „kleinen Eiszeit" zwischen 1580 und 1850 eine dramatische Klimaverschlechterung gegeben, in deren Folge Almen und Hochsiedlungen sowie Bergbauernhöfe aufgegeben werden mussten. Aber es steht außer Zweifel, dass einige Sagen mit dem „Blümlisalp"-Motiv viel älter sein müssen und viertausend und mehr Jahre zurückreichen. Zum „Beweis" dafür sei die Sage vom reichen König namens RE BORAH erwähnt, der ident sein dürfte mit dem zuletzt erwähnten König der verschwundenen Stadt auf dem Mont Mine. Wir verdanken diesen Hinweis und die gründliche Deutung wieder den beiden Alpenforschern Schneebeli und Röthlisberger.

118

Der König hat sein Land in großer Gefahr verlassen, als Vereisung und das Versiegen der Brunnen drohte.

Die beiden Forscher konnten feststellen, dass mit dieser Sage auch ein geheimnisvoller Platz zu nennen ist, an dem ein Schalenstein gefunden wurde. *Schalensteine stehen in Verbindung mit Straßensystemen, deren Ursprung in unserem Raum in der Jungsteinzeit (4000 Jahre vor heute) zugeordnet werden darf. Es sind die ältesten Wegweiser über unsere Alpen.* (Schneebeli/Röthlisberger, S. 133)

Es hat in der Klimageschichte unserer Alpen Zeitperioden gegeben, in denen die Gletscher um ein Vielfaches weiter abgeschmolzen waren als heute. Das galt auch zur Zeit des *Ötzi* vor 5300 Jahren. Einige Alpengletscher wie der Gepatschferner in den Ötztaler Alpen oder die Pasterze in den Hohen Tauern müssten noch Hunderte von Metern zurückweichen, um an jene Stellen zu gelangen, an denen es geschlossene Wälder und Almen, aber auch Dörfer und zumindest größere Siedlungen gab.

In zwei Sagen wird das Szenario des Vorrückens der Gletscher positiv gesehen. In ihnen findet sich das visionäre Motiv, der Gletscher würde erst dann Erlösung bringen, wenn er wieder ins Tal vorgestoßen ist. Eine Sage handelt im hinteren Teil des Lötschentales, Kanton Wallis; die zweite hat der Mitbegründer des Alpenvereins, der von 1860 bis 1872 im Tiroler Berdorf Vent tätige Geistliche Franz SENN aufgeschrieben:

Anna, die *Weiße Frau*, wird erst dann erlöst, *wenn die Gletscher wiederum das ganze Lötschental anfüllen, ins Rhônetal vorstoßen und mit ihrer Zunge die Felsen von Turbillon und Valeria lecken werden.* Dann darf sie aufstehen und ihre alte Heimat in den Weinhügeln aufsuchen.

Der „wilde Mann", der droben unter dem Gipfel des „wilden Mannle" oberhalb von Vent im Tiroler Ötztal haust, wird erst

*119*

dann erlöst und befreit sein, wenn die grünen Weiden wieder vom Eis der Ferner bedeckt werden.

In der Gegenwart scheint es, angesichts des dramatischen Klimawandels und dem damit verbundenen schnellen Abschmelzen der Gletscher, ratsam, sich an die alten Geschichten zu erinnern oder daran erinnert zu werden. Über die Maßnahmen, die die Alpenbewohner dem rasanten Anwachsen der Gletscher entgegensetzen konnten, ist wenig bekannt. Bei der Erforschung der alpinen Untergangs-Szenarien gestern und heute ist auch nachzufragen, mit welchen Kult- und Kulturhandlungen die Abwehr gegen die drohenden Gletscherstürze und Lawinen, gegen die immer bedrohlicher vorstoßenden Gletscher erfolgte. Solche Nachrichten finden sich in teilweise verstecken Archiven. Darunter befinden sich auch merkwürdige Gelöbnisse und Kasteiungen, überaus beschwerliche Bittgänge und Prozessionen. Die Macht der Natur war den Menschen unheimlich. Wie konnte es geschehen, dass von einem Jahr auf das andere der Gletscher sich auszubreiten begann, dass er in beängstigend schnellem Tempo die Gletscherzunge ins Tal schicken konnte, dass diese Zungen sich binnen weniger Jahre um zwei, drei und mehr Kilometer, eine Gehstunde und noch weit mehr, ins Tal ausbreiten konnten, dass Baumstämme und ganze Wälder binnen kürzesten Jahren niedergewalzt wurden, dass die Gletschermassen über eine Alm rollten und darunter alles Leben vernichteten? Aus der Katastrophengeschichte der Alpen kennen wir alle spektakulären Schadensereignisse. Was hat die Menschen der Alpen dennoch bewogen, in den Tälern zu bleiben und dort zu überleben?

Der mächtige, unaufhaltsam ins Tal vorstoßende Gletscher, der wie ein Ungeheuer alles zermalmt, wurde als ein schreckliches Monster gesehen, als „Greiß", als Teufel, als Inbegriff der Apokalypse.

In unserem Archiv, der *Alpenakademie* von *pro vita alpina,* haben wir zahlreiche Zitate und Hinweise gefunden, wie die Menschen der bedrohten Täler und Dörfer dem Ungeheuer beizukommen versuchten, wie die Leute von Uri dem bedrohlichen „Greiß" mit einer reinen Jungfrau entgegenzukommen versuchten, wie die Ötztaler dem drohenden Ausbruch des Vernagt-Ferner-Sees ihre kläglichen Kinderprozessionen entgegenschickten, wie sie ihre Wallfahrten und Bittgänge durchgeführt haben und wie die geplagten Talbewohner die Strafpredigten der Kapuziner- und Franziskanerpatres über sich ergehen ließen. Am krassesten ist es in streng katholischen Regionen der Alpen abgelaufen, insbesondere im Wallis und im Tiroler Oberinntal.

Wir wissen, dass vor allem Patres der Kapuziner und der Franziskaner, die ja bei den alpinen Exorzismus-Ritualen, also der Teufels- bzw. Hexenaustreibung, eine führende Rolle gespielt haben, just auch beim „Bannen der Gletscher" tonangebend waren: die Patres aus dem Kloster Imst am Vernagtferner und am Großen Gurgler Ferner, die frommen Patres von Sion / Sitten beim Gletscher-Exorzismus im Wallis.

Als – wieder einmal – im Jahre 1652 der Fieschergletscher drohend ins Tal stürzte, ließ der damalige Pfarrer Michael Feliser eine Gletscherbannung vornehmen. Das ist in der Chronik von Ernen überliefert. Solche Bannungen erfolgten auch noch 1850.

So genannte „Gletscherkreuze" wurden an mehreren Stellen der Schweiz und in Frankreich aufgestellt, bevorzugt dort, wo eine Alm oder ein Dorf durch vorstoßende Gletscher bedroht waren. Eines dieser „Bann- Kreuze" stand am Mer de Glace, ein anderes am Glace des Bossons, beide in der Gegend von Chamonix in Frankreich.

Im Oberen Aletsch, im „üsseren Aletsch" lassen sich noch heute solche Kreuze finden. Eines davon steht auf dem äußeren Felssporn der Oberflieregga, ein anderes auf der Baselflie, wieder eines im Oberen Aletsch-Gebiet. Die beiden letzten tragen die Datierung 1818.

Im Buch „Die Alpen" des Schweizer Alpenclubs sind diese Bannkreuze erwähnt.

Dazu wird ergänzt:

*Die Kreuze standen währen des letzten Gletscherhochstandes dicht am Eisrand, und beide tragen eingeschnitten die Jahreszahl 1818. Sie wurden offenbar in der Absicht errichtet, die beiden um jene Zeit offenbar ungewohnt vorstoßenden Gletscher, den Oberaletsch und den Großen Aletschgetscher aufzuhalten.* (Die Alpen, S. 151)

## DAS SCHARFE GELÜBDE

Von einem merkwürdigen „scharfen Gelübde" wird nach dem Jahre 1633 aus dem Saas-Tal im Kanton Wallis berichtet, das als „scharpfes gelibt" in die Regionalliteratur eingegangen ist. Vorangegangen war ein Ausbruch des Mattmark-Sees im Jahre 1633, durch den auch noch im 33 km entfernten Visp 18 Häuser vernichtet und ca. 6000 Bäume zerstört wurden. Viele Bewohner sind daraufhin ausgewandert.

Dann erfolgte im Jahre 1680 ein neuerlicher Ausbruch des durch den anwachsenden Gletscher aufgestauten Sees, fast zeitgleich mit dem Ausbruch des Vernagt-Ferner-Sees im Ötztal anno 1678. Dabei wurde das Tal stark verwüstet, was die Talbewohner veranlasst hat, ein besonders „scharfes Gelübte" abzulegen. Das sucht seinesgleichen und mutet uns heute bedrückend, bigott und unverständlich an:

Die Bewohner gelobten also, *fortan auf 40 Jahre hinaus ,mit dem Tanzen und Spillen' aufzuhören.*

Was hat es genützt ? Allein aus dem 18. Jahrhundert sind 15 Ausbrüche des gefährlichen Eis-Sees bekannt. Im Jahre 1740 stürzte eine riesige Wasserwoge durch das Tal und riss damals alle Brücken des Saas-Tales hinweg.

Aus einem anderen Teil des Wallis ist überliefert, dass sich die Bewohner des Dorfes verpflichtet hatten, ihre Frauen dürften „keine bunte Unterwäsche tragen", wodurch jedwede erotische Lustbarkeit im Keim erstickt wurde.

Aus Naters im Wallis wird berichtet, dass *alljährlich am Fronleichnamstage sieben bemantelte Herren und 25 in weißes Landleinen gekleidete Vorbräute nach Naters zur Kirche entsandt* werden. Das war um 1500, als die Gletscher wieder angefangen hatten, sich schnell und bedrohlich auszubreiten. Die Präsenz der 25 „Vorbräute" in weißem Leinen erinnert an die Widerstandskraft der „reinen Jungfrau", die wir in der Sage vom Bezwingen des Wilden Stiers, der *Uri-* Sage und der Wallfahrtslegende von Kaltenbrunn kennen.


## EINEN GLETSCHER ZURÜCKBANNEN

mussten zwei katholische Patres im Wallis. In der Sammlung „Sagen und Volkserzählungen aus Grächen. Walliser Dialekt-Schriftdeutsch", zusammengestellt von Reinhard WALTER ist die folgende Sage abgedruckt:

*Wie überall im Wallis, so muß man auch in Grächen die Wiesen und Gärten bewässern, wenn man heuen oder Kartoffeln, Kohl und Rettiche einkellern will. In Grächen selber gibt es dafür zu wenig ergiebige Quellen, und man grub vor mehreren Jahrhunderten vier Wasserfuhren, welche Wässerwasser vom Riedbach auf die Güter bringen. Der Riedgletscher war früher ein unheim-*

*licher Bursche. Er stieß immer wieder vor und drückte die Fassungen weg, so daß man die Wasserleitungen tiefer verlegen mußte.*

*In dieser Not ließen die Leute zwei Missionspatres kommen und baten sie, <u>den Gletscher zurückzubannen</u>. Früher konnten einige in Schalbettu noch genau die Stelle zeigen, bis wohin sie ihn zu bannen vermocht hatten. Weiter hinauf brachten sie ihn nicht, weil er voll armer Selen war, welche dort im Eis büßen mußten.*

*Später legten die Grächener und die St. Nikolauser ein Gelübde ab und versprachen, jedes Jahr am St. Joderta* [4. September] *eine Prozession bis nach Schalbetu am Riedbach abzuhalten. Von jeder Familie mußte mindestens eine erwachsene Person nüchtern daran teilnehmen. In Schalbetu waren zuerst zwei Messen und eine Predigt, dann kam man betend zurück. Außer der Prozession versprach man, an Sonn- und Feiertagen nicht zu wässern und auch nicht zu tanzen. Seither rückte der Gletscher nie mehr vor.* (S. 21)

## GLETSCHERBESCHWÖRUNGEN IM WALLIS

Es wird von feierlichen Prozessionen aus der Mitte des 17. Jahrhunderts zum Aletsch-Gletscher berichtet, die vier Stunden dauerten. Die Leute pilgerten dabei mit „bloßen Köpfen" durch den Regen zu dem „schlangenförmigen" Gletscher.

Der Überlieferung zufolge besprengten die Priester die Gletscherzunge im Namen des heiligen Ignatius mit Weihwasser und führten „wirkungsvolle Exorzismen" durch.

Und zu Weihnachten 1677 sollen die Dörfler einen so genannten „Landstreicher" verbrannt haben, der das Tal angeblich mit Zauberei verhext hatte. Einen vergleichbaren Vorfall hat es im Jahre 1678 im Tiroler Ötztal gegeben, von dem an anderer Stelle berichtet wird.

*Der mächtige und eindrucksvolle Gebirgsstock „Blümlisalp" mit dem „Blümlisalp-Horn" (3657 m), mit den Bergen der Wilden und der Weißen Frau, mit der sagenhaften Blümlis-Alpe und dem anschließenden Lötschental ist eine der wichtigsten Kultlandschaften der Alpen.*

Diese Nachrichten aus dem Wallis entstammen unter anderem der Pfarrchronik von Naters sowie dem Staatsarchiv von Siders.

Der *Lange Gletscher* im hintersten Teil des Lötschentales soll sich nach Sage und Überlieferung dort ausbreiten, wo ehemals Menschen gewohnt haben.

Auch oberhalb des Dorfes *Vrin* im Kanton Graubünden soll nach der Sage ein ganzes Dorf unter dem Eis der Gletscher begraben sein, während unter dem Eis des noch immer mächtigen Morteratsch-Gletschers im Bernina-Gebirgsstock die geheimnisvolle und zauberhafte Gestalt einer Jungfrau verschollen liegt.

## GLETSCHERBANNUNGEN
### in LES BOIS/FRANKREICH

Im Juni 1644, so wird berichtet, begab sich eine Prozession von dreihundert Leuten, angeführt vom Bischof Charles de Sales von Genf, auf den Weg weit hinauf in die Berge bei Chamonix, *zu einem Ort namens Les Bois, wo über dem Dorf ein gewaltiger und schrecklicher Gletscher hing. Er kam vom Berg herab und drohte dem Dorf mit der totalen Vernichtung.* Der Gletscher wuchs „jeden Tag um einen Musketenschuß", also 120 Meter pro Tag. Der Bischof stieg hinauf und segnete den Gletscher und wiederholte seine Beschwörungen an einer ganzen Reihe von Eisblöcken, die sieben kleine Dörfer einzuschließen drohten. Es war gut, heißt es, dass seine Beschwörungen, Segnungen und Bannungen Wirkung taten. Der Gletscher von Les Bois war damals so bedrohlich im Wachsen begriffen, dass er selbst das Tal von Chamonix abzuriegeln und die Gegend in einem riesigen See zu versinken drohte.

Wie berichtet, hatten all die Segnungen, Beschwörungen und Bannungen allerdings wenig bis gar keine Wirkung; vielmehr schoben sich die Gletscher zwischen 1640 und 1659 immer weiter und bedrohlicher vor.

## DIE VERSCHWUNDENE ALM AM DACHSTEIN UND DIE „DIRNDLN"

In einer *Dachstein*-Sage wird berichtet, dass vor mehreren hundert Jahren dort noch kein Eisfeld und kein Gletscher bestanden haben sollen, sondern fruchtbare Almen. Eine der ertragreichsten lag im Kar des heutigen Karleisfeldes. Diesen Segen verdankte die Alm der besonderen Gunst von geheimnisvollen Bewohnerinnen des nahen Gjaidsteines, den ‚wilden Fräulein‘, die dort in den Höhlen hausten. Der außergewöhnliche Ertrag der Alm machte die Bewohnerinnen allerdings übermütig. Mit den Käselaiben pflasterten sie den kotigen Weg, und die Fugen an der Hütte verstrichen sie mit Butter. Darüber hinaus trieben sie „allerlei zuchtlose Kurzweil". Dafür kam dann aber auch die Strafe in Form von Schnee und Sturm. Die ‚wilden Frauen‘ schauten zu und ließen es geschehen. Alles verschwand unter Schnee und Eis. Nur die zwei am oberen Rand des Gletschers wild aufragenden Bergzacken blieben sichtbar. Der Volksmund gab ihnen den Namen *Die Dirndln.*

(Vgl. Mandl, Almen im Herzen Österreichs)

Ähnliches wird vom Eisfeld auf dem Dachstein erzählt, der ‚tote Schnee‘ genannt. Auch dort gab es vor Jahrhunderten eine fruchtbare Alm, die schließlich unter dem Gletscher begraben wurde.

In einer der vielen Sagen-Varianten wird überliefert, dass die Bewohner unten im Tal sagen: *Heut’ baden’s wieder, die verwünschten Sennerinnen,* wenn an besonders heißen Sommertagen der milchweiße Bach von den Gletschern kommt.

# ONANÄ, TANNENEH und DANANÄ

sind die Namen von verschwundenen Städten im Eis der Gletscher in den Ötztaler Alpen.

Wo sich jetzt der Große Gurgler Ferner ausbreitet, liegt gemäß der Sage die verschwundene Stadt *Tanneneh*. Unter dem Eis des Langtauferer Ferners, unter dem Eis des Graf-Ferners am Südabhang des Similaun sowie unter den Eisflächen des Vernagtferners liegen die verschollenen Städte *Onanä* und *Dananä*. Dabei handelt es sich nicht um geschichtlich fassbare Untergangs-Szenarien aus der „kleinen Eiszeit" zwischen 1580 und 1850, sondern um ur- und frühgeschichtliche Ereignisse, die zumindest in die Zeit vor dem *Ötzi* zurückreichen.

Das Ganze liegt also mindestens 6000 Jahre zurück, als in einer Phase extremer Klimaerwärmung keine großen Gletscher existierten und sich an diesen Orten Menschen aufhielten. Das können Almen gewesen sein oder Dörfer und größere Ansiedlungen in Höhenlagen ab mindestens 2500 bis vielleicht 2700 m Höhe. Auch in der Zeit des *Ötzi* um 3300 v. Chr. waren die Alpengletscher kleiner als heute, war die Ausaperung extremer als in der Gegenwart. Die neuesten Forschungen der Ur- und Frühgeschichte belegen an mehreren Orten in Höhenlagen weit über 2000 m die Nutzung durch Menschen bis ungefähr 7500 v. Chr., also durch mehr als 9500 Jahre. Solche Nachweise konnten beispielsweise an mehreren Orten im Bereich der Ötztaler Alpen, im hintersten Schnalstal, im hintersten Passeiertal und im hintersten Ötztal erbracht werden.

Überaus geheimnisvoll und rätselhaft sind die Namen der drei verschwundenen Städte.

Die in Australien lebende, aber aus Südtirol stammende Forscherin Claire FRENCH-WIESER konnte glaubhaft nachweisen, dass ihnen der Göttinnenname *Dana* zugrunde liegen müsste. Die drei Städte sind demzufolge der Göttin Dana geweihte heilige Orte. *Dana oder Danu (Ana oder Anu) war einer der vielen und vielleicht der älteste Name der paneuropäischen Muttergöttin.*

(French-Wieser, Mutmaßungen)

Die bekannte Matriarchatsforscherin Heide Göttner-Abendroth hat im Ötztal und Schnalstal geforscht und sie vergleichend mit anderen Kultur- bzw. Kultregionen einzuordnen versucht. In der Zeitschrift „PLANET ALPEN" sind in den Nummern 8 und 13 ihre Thesen, Betrachtungen und Analysen erschienen. *Dana* ist wie die *Tanna* der Dolomiten die in ganz Europa verehrte Göttin Dana als die Ur-Mutter. Das Wort ist laut Göttner-Abendroth *kretisch und gehört damit zu einer sowohl vorindoeuropäischen wie vorsemitischen Sprachschicht, ist also uralt.*

Alle genannten Städte gehen zugrunde. Sie werden unter dem Eis der Gletscher begraben.

In den Sagen gelten lasterhaftes Leben, Geiz, die Abweisung eines Bettlers und sogar Sodomie als Ursache des Unterganges, der als Folge eines Fluches und zur Strafe für begangenen Frevel geschieht.

Tanneneh etwa unter dem Großen Gurgler Ferner liegt dort, wo sich einst eine fruchtbare, blühende Gegend mit einer schönen Stadt ausdehnte:

*Die Leute dort waren sehr reich, aber auch sehr geizig. Sie aßen mit silbernen Löffeln, Gabeln und Messern aus goldenen Tellern ihre reichlichen Mahlzeiten. Ja sogar die Knöpfe am Gewand, die Nägel an den Schuhen, die Spitzen und Griffe der Spazierstöcke waren aus Gold und Silber. Dabei waren sie sehr stolz und hartherzig gegen die Armen.*

*Da kam einmal ein armer, alter Bettler nach Tanneneh. Von Haus zu Haus bat er um milde Gaben. Doch an jeder Türe wurde er mit höhnischen Worten abgewiesen. Der alte Mann konnte sich*

*129*

*fast nicht weiterschleppen vor Hunger und Mattigkeit und bettelte immer noch weiter. Da wurden die Leute in Tanneneh zornig und trieben den Bettler mit ihren goldenen Stöcken aus der Stadt hinaus. Da hörte man eine Stimme:*

> *TANNENEH TANNENEH*
> *S' MACHT AN SCHNEE*
> *UND APERT NIMMERMEH.*

*Da fing es an zu schneien und schneite fort so viele Tage und Nächte, bis die schöne Stadt samt ihren hartherzigen, gottlosen Bewohnern tief unter einem Ferner begraben lag. Und es muß wahr sein, denn auf der anderen Seite sieht man heute noch goldene Kellen im Fernerbach hinunterrinnen.*

(Falkner, S. 129 bzw. Sagen und Geschichten, S. 123 ff.)

Sehr ähnlich wird die Sage der Stadt *Onanä* überliefert. Sie lag gemäß einer überlieferten Nachricht aus dem Südtiroler Langtauferer Tal „an der Stelle, wo der Langtaufer Ferner ins Tal reicht". Auch dort führten die Leute ein Leben in Wollust, Reichtum und waren geizig. Auch dort erschien ein Bettler und bat vergebens um Almosen. Daraufhin verfluchte er die Stadt, indem er sprach:

> *STADT ONANÄ*
> *WEH DIR WEH,*
> *ES SCHNEIET SCHNEE*
> *UND APERT NIMMERMEH.*

Auch diese Stadt verschwand unter dem Eis. *Zuweilen soll sich sogar noch der Stadtturm aus dem Eis erheben.*

(ÖTZTAL-Archiv, Band 1)

Die ausführlichste Schilderung berichtet vom Untergang der Stadt *Dananä*. Die Fassung dieser Sage verdanken wir – wie auch die

Fassung von *Onanä* – dem Vinschgauer Sammler Robert WINK-
LER, der sie erstmals 1968 als „Volkssagen aus dem Vinschgau"
veröffentlicht hat. Wie nicht anders zu erwarten, hat sich der
Sammler auch als Bearbeiter und Neugestalter verstanden. So
müssen wir den Kern der Sage mühsam und vorsichtig heraus-
lösen. Als Faktum können wir festhalten, dass es unter dem Eis der
großen Ferner ehemals Almen und vielleicht auch Dörfer gegeben
hat. Erst eine weitere und noch dramatischere Abschmelzung der
Gletscher kann sie vielleicht in fünf, zehn oder zwanzig Jahren
freigeben.

Winkler schmückt die Geschehnisse aus. Als Inbegriff des
Lasters wird bei ihm die *Sodomie* genannt. Die Sage von *Dananä*
kann als Schlüssel für alle anderen gelten. Zum einen ist hier der
Name Dana unverändert erhalten, zum zweiten wird die Rolle der
Musikanten in das Geschehen eingebracht. Vor allem aber ist es
nicht der Bettler, der Rache schwört und mit seinem Fluch die
Vereisung herbeiführt, sondern die *riesige Gestalt der zürnenden
Bergfee*, die im ununterbrochenen Leuchten der Blitze sichtbar
wird und mit ihrer *Geisterstimme* auch noch *das Brausen des
Sturmwindes* übertönt.

Es ist also die *Salige*, die drohend erscheint und den Untergang
bringt. Sie ist nicht mehr die den Menschen wohlgesonnene Frau
aus dem Kristallpalast der Gletscher; jetzt ist die *Salige* eine Rä-
cherin, und sie rächt sich mit wahrhaft elementarer Gewalt: sie ist
die personifizierte *Erd-Göttin*, die *Dana* selbst.

Rundum in dieser Gletscherwelt ist in der Vorstellungswelt
von Einheimischen die Natur mit *Saligen*, der *Dana*, der *Langtüttin*, den *Niederjöchlern* und dem *Wilden Mandl* belebt.

Auch aus den Ötztaler Alpen kennen wir Nachrichten, dass
Naturkatastrophen von „Hexern" und „Wettermachern" bewirkt
wurden. So übernachtet etwa der als Vagabund berüchtigte Tho-

man Jöchl aus dem Zillertal bei einem Bauern in Armelen hinter Huben, fühlt sich dort schlecht behandelt und „zaubert" in der Folge die große Wasserkatastrophe des Jahres 1678 herbei, die durch den Ausbruch des Vernagtferner Sees über das gesamte Tal hereinbrach. Thoman Jöchl wurde der Prozess gemacht und er wurde – was aktenkundig ist – am 8. August 1680 vor den Stadtmauern Merans enthauptet und anschließend verbrannt; neben ihm noch weitere zwölf „Individuen wegen Hexerei und Wettermacherei". Werner Kopp hat darüber recherchiert und die Fakten in einer umfassenden Dokumentation unter dem Titel „Ischt der Sindfluß g'wößen / 700 Jahre Naturkatastrophen im Ötztal" im Jahre 2001 herausgegeben. Es ist die umfangreichste und eindrucksvollste Darstellung der Katastrophengeschichte eines alpinen Bergtales. Lawinen und vor allem die Gletschersee-Ausbrüche bilden den weitaus überwiegenden Teil.

(Kopp, S.13, vgl. www.similaun.net)

In dieser Gletscherwelt *Im hinteren Eis* leben bis auf den heutigen Tag in ihrem Kristallpalast der Ferner die *Saligen* Frauen und Fräulein als Beschützerinnen der Gämsen und „Hüterinnen der Natur". In dieser Gletscherwelt wurde am 19. September 1991 auch der *Ötzi* aus dem Eis heraus „geboren". Die Fundstelle heißt *Tisenjoch*. Das ist der Platz der *Disen*. Heide Göttner-Abendroth hat als erste Forscherin darauf hingewiesen, dass es sich um den geheiligten Platz der Göttin handelt. Die Ötzi-Fundstelle ist ein uralter Kultplatz auf 3200 m, ein Platz matriarchaler Kultur. Die *Disen*, auch als *Idisen* in der europäischen Mythologie bekannt, hatten hier im Gletscher der Ötztaler Alpen eine Stätte der Verehrung.

Rund um den *Ötzi* ist also noch eine ganze Kette neuer Forschungen, Zusammenhänge und Neudeutungen offen.

Zur Ergänzung dieser Fakten sei auch noch erwähnt, dass es im obersten Teil des Großen Gurgler Ferners, unter dem die Stadt

Tanneneh begraben ist, eine Bergspitze mit Namen *Anna-Kogl* (mit 3333 m) gibt und dass dahinter der mächtige Berg „Hochwilde" (mit 3486 m) aufragt, den die Passeirer als ihren „heiligen" Berg „Die hohe Wilde" nennen. Der *Anna-Kogl* wäre demnach der Mutterberg der *Ana* oder auch der *Dana*.

Kurt Derungs, der bedeutende Schweizer Kulturforscher, hat gemeinsam mit Heide Göttner-Abendroth den Begriff „*Landschaftsmythologie*" geprägt bzw. eingeführt. In einer neuen Publikation aus dem Jahre 2006 versucht er eine Deutung des Bergnamens *Similaun* (3597 bzw. 3606 m).

(Vgl. dazu das Kapitel „Rund um den Similaun", S. 191)

## DIE ÜBERGOSSENE ALM

Von der „übergossenen Alm auf dem Hochkönig" im Lande Salzburg werden beinahe gleichlautende Geschichten überliefert. Immer wieder sind es ehemals blühende und reiche Almen, die verschwinden; einige davon werden vom Gletscher überdeckt. In der Schilderung der Lasterhaftigkeit und des folgenden Strafgerichtes scheinen die Sagen einander gegenseitig überbieten zu wollen:

*Sie vergoldeten den Stieren die Hörner, hingen den Kühen silberne Glocken um, ließen sich von Salzburg her Wein kommen und vertranken ihn mit den Gamsjägern. Schließlich pflasterten die ausgelassenen Menscher gar die Gangsteige zwischen den Hütten mit Butter und Käselaiben und badeten in der besten Milch …*

*… da wälzte sich von den Teufelslöchern her eine ungeheure schwarze Wolke und brach einen Schneesturm los, wie ihn das Land noch nicht gesehen hatte. Den Sennerinnen erzitterte das Herz im Leibe … In wenigen Stunden war die grünende Alm in*

*ein eisiges Schneefeld verwandelt, unter dem die übermütigen*
*Menscher bis heute tot begraben sind.*

(G. Steiner, Salzburger Land, S. 127 f.)

## WETTERMACHER und SCHADENZAUBER

Es geschah im Salzburger Land anno 1575. Der „Klimasturz" der
„Kleinen Eiszeit" macht sich dramatisch bemerkbar, mit erschre-
ckendem Tempo stoßen die Gletscher vor. Die Schuld daran wird
dem „Wettermacher" und den Hexen zugeschrieben. Hexen hätten Gletschereis zerkleinert und als Hagel ins Tal geworfen, wodurch die Ernte vernichtet worden sei.

Der damals 80-jährige Pfarrer Rupert Ramsauer aus Bramberg
soll bei einem solchen „Hexensabbat" auf dem Schmiedinger Kees
dabeigewesen sein. Er wird angeklagt und gemeinsam mit seiner
Haushälterin wegen „Wettermacherei" auf dem Scheiterhaufen
verbrannt. Diese Legende ist überdies ein Beispiel dafür, dass überall in den Alpen der den Menschen unerklärliche, bedrohliche
Vorstoß der Gletscher als Strafe Gottes interpretiert wird.

# DEUTSCHLAND

und angrenzende Orte in Tirol und Salzburg

## PILGERN ÜBERS STEINERNE MEER ZUM HEILIGEN OHNE HAUT, VON BETKUGELN, DER BROTZEITBANK, VOM MAGNUSTRITT UND DER AUGENHEILUNG, VOM SCHEIBMTREIBM, EINEM BESUCH IN ZWERGERN, VON DER BABYLONISCHEN HURE UND VOM WETTERSEGEN, VOM SÄULING UND ANDEREN SPANNENDEN PLÄTZEN IN DEUTSCHLAND UND DEN ANGRENZENDEN LÄNDERN TIROL UND SALZBURG

## MAGNUSTRITT und DURCHKRIECHSTEIN

*Magisches und Kultisches in Füssen und Umgebung*

Dem Füssener Architekten und Heimatforscher Magnus PERESSON verdanken wir den folgenden Zugang zu bemerkenswerten Kultstationen in Füssen und Umgebung, woraus sich eine reichhaltige und ergiebige Wurzel- und Quellenforschung ergibt.

Wo der Lech aus den Bergen in das Alpenvorland strömt, muss er mit Urgewalt eine knapp 200 Meter lange und bis zu 30 Meter tiefe Schlucht durchstoßen. Dort, wo er sich durch den Lusaltfelsen gegraben hat, bildet er eine Stromschnelle, die als die größte in Deutschland gilt. Der Lechfall, auch „Mangfall" genannt, bietet ein eindrucksvolles Naturschauspiel. Wenige Besucher und Touristen wissen allerdings um die kulturellen Zusammenhänge, kennen etwas von der reichen Welt der hier beheimateten Sagen und Mythen. Am ehesten bekannt ist noch der *Magnustritt* am obersten Ende der Schlucht; auf der anderen Seite ist eine Büste des Königs Maximilian II. eingelassen, während am rechten Lechufer oberhalb des Parkplatzes ein römischer Meilenstein an die Via Claudia erinnert.

Der *Magnustritt* ist schwer zu finden und nicht leicht zugänglich. Das ist gut so.

Im Felsen befindet sich ein tiefes Loch, das meist mit Wasser gefüllt ist. Darüber stehen, ähnlich den Grabkreuzen auf Friedhöfen, Eisenkreuze, die eine Kreuzigungsgruppe darstellen.

Der Sage zufolge soll der heilige Magnus auf der Flucht die wilde Klamm übersprungen und dabei im Felsen einen Fußabdruck hinterlassen haben. Das müsste allerdings der Fußabdruck eines Riesen gewesen sein. In einer Legende des späten 17. Jahrhunderts ist darüber zu lesen:

*Am Lusalten soll unser Herr Magnus unter Anführung und Beglaitung eines Engels über den Lech-Fluß von einem Berg auff den anderen geschritten seyn und zu ewigem Andencken in den Felsen eingedruckht Fuß-Stapffen hinderlassen haben. Weilen man nemblich diese Fuß-Stapffen nach so vil 100 jaren heutigen tags noch gantz deutlich sihet, man sie insgeheim Sankt-Mangen-Tritt zu nennen pfleget.*

Niedergeschrieben hat das der „Löwe von Sankt Mang", der Abt Martin STEMPFLE in seiner lateinischen Magnus-Vita.

Wir können davon ausgehen, dass es sich beim *Magnustritt* um einen vorchristlichen Schalenstein handelt, der entsprechend „christianisiert" wurde. Sicher stellt er eine alte Kult- und Kulturstätte dar, deren Wurzeln bis in die Jungsteinzeit zurückreichen dürften. Nach der Volksmeinung hat das im *Magnustritt* gespeicherte Wasser heilende Wirkung, vor allem gegen Augenleiden und Kopfschmerzen. Also bestreichen sich Pilger, Wallfahrer und Kranke die Augen mit dem „Wunderwasser". Magnus Peresson berichtet von solchen Gängen zum *Magnustritt* bis zum Zweiten Weltkrieg und knapp danach.

Überhaupt ist dieser *Sankt Magnus* eine rätselhafte Gestalt.

Vieles ist Sage und mündliche Überlieferung, einiges historisch belegte Tatsache.

So verfasste etwa der Mönch Otloh von St. Emmeran in Regensburg im 11. Jahrhundert einen Bericht, in dem auch der heilige Magnus vorkommt:

*Aber jener* [Magnus] *ging von da* [Waltenhofen] *weg und kam zu einem nahe gelegenen Ort namens Füssen. Und als er um die Mittagszeit ruhen wollte, hört er plötzlich Dämonen vom Gipfel des nahen Berges schreien und andere rufen, die gleichsam in der Nähe, im Lech sich aufhielten. Nachdem sie diese Antwort gegeben hatten mit der Meldung, sie seien anwesend, schrien wiederum jene Dämonen vom Berg: ‚Laßt uns diesen überaus schlimmen Pilger vertreiben, denn er hat unsere Abbilder vernichtet und das Volk, das uns folgte, zu sich hin gewendet, überdies hat er auch unsere Drachen getötet.' Nachdem dies der selige Magnus gehört hatte, schützte er sich mit dem Zeichen des Heiligen Kreuzes und rief ihnen zu: ‚Ich beschwöre Euch im Namen meines Herrn Jesus Christus und durch die Verdienste seines heiligen Bekenners Gallus, daß ihr nicht mehr hier bleibt noch euch herausnehmt irgend jemanden, der hier weilt zu verletzen ...'*

*Nach diesen Worten kehrte er schnell zum Priester Tozzo zurück und erzählte ihm alles, was er an jenem Ort gehört hatte. Und als sie das abendliche Lob singen wollten, wurden die Schreie der Dämonen über den Gipfeln der Berge vernommen gleichsam als Wehklagen der Scheidenden. Darauf warfen sich die heiligen*

*Der hl. Magnus beim Mang-Fall in Füssen in einem Gemälde des Stefan Mair aus Kaufbeuren von 1572.*

*Männer zum Gebet nieder, sagten Gott Dank, der sich gewürdigt hat, sie vom Schrecken der der bösen Geister zu befreien …*

Magnus Peresson hat in seinem Bericht „Der Magnustritt von Füssen" diesen Text aus dem 11. Jahrhundert in der Übersetzung von Gebhard Spahr aus dem Kloster auszugsweise wiedergegeben.

(Peresson, Der Magnustritt bei Füssen. In: Das schöne Allgäu 10/1983, S. 43 f.)

Zu den bekannten mündlichen Überlieferungen zählt auch die Legende *„Der Magnusstab"*: „Sankt Mang macht Wurm und Teufel bang". Der heilige Magnus zählt zu den 14 Nothelfern, als Vieh- und Pestpatron, als Heiliger gegen Ungeziefer, als Erretter gegen Mäuseplagen. Mit seiner Hilfe machten drei Bewohner von Pfronten, bekannt als Mausefänger, mehr als 11.000 Mäusen den Garaus. Der *Magnusstab* gilt und galt als wichtiger Bestandteil bei Wallfahrten und Flurprozessionen, auch in Tirol und Südtirol, in Vorarlberg und der Schweiz. Sogar in der Stadt Ala südlich von Trient wird der *Magnusstab* mitgetragen. In Ala besaß das Kloster St. Magnus in Füssen seine südlichsten Weingüter.

In der Mitte des 17. Jahrhunderts verfasste dann der Abt Martin Stempfle eine Magnus-Vita und bestätigt darin die ältere Fassung aus dem 11. Jahrhundert.

So soll sich gemäß der Sage und Überlieferung zur Zeit des heiligen Magnus an der Engstelle des Lechfalles ein merkwürdiger und kultischer Platz befunden haben, wo sich die Geister und Dämonen als Schlangen, Drachen und allerlei Gewürm und „erschröcklich wilde Thiere" aufgehalten hätten.

Auch in dem Gemälde des Stefan Mair aus Kaufbeuren aus dem Jahre 1572 wird die schaurige Götterwelt der Klause in eindrucksvoller Weise dargestellt, in einem Szenarium phantastischer Tiergestalten, „Ausgeburten nächtlicher Alpträume, die Hieronymus Bosch nicht besser erdacht haben könnte …"

Der Schlussfolgerung, die Magnus Peresson daraus zieht, können wir nur zustimmen:

*Sah die Forschung hinter dem Symbol des von Magnus bei Roßhaupten getöteten Drachen eine heidnische Opferstätte, so kann das Bild der Ungeheuer am Lusalten durchaus mit einer bedeutenden vorchristlichen Kultstätte gleichgestellt werden.*

Die Flurbezeichnung „Lusalten" wird vorrömisch-rätisch gedeutet, weshalb sich der *Magnustritt* an einem uralten Platz befinden dürfte.

Woher kam der Heilige namens *Magnus* überhaupt? Manche Quellen datieren ihn ins 7. Jahrhundert nach St. Gallen, anderen Quellen zufolge war er Rätoromane bzw. ein in die Alpengegend entsandter irischer Mönch. Im Jahre 750 soll er, im damals sehr hohen Alter von 73 Jahren, verstorben sein.

Sicher ist, dass sich rund um die Magnus-Legende eine ganze Reihe von alten Sagen- und Riten-Motiven konzentriert hat. Magnus, im Volksmund „Mang", wurde durch mehr als 1250 Jahre zum Inbegriff einer regionalen bzw. lokalen Kult-Figur von überaus nachhaltiger Wirkung. Lokale Identität klammert sich, wie hier in Füssen, an solche Figuren und Symbole.

Das aufgelöste Kloster Sankt Magnus in Füssen etwa birgt eine reiche Fülle an Nachrichten, Botschaften und volkstümlichen Glaubensvorstellungen. Überall, in den Wappen, in den Tourismusführern, in den öffentlichen Präsentationen der Stadt Füssen: immer und überall ist *Magnus* präsent, als *Mang, Magnustritt, Magnuskult.*

In Füssen und Umgebung, weit hinüber auch nach Tirol, in das Außerfern, den Bezirk Reute, weit auch in der Wirkung über viele Kilometer und Stunden, wirkt *Magnus*, wirken seine Hinterlassenschaften. Ob als Sage, Märchen oder Tatsache: Zeichen der lokalen Identität sind in den harten Fels gegraben, bleiben wie eingekerbt im Bewusstsein der Bevölkerung, fallweise auch der Gäste und Besucher. Auch im Zeitalter der Globalisierung bleibt so der kontinuierlich seit vier- oder fünftausend Jahren nachvollziehbare Bezug zur *religio* eine lokale Verankerung von überaus wirksamer Prägung.

In Füssen und im näheren Umland ist eine Vielzahl von Stätten und Stationen alter und ältester Überlieferung zu entdecken. So gibt es im angrenzenden Tirol, vor allem entlang des Lech, in den heutigen Gemeinden Pinswang, Lechaschau und Musau mehrere Sankt-Magnus-Gedenkstätten.

*Nachbemerkung:*

„RETTET UNSEREN LECHFALL" verkündete ein Spruchband unter der Büste des Kaisers Maximilian in der Lechschlucht. Durch ein geplantes Kraftwerk drohte das Naturschauspiel *Lechfall* zerstört zu werden. Dagegen hatte sich in Füssen eine Bürgerinitiative gebildet, an der auch der mehrfach erwähnte Architekt und Heimatforscher Magnus Peresson aktiv beteiligt war.

Es geht dabei auch um den Erhalt einer alten Kultstätte. Hier hat einmal Pietät Vorrang vor (kurzfristiger) Energienutzung. Kult und *religio* werden überleben, wenn sich die Menschen wehren und ihre Wurzeln wiedergefunden haben – für übermorgen und spätere Generationen.

Allerdings drohen neuerdings weitere Gefahren der Zerstörung:

*Leider hat sich die ‚Baustelle Lechfall' weiter ausgeweitet. Gebaut wird jetzt nicht nur von unterhalb, sondern auch von oberhalb des Lechfalls. Der Tunnel unter dem Lusalten wurde in Hunderten von Sprengungen aufgeweitet. Mit Tonnen von Beton wird der Lech eingezwängt, die uralte Kultstätte aus dem Zusammenhang gerissen …*

(Mitteilung von Elisabeth Wintergerst aus Füssen im Februar 2006)

*141*

## VOM SÄULING

An der Grenze zwischen Österreich und Deutschland, südöstlich von Füssen, oberhalb der Tiroler Orte Musau und Pflach, erhebt sich ein Berg namens *Säuling* (2047 m). Um ihn kreisen viele Geschichten und Sagen, auch im Zusammenhang mit dem heiligen Magnus. Neben dem *Säuling* erhebt sich der *Pilgerschrofen*, unmittelbar neben Musau liegt der *Judenbichl*. Nicht weit davon entfernt befindet sich das legendäre *Höhlenburg-Loch* mit einem Schalenstein. Es würde sich also lohnen, diesen Raum an der Grenze der Alpen genauer zu untersuchen. Dazu müssten viele Sagen und die merkwürdig klingenden Flur- und Ortsnamen in Beziehung zueinander gebracht werden.

„Der Heilige Magnus und der Erzbau am Säuling" heißt etwa eine der Sagen in der Sammlung „Allgäuer Sagen" (4. Auflage 1966, S. 530): *Als der heilige Magnus eines Tages am SÄULING empor-stieg, fand er oben an der Seite mehrere verwilderte Menschen, die wie die in großer Zahl vorhandenen Bären von gemeinschaftli-chem Raub lebten. Sankt Magnus sprach diese Wilden freundlich an und sie verhielten sich ganz zahm …*

*Der Heilige fand mit Hilfe eines dieser „Wilden" unter einem Baum ein Erzlager und empfahl dessen Nutzung. Das geschah.*

Somit verdankten die Bewohner durch viele Jahrzehnte ihre Existenz dem Heiligen.

Auf dem Säuling befand sich vor langer Zeit ein so genannter *Hexenplatz.*

Dieser liegt „höchst wahrscheinlich auf dem großen Absatz unterhalb des Gipfelmassivs, der früher das ‚Hexabödele' geheißen hat" (Allgäuer Sagen, S. 364) Die Hexen hätten dort „den Wein gewunden, wie die Wäscherinnen das Wasser aus der Wäsche aus-

*Der hl. Magnus beim Lechfall in einem Gemälde von 1572,
angefertigt von Stefan Mair.*

winden. Sie haben üppige Gelage gehalten und getanzt und dabei
ihrem Obersten gehuldigt, der in der Mitte saß, die Hexenbeichte
hörte und den Teufelssegen austeilte …

Am Kreuzweg zwischen Reutte und Mühl, da, wo jetzt ein
Feldkreuz steht, hatten vordem die Hexen eine ‚freie Fahrt‘. Hier
konnten sie am leichtesten jemanden mitnehmen …" (S. 364)

In der Sammlung „Der Antichrist im Großen Forst" (Allgäuer
Sagen, S. 552 ff.) lesen wir von „Prophezeiungen vom Antichrist
und Weltuntergang"; in einer der Geschichten spielt auch der
*Säuling* eine Rolle:

*Wenn der Antichrist erscheinen wird, ist der Säuling durch Wind
und Wetter schon so niedrig geworden, daß man bequem mit einer
‚Schöße‘ auf den Gipfel hinauffahren kann.*

Nach alter Überlieferung wandert der Antichrist durch das Lechtal ins Allgäu. „Auf dem Säuling wird er sein Zeichen aufrichten, von dessen Aussehen man allerdings nichts Genaues weiß."

Was würde wohl passieren, wenn eine Seilbahn auf den Säuling gebaut würde?

## MERKWÜRDIGE ÜBERLIEFERUNGEN UND PROPHEZEIUNGEN

*Es wird der Tag kommen, an dem im ganzen Allgäuer Land keine Glocke mehr einen Ton geben wird. Dann ist es Zeit, sich auf das Ende vorzubereiten, weil dann die ‚BABYLONISCHE HURE'*
*am Kreißen ist und der Antichrist seine Herrschaft antreten wird.*
*Man wird es auch daran merken, daß alle Tannenwipfel in einer Nacht bis auf zwei Ellen abwärts gelb werden.*

(Allgäuer Sagen, S. 552)

Wer ist diese „babylonische Hure"? Warum ist es jetzt eine Frauengestalt und noch dazu eine Hure? Ist es eine durch das Katholische von der *Großen Mutter* zur „Hure" umgewandelte Gestalt?

Offenbar haben sich dort, wo die Alpen mit den letzten steilen Bergen und Felsen in die Voralpen und Hügel übergehen, viele alte Geschichten zusammengeballt und bis auf den heutigen Tag überlebt. Bestehen etwa bedrohliche Zusammenhänge zwischen Klimawandel, touristischer Übererschließung und dem Entweihen des *Heiligen Berges*?

Wenn der *Antichrist* kommt:

– dann bekommt die große Glocke von Taldorf einen so großen Sprung, „daß man einen Männerarm durchschieben kann,

**144**

dann geht die große ‚Galtzeit‘ an, in der nichts Lebendiges
mehr geboren wird …“;

– dann wird der große Steinblock (ein alter Kultstein?) mit dem
geschmiedeten Kreuz am Ortsausgang von Roßhaupten ins Tal
rollen und dabei die St.-Mangen-Kapelle eindrücken;

– dann wird die „Mutter des Antichrist“ zur Geburt ihres Sohnes
in das Innere des Auerbergs gehen. *Von dort her wird man
eines Tages ein entsetzliches Schreien und Tosen hören, dann
wird der Gipfel zu einem nackten kahlen Felsen werden, auf
dem der Antichrist seinen Thron errichtet;*

– dann wird *die Mädelegabel einmal über Nacht umgekehrt
dastehen;*

– dann werden *auf einmal plötzlich alle Kühe statt Milch nur
mehr Blut von sich geben …
Das Gras auf den Wiesen wird weder gemäht noch abgeweidet
werden …* (Allgäuer Sagen, S. 552 und 553)

Das sind erschreckende Horror-Szenarien! Und wieder stellt sich
die Frage: Wer ist die *Mutter des Antichrist*? Wer steckt hinter dem
Bergnamen *Mädelegabel*?

Und besteht vielleicht ein Zusammenhang mit der derzeitigen
Situation der Landwirtschaft im Tiroler Außerfern, wo zwischen
Reutte und dem Fernpass weite Strecken nicht mehr gemäht, ab-
geweidet und geerntet werden?

Lieblicher sind da schon die alten Geschichten und Sagen von
den *drei Fräulein* (den *Saligen*). Einmal sind es *Die drei Fräulein
am Hoargenstein bei Reutte*, ein anderes Mal sind es *Die drei
Schloßfräulein zu Ehrenberg* (vgl. u. a. die Sagensammlungen von
Zingerle und Alpenburg).

Oder die Legende vom *Bergwild unter dem Schutz der Saligen
Fräulein*: An der Straße von Höfen nach Weißenbach (Bezirk

Reutte/Tirol) leben in den hohen Felsen die *Saligen Fräulein*. Sie sind den Menschen gut, ausgenommen den Wildschützen; Gämsen stehen unter ihrem besonderen Schutz.

Solche *Salige* sind nach alter Überlieferung an vielen Orten auch in der näheren und weiteren Umgebung von Füssen anzutreffen. So auch am Gachtberg, an den Berghängen nordöstlich von Hinterstein, an einem Ort, der *Fräuleinstein* heißt.

Nebeneinander scheinen wohlwollende *Salige* und bösartige *Hexen* die Berge zu bevölkern. Merkwürdig und erstaunlich dabei ist, dass sich diese Geschichten sehr tief in die Glaubensvorstellungen der Menschen eingeprägt haben, bis heute lebendig geblieben sind und derzeit eine Renaissance erleben.

Auf der Tiroler Seite und im oberen Verlauf des Lech werden interessierte und für den Alpenmythos zugängliche und sensible Menschen eine Fülle an wichtigen Plätzen entdecken. So führt die Gemeinde Musau in ihrem Wappen den schwarzen Drachen, der vom goldenen Stab des heiligen Magnus durchbohrt ist. Mit dem Ort eng verbunden ist der *Bruder Ulrich aus Musau* als *Außerferner Heiliger*. Die Legende besagt, er habe in seinem Testament verfügt, sein Leichnam solle von zwei wilden ungezähmten Stieren weggeführt werden. Dort, wo sie stehenblieben, solle er bestattet werden. Angeblich geschah das vor 600 Jahren, die Geschichte dürfte aber weitaus älter sein. In diesem Zusammenhang sei nur an den in mehreren Sagen, Überlieferungen und Legenden bis zurück in die Antike und nach Mesopotamien („Gilgamesch-Epos") sowie in den Kanton Uri erwähnten Kampf der wilden Stiere oder deren Einsatz in bestimmenden Entscheidungen erinnert. An der Stelle, wo der selige Ulrich begraben liegt, steht heute die gemeinsame Pfarrkirche von Pinswang und Musau. Für jeden, der diesen Platz besucht, ist bald klar, dass es sich um einen „starken" Platz handelt.

Oberhalb von Pinswang, in der Höhle von Schwarzenberg, befindet sich ein Schalenstein in der steinzeitlichen Höhlensiedlung *Schloss im Loch*. Zwischen Musau und Lechaschau kennt jeder Einheimische den legendären *Magnus-Sitz*, im Dialekt das *Menge-Sessele* genannt. Es ist nach der Überlieferung und dem Verständnis der Heimatforscher eine „heidnische Opferstätte".

Auch hier könnte es ein sensibles Wiedererkennen und Wiederentdecken der starken Kräfte geben, ohne dabei in suspekte Teilbereiche der Esoterik abzuleiten. Das könnte durchaus zu einer elementaren lokalen Sinnstiftung und einer Stärkung lokaler und regionaler Identität, beispielsweise in den Schulen, beitragen.

## BETKUGELN und BROTZEITBANK

In unmittelbarer Nähe von Unterammergau, nicht weit vom berühmten Passionsspielort Oberammergau entfernt, befinden sich zwei kleine Heiligtümer der Volksfrömmigkeit. In den offiziellen Führern finden freilich nur das Passionsspiel von Oberammergau und die prächtigen Klosterbauten von Ettal, Benediktbeuren usw. sowie die weitum berühmte Kirche in der „Wies" Erwähnung.

Angeregt durch *Adam's*-Kulturwanderführer kann die Suche nach zwei kleinen Kultstätten in unmittelbarer Nähe von Unterammergau aufgenommen werden.

Die *Kapelle im Winkl* liegt auf 1079 m. Die kleine Feldkapelle ist deswegen von Bedeutung, weil sie eine Rarität birgt, nämlich einen der beiden Belegorte (neben Hagen/Murnau) von *Rosenkranz*-Betkugeln. Offen und für alle Wallfahrer, Pilger, Frommen und Besucher zugänglich, sind am Eisengitter der Kapelle fünf

*„Betkugeln" an der Betbank in der kleinen Kapelle St. Nikolaus*
*bei Unterammergau.*

hölzerne Kugeln befestigt, die sich bewegen bzw. schieben lassen. Werden die Kugeln zweimal bewegt, ergeben sich die in zehn Geheimnissen komprimierten Rosenkranz-Gesetzchen.

Zudem ist bedeutsam, dass diese Kapelle dem heiligen Nikolaus geweiht ist, der u. a. auch als Patron der Wetzsteinmacher gilt. Unmittelbar hinter der Kapelle befinden bzw. befanden sich mehrere Wetzsteinmühlen.

Vor der Kapelle ist eine Betbank aufgebaut. Die Pilger, Besucher und Betenden können sich dort niederknien und je nach Anliegen und Absicht beten, sich besinnen oder ganz einfach über dieses Kleinod dörflicher Frömmigkeit freuen.

Sicher hat der Ursprung der Nikolaus-Verehrung durch die Wetzsteinmacher tiefe Wurzeln. Man könnte auch leicht hineininterpretieren, dass sich dahinter so wie in analogen Volksliedern erotische Motive verbergen. Mag sein, dass dieser kleine Kultort nicht unbedingt spekulativ in diese Richtung gesehen werden will. Bemerkenswert jedenfalls ist die Unscheinbarkeit der kleinen Kapelle. Für die Menschen der unmittelbaren Umgebung jedoch ist es ein wichtiger Kult-Platz.

(Adam's Erlebniswanderungen, S. 91 ff.)

Ganz in der Nähe davon, mitten im Wald – von einem See ist weit und breit keine Spur –, steht die *Seekapelle*. Das ist eine kleine, ganz aus Holz gebaute Kapelle mit einem Marienaltar. Gleich daneben befindet sich die ebenfalls aus Holz gezimmerte *Betbank*. Diese Betbank bzw. Bethütte heißt bei den Einheimischen die *Brotzeitbank*. Dort können die Pilger, Wallfahrer, Waldarbeiter, Wanderer und Touristen einkehren, können auch bei Regen ihre Jause zu sich nehmen, sich dem Reiz der Gegend hingeben, warten und spüren, ob es ein „starker" Platz ist. Es ist ein unscheinbarer starker Platz, ohne Zweifel.

*Die „Seekapelle" als Bet- und Rastplatz, aber weit und breit im Wald kein See. Nähe Unterammergau.*

149

# PILGERN ÜBER DAS STEINERNE MEER ZUM KÖNIGSSEE

## GEBIRGSMARSCH ZUM ‚HEILIGEN OHNE HAUT‘

Die Bartholomä-Wallfahrt aus Orten des Landes Salzburg zum Königsee im Berchtesgadner Land hat in den letzten Jahren durch mehrere Medienberichte und die große Zahl der Teilnehmer großes Aufsehen und überregionale Bedeutung erlangt.

Der Überlieferung zufolge entstand diese „Barthlmä-Wallfahrt" in der Pestzeit nach 1600.

In der Sage und der mündlichen Überlieferung heißt es, dass einige Pinzgauer den Schwarzen Tod, also die Pest überlebt hätten. Dann hätten sie in der Totenstille ihrer Dörfer weit über die Gebirge hinweg das Klingen eines Glöckleins gehört, was sie als himmlisches Zeichen deuteten. Daraufhin gelobten sie, alle sechs Jahre den weiten Weg über das Steinerne Meer als Wallfahrt zu gehen. Neuere Forschungen weisen allerdings eher darauf hin, dass nicht die Pest Ursache und Ausgangspunkt dieser Wallfahrt war.

„Am 23. August 1688 ereignete sich ein schreckliches Unglück. Über 100 Personen, Wallfahrer aus Saalfelden, Leogang, Zell am See, Maishofen, Taxenbach, Dienten, St. Georgen stiegen am Königsee in ein „baufelliges schiff" und ist *das schiff gleich nach unbesonenen abstoßen der schiffleith gesunken, und über 70 personen ertrunken, so alle mit grossen mitleiden der Pertalsgadner in ihrigen neyen freithoff ehrlich begraben worden …* Wir verdanken dem Chronisten und Heimatforscher Wilhelm SCHWAIGER aus Maria Alm die möglichst vollständige Sammlung von Nachrichten über dieses Unglück, die Wallfahrt, und die Rolle der Musik dabei. Seine Forschungen sind in mehreren Publikationen festgehalten. Wilhelm Schwaiger hat die Namen und die Herkunft aller Toten erheben können. Demnach stammten 34 Personen aus Saalfelden mit Leogang, 14 aus Alm, 11 aus Zell am See mit Maishofen, 8 aus Taxenbach, 3 aus Dienten und 1 Person aus St. Georgen. (Schwaiger, Die Pinzgauer Wallfahrt, S. 9 ff.)

Andreas GRUBER hat in seiner „Chronik der Musikkapelle Maria Alm", die er an der damaligen Hochschule für Musik und darstellende Kunst in Wien im Jahre 1998 erstellt hat, ebenfalls festgehalten, dass die Musik bei den Wallfahrten fast immer eine große Rolle gespielt habe. *Zitherspiel und Jodler begleiteten seit eh und je diese Wallfahrt, und so war es nicht verwunderlich, daß zu Ende des 19. Jahrhunderts, als überall im Land Blasmusikkapellen entstanden, die Musikkapelle Alm die musikalische Umrahmung übernahm. Bis 1926 begleitete regelmäßig die Almer Musik die Pilger übers Gebirge.*

(Andreas Gruber, Chronik der Musikkapelle Maria Alm, S. 45 ff.)

Es wird auch berichtet, dass die beschwerliche Wallfahrt übers Gebirge mitunter im Vergleichsrangeln zwischen Salzburgern und Bayern und sodann in Raufereien ausartete. Diese Raufereien waren, neben anderen Vorkommnissen wie Notzeiten, Grenzsperren, Kriege etc. auch dafür ausschlaggebend, dass der Brauch fast abgekommen war. Einer der Pilger, dessen Name überliefert ist, ist Josef Herzog: bekannt als Schusterseppei, war er 1880 als 14-Jähriger erstmals dabei. In späteren Jahren ging er diesen Weg bis 1944 insgesamt 65-mal. Oftmals war er dabei ganz allein unterwegs.

Einen Neuanfang für die Wallfahrt gab es im Jahre 1951. Dabei wurde die Verbindung zwischen den Salzburger Orten und Bayern wieder hergestellt. Seitdem kann sich die Wallfahrt eines teilweise überaus regen Zuspruchs erfreuen.

Waren es 1951 am Tag der Wallfahrt, dem 23. August oder dem auf den 23. August folgenden Samstag, knapp über 100 Pil-

*151*

ger, die sich auf den Weg machten, zogen in den letzten Jahren bis zu 2000 Personen und mehr über das Steinerne Meer.

Jetzt können die Pilger mit einem Bus-Taxi von Maria Alm zum Riemann-Parkplatz (1162 m) fahren. Vom Riemann-Haus (2177 m) geht es dann vorbei an der „Wunderquelle" und am „Salzburger Kreuz" über das 1787 m hohe Joch hinunter zum Kärlingerhaus und schließlich nach St. Bartholomä am Königssee. Jetzt ist auch eine gemeinsame Rückfahrt mit Bussen organisiert. Die Route musste in den letzten Jahrzehnten mehrmals geändert werden, weil mehrere Almen aufgelassen worden waren und Wege sehr schwer begehbar wurden.

An der Buchauerscharte soll eine kleine Kapelle erbaut worden sein, die in alten Karten noch eingezeichnet ist. Mehrmals begegnen uns eigenartige Flurnamen wie auf der *Geigen*, ein Berg mit dem Namen *Totes Weib*, ein *Betstein* und ein *Heiratsstein*.

(Vgl. dazu die Angaben von Wilhelm Schwaiger S. 24, 25 und 26)

An einem der Rastplätze hängt der so genannte *feiste Herrgott*. Ein ähnlicher, noch „feisterer" Herrgott wurde vor einigen Jahren im Kärntner Gailtal entdeckt. In der prächtigen und einzigartig gelegenen Wallfahrtskirche mit dem heiligen Bartholomäus, dem *Heiligen ohne Haut* wohnen die Pilger dem Gottesdienst bei, beten und singen.

Immer sind markante Persönlichkeiten gleichsam Herz und Seele der Wallfahrts-Organisation. Seit über 20 Jahren ist Klaus MOROKUTTI (langjähriger Posaunist und seit 1992 Ehrenmitglied der Musikkapelle) als Vorgeher und Vorbeter tätig. „Wallfahrer, auf in Gott's Nom", heißt es dann immer wieder.

Als beeindruckendes Erlebnis werden die Feldmesse, der Almsegen oder das traditionelle Weisenblasen geschildert, die Ankunft bei der Kirche und besonders auch der Abstieg durch die so genannte „Saugasse", einen stark abfallenden Durchlass. An beiden

*Kirche Zwergern auf der Halbinsel im Walchensee.*

Seiten steigen die Felswände senkrecht empor. Über 36 Kehren geht es, nach einer kurzen Rast beim *Saugaß-Loch*, abwärts.

*Nach erfolgreicher Wiederbelebung einer alten Tradition kommen seit einigen Jahren wieder die Königsseer Holzleute herübergerudert und empfangen die Wallfahrer mit einem frischen Bier* (Gruber, S. 57). Mit dem Schiff fahren mehrere Wallfahrer dann noch zur Falkensteinwand, im Gedenken an die 1688 dort verunglückten Wallfahrer.

Sicherlich handelt es sich bei dieser beschwerlichen Wallfahrt über das Steinerne Meer schon allein wegen der großen Zahl an Pilgern um eine der bemerkenswerten Hochgebirgswallfahrten.

Wir können davon ausgehen, dass es diese Wallfahrt und noch weitere ähnliche zu religiös-kultischen Zwecken durchgeführte Pilgerwege schon lange vor 1600 gegeben hat. Höchstwahrscheinlich reichen diese christlich erneuerten Riten noch viel weiter zurück. Die *Wunderquelle*, aber auch der an der Grenze befindliche Berg *Totes Weibl* (2088 m) und andere Flurnamen können in dieser Hinsicht wichtige Hinweise liefern.

In früheren Jahren gab es auch eine Wallfahrt von Berchtesgaden nach Maria Alm zur dortigen Wallfahrtskirche. St. Bartholomäus am Königssee war dabei nur eine Zwischenstation zur *Kirche unserer lieben Frau* am Dürrnberg.

Walter BRUGGER erwähnt in seinem Beitrag „Der Zielort St. Bartholomä" (S. 29) mehrere Sagen von den Untersberger Männlein. „Bei der heutigen Kapelle Johannes und Paul muß sich auch ein solcher jahrhunderte alter Quellkult befunden haben, sprach man doch fast bis in unsere Zeit vom ‚Heilwasser' an dieser Stelle." In einem Text im Stiftskapitel von Berchtesgaden ist um 1690 zu lesen, dass „die Bärthlmee Khärch fast ainem Götzentempel gleich und also khlein, daß man jedesmahls under freyem himmel und bey regens-Zeit auf dem daselbigen Heuboden hat Prödigen miessen …"

## AUF DEM HÖCHSTEN BERG
## DEUTSCHLANDS

Die Zugspitze wird als „Hohe Warte der deutschen Seele" bezeichnet, als „Stolz des Reiches" oder als „vaterländischer Berg". Das ist kein Berg, der für die Bewohner des Landes ein schreckliches und gefährliches Monster darstellt. Es ist kein „montes horribilis", trotz der dramatisch steilen und hohen Felsen, der Abgründe und Schlünde. Die Zugspitze ist ein Berg nahe den Göttern (und Göttinnen), ein *heiliger Berg*.

Im Jahre 1981 wurde durch den damaligen Kardinal Ratzinger die neu erbaute Kapelle *Maria Heimsuchung* eingeweiht. In der Widmung heißt es, diese Kapelle wäre „zu Ehren der Heiligen Mutter Gottes, zur Freude aller Bergfreunde und zum Gedenken aller verunglückten und gestorbenen Bergsteiger" errichtet worden.

Eine neue Entwicklung hat es mit sich gebracht, dass dort oben auch geheiratet wird. Somit werden auf der Zugspitze die höchsten Ehen Deutschlands geschlossen.

Viel Raum müsste weiteren Heiligtümern und Klöstern gewidmet sein, die diese Region auszeichnen. Dazu gehört auch die kleine und unscheinbare *gefesselte Madonna* in der Nähe der Wies-Kirche. ADAM meinte dazu, da habe vielleicht ein Bauer oder Holzknecht die kleine Statue gegen Diebstahl abgesichert.

(Adam, Band II, S. 107)

Auch der Berg *Grünten* im Allgäu, von Fritz FENZL als „Tempelwächter über dem Allgäu" bezeichnet, gilt als „Kraftort-Tipp". Dass von diesem hochgelegenen Punkt eine starke Kraft ausgehen muss, ist auch dadurch belegt, dass zum Gedenken an die Gefallenen des Ersten Weltkrieges ein Denkmal errichtet wurde, ein „mystischer, kreisrunder Totentempel auf dem höchsten und ‚strahlendsten' Punkt dieses eigenartigen Berges." (Fenzl, S. 95–97)

155

Die *Judenkirche* bei Tiefenbach im Allgäu, in der Nähe von Oberstdorf, ist ein „kreisrunder Kultplatz … ein von der Natur selber errichteter Dom, eine gewaltige Arena mit gigantischer Eigenschwingung, ganz aus Naturfels …

In den Felsnischen der Wände dieses Naturtempels sehen wir mehrere Feuerstellen, die auf kultische Handlungen schließen lassen. Ich hatte das Gefühl, an einer Raum-Zeit-Schleuse zu stehen, die unsere irdische Gegenwart mit der Ewigkeit verbindet."

(Fenzl, S. 98–100)

## ZWERGERN, der WALCHENSEE und das WERDENFELSERLAND

Durch „adams-Erlebniswanderungen"/Band II angeregt, erreichen die Wanderer, ausgehend von Einsiedl am Walchensee auf der Halbinsel den kleinen Ort *Zwergern* mit mehreren Bauernhöfen und der kleinen Kirche. Nur der sehr entgegenkommenden Mesnerin ist es zu danken, dass fallweise ein Besuch in der geschlossenen Kirche möglich ist. Es ist ein eigenartiger Platz. Und dann noch die heilige Margaretha! Nach der Säkularisation im Jahre 1802 kauften die Bauern dem Staat das Kirchlein ab und hätten es eigentlich vertraglich abreißen müssen. Jetzt befindet sich das Kirchlein in öffentlichem Besitz und wurde in den letzten Jahren sensibel restauriert.

Geschichtlich nachweisbar wird die Entstehung mit 1344 datiert. Ganz sicher befindet sich das Kirchlein an einem alten Kultplatz. Spätgotische Wandmalereien stellen das Leben der heiligen Margaretha dar. Diese Heilige spielt in vielen Teilen der Alpen eine wichtige Rolle, insbesondere im berühmten Lied der Sontga Margriatha in der bündnerischen Surselva. Die Heilige in Verbindung mit der wunderschönen, am Ende der Halbinsel im Walchensee gelegenen Kirche, die ihr geweiht ist, muss inspirieren und faszinieren. Ein überaus starker Platz, eine mächtige Heilige, ein Altarbild der Margaretha mit dem Drachen – eine Bezwingerin mit unheimlicher Kraft. Dazu noch das Täfelchen, das Votivbild am Eingang:. „Christliches Andenken an die Jungfrau Margarethe Zwerger". Ihr Tod erfolgte durch einen Donnerschlag. Und das zweite Täfelchen erinnert an den tugendsamen Jüngling Gottlieb Obermüller, der im See ertrunken ist.

Hier wird die Heilige Margaretha als Schutzheilige der Fischer und Bauern verehrt. Einige Male im Jahr kommen fromme Pilger zu diesem entlegenen Platz, u. a. auch, um hier Kraft zu tanken.

Im Tourismusprospekt „Entdecke Werdenfels" wird vorsichtig angesprochen, das Kirchlein könnte am Ort einer „vorchristlichen Kultstätte" errichtet worden sein.

Ebenfalls auf der Halbinsel, in der Nähe des Campingplatzes, wird der Besuch des kleinen Klosters, „Klösterl" genannt, empfohlen. Das im Jahre 1689 aufgrund eines Gelübdes der Kurfürstin Maria Antonie von Bayern errichtete Kloster ging nach vielen Streitigkeiten in den Besitz des Klosters Benediktbeuren über. Der jetzige Bau wurde 1727 vom bedeutenden Barockbaumeister Johann Michael Fischer errichtet. Heute befindet sich dort ein katholisches Tagungsheim. Auch  an diesem Ort müsste näher nachgeforscht werden, warum gerade dieser Platz ausgesucht wurde und  welche Geschichten und Sagen sich darum ranken.

## LEBENDIGES BRAUCHTUM IN WERDENFELS

In direkter Nachfolge alter, vorchristlicher Kulte sind bis in die Gegenwart lebendige Bräuche zu nennen. Adolf und Hildegard

REHM haben in ihrem Buch „Lebendiges Brauchtum in Werden-fels" eine reiche Fülle davon ausgebreitet und liebevoll beschrie-ben, mit vielen Fotos ergänzt. Adolf Rehm ist den Kennern der Volksmusik weit über Bayern hinaus ein Begriff.

Als einer der singenden Brüder Rehm gehört er zu den wich-tigsten Volkssängern nicht nur in Bayern, sondern in den ganzen Alpen. Seine Frau Hildegard und er haben unter anderem auch den Brauch des so genannten *Scheibntreibn* beschrieben.

(Rehm, S. 67–69)

Dieser Brauch wurde an den Donnerstagen im Frühjahr bis drei Wochen nach Ostern am Böllerbühel durchgeführt, etwas später zur Bergwiesmahd auch in den Wildenau. Man versteht darunter den unter anderem im Südtiroler Vinschgau, im Raum Landeck/ Tirol und in der Nähe von Reutte/Tirol verbreiteten und lebendi-gen Brauch des „Scheibenschlagens" am „Funkensonntag" und an anderen Terminen. Dabei werden glühende Holzscheiben mit Schwung ins Tal geschleudert, Sprüche gerufen und geschrien. Einer davon lautet so:

> *I bitt um a Scheit*
> *daß's a Fuir o'geit*
> *wenn's ma koan's geit*
> *nimm i's vo der Beigl!*

(Ich bitte um ein Holzscheit/ dass es Feuer abgibt/wenn es keines gibt/nimm ich vom Holzstapel). Schon 1567 wird berichtet:

> *Zu Mitterfasten nahmen sie ein Wagenrad … tragens auf einen*
> *hohen, jähen Berg … Zur Vesperzeit zünden sie das Rad an und*
> *lassen's mit vollem Lauf ins Tal laufen, das gleich anzusehen ist, als*
> *ob die Sonne vom Himmel liefe …*

(Rehm, S. 67, nach J. F. Bronner)

158

Sonst sehr vorsichtig mit möglichen Verweisen auf die Ur- und Frühzeit oder gar auf „heidnisch"-vorchristliche Spuren, bringen die beiden Autoren gerade das *Scheibntreibn* in alte Zusammenhänge: *So ähnlich gestalteten sich auch die Frühlingsfeiern unserer Vorväter vor tausend und mehr Jahren …*

Jedenfalls wurde dieser Brauch bis in die Gegenwart, bis in die sechziger Jahre des 20. Jahrhunderts hinein im Raum des Werdenfelser Landes ausgeübt und dürfte auch an einigen anderen Plätzen wieder aufgenommen werden.

Ebenfalls auf den Spuren alter Vorgänger-Riten könnten wir bei der Teilnahme an einer der vielen noch heute lebendigen Wallfahrten und Bittgänge wandeln. Auf den Seiten 78 bis 82 beschreiben Adolf und Hildegard Rehm solche Wallfahrten und Bittgänge. „Mit dem Kreuz gehen" heißt es im Volksmund. Hier wie anderswo haben vor allem die *Wettersegen* eine tiefe und sehr alte Bedeutung. Orte des Pilgerns und Betens sind oft ident mit alten Kultstätten, einem Menhir, einem Schalenstein. Meist wurde dort ein Kreuz errichtet, eine Kapelle gebaut, ein besonderer Heiliger oder eine besondere Heilige verehrt.

Gerade die Verbindung und die Verschmelzung jahrtausende alter Gepflogenheiten mit dem (zumeist christlich geprägten) Heute beweist erstaunlichste Kontinuität. Immer wieder sind es Geschichten und Rituale, die seit sechstausend oder mehr Jahren mehr oder weniger unverändert den Volks-„Glauben" prägen. Entwurzelt und auf der Suche nach Sinn, verunsichert durch die Amtskirche, finden viele Menschen in den alten Kulten das *Eigene* wieder.

So auch im Werdenfelser Land, in Zwergern, beim *Mangtritt* in Füssen, zu St. Bartholäus am Königssee, in der Gastein bei den „Drei Wallern" und hundertfach, ja tausendfach in den Alpen.

*Gnadenbild Unserer Frau im Schnalstal, 13. Jahrhundert.*

# MUMMA VEGLIA –
## „STEINE DER AHNIN"

*Crap da la mumma* heißt auf bündnerisch, also auf rätoromanisch, ein mächtiger Felsblock im Münstertal, Kanton Graubünden. Er befindet sich auf dem Weg von Tschierv zur Alp da Munt. Im Büchlein „Das Münstertal" von Padrot Nolfi ist dazu vermerkt:

*Es ist anzunehmen, dass dieser Stein bei unseren heidnischen Vorfahren zu den Gegenständen kultischer Verehrung gehörte.*

(Nolfi, S. 10)

Unter dem Begriff *mumma veglia* ist dieser Stein in der neueren Literatur vermerkt. Insbesondere der Schweizer Kulturforscher Kurt Derungs hat in mehreren Publikationen die *mumma veglia* definiert und einige Schweizer Fundorte beschrieben.

Mehrfach stehen Steine im Blickfeld der mythologischen Forschung; so auch die so genannten „Kindlisteine". Das sind Felsen oder Findlinge, „bei denen die Hebamme oder sonst eine Frau die kleinen Kinder holte. Da die Steine offenbar als Seelensitze gelten, konnte durch eine Berührung, ein Reiben oder Rutschen eine Schwangerschaft bzw. Wiedergeburt der Ahnenseele hervorgerufen werden." (Derungs, Mythologische Landschaft, S. 234)

In Graubünden – und in der Schweiz bisher nur dort – gibt es noch andere Steine und Orte der „Ahnenverehrung". So verkörpert ein besonders geformter Stein oder Steinblock *Die Alte*, also die *Ahnfrau*, die (Ur-)Mutter. Das ist die *mumma veglia*. Nach bisherigen Recherchen in der Schweiz, in Südtirol, Österreich und Slowenien steht diese steinerne Ahnfrau zumeist in Verbindung mit der Alm-Wirtschaft. In ganz speziellen und typischen Fällen müssen Kinder bzw. Jugendliche, wenn sie das erste Mal auf die

Alm gehen, diesen Stein küssen. Dieser Initiationsritus gilt in erster Linie für Burschen und ist ein Zeichen ihrer jetzt offiziellen Mannbarkeit. Nachdem der junge Mann durch das Küssen ersten intimen Kontakt mit dem Weiblichen, konkret mit der Ahnfrau, der **Alten Muter,** gehabt hat, steht er nun im Kreis der Erwachsenen.

In vielen Fällen, die bisher im Alpenraum entdeckt wurden, ist mit diesem Brauch und Kult eine Art Dämonisierung der alten Frau verbunden. Sie wird zum schmutzigen Weib, zur (bösen) Hexe. Das Küssen wird als grausiger Akt empfunden, als eher abstoßend. Und dennoch konnte sich der Brauch in lebendiger Form bis in die Gegenwart erhalten. An anderen Orten blieb zumindest die Erinnerung daran, blieben Nachrichten.

Im bündnerischen Münstertal konnten bisher zwei solcher Plätze mit dem Kult der **mumma veglia** namhaft gemacht werden. Der **crap da la mumma** oberhalb von Tschierv ist bisher nur aus der kleinen Publikation von Nolfi bekannt; nähere Angaben dazu fehlen. Aber es gibt eine Sage über die Dialas, die **Fänggen** mit einer Erwähnung des Steines. Diese Dialas des Münstertales sind *kleine geheimnisvolle Wesen mit Geissenfüssen … Die Dialas der Alp da Munt waren reich: sie assen aus goldenem Geschirr und trugen Kleider aus schneeweissem Linnen. An langen an Felszacken aufgehängten Seilen trockneten sie ihre Wäsche …*

(Nolfi, S. 11)

Eines Tages entwendeten Frauen aus dem Tal das wertvolle Leinen. Die Strafe folgte auf dem Fuße. Das Almdorf wurde von einer niederstürzenden Mure verschüttet. *Ein mächtiger Felsblock stand mitten unter den Trümmern und mahnte die nachfolgenden Generationen viele Jahrhunderte an die Untat. Dia Dialas aber wurden nie mehr gesehen.* (Nolfi, S. 1)

Der zweite *mumma veglia*-Platz bzw. -Stein im Münstertal ist gut erforscht und beschrieben. Diese „Ahnfrau" in Fels und Stein steht auf dem Weg von Sta. Maria zu den Alpen der Val Mora. Kurt Derungs gibt in seinem Buch „Mythologische Landschaft Schweiz" eine Nachricht aus Sta. Maria wieder: *Wenn ein Knabe aus Sta. Maria i. M. zum ersten Mal auf die Alp geht, so führt ihn der Weg an einem mächtigen Felsen mit einer auffallenden, fensterähnlichen Höhlung vorbei. Hier wohnt die Mumma veglia* [alte Mutter] *und sie kommt heraus und gibt ihm einen Kuss.*

Derungs vermutet, dass hier eine Verwechslung vorliegen müsse, da doch eher der Knabe die *mumma veglia* küssen sollte. Zusätzlich bringt Derungs eine weitere Information von einer Gewährsperson in Sta. Maria: *Jedes Kind war mit 8–10 Jahren imstande, mit dem Vieh den fast 6 Stunden langen Weg nach der Klosteralp zu gehen. Der bedeutendste Augenblick war wohl, der ‚Mumma veglia' einen Kuss zu geben. Mein Großvater erzählte mir damals, jedes Kind, welches die ‚Mumma veglia' küsse, stehe unter einer besonderen Schutzmacht.*

(Derungs, Mytologische Landschaft Schweiz, S. 235 und Derungs, Kultplatz Zuoz, S. 33)

Eine weitere *mumma veglia* hat Derungs im Oberengadin, nahe dem Ort Zuoz, ausfindig machen können. Bei der Val Vallatscha springt ein kleiner Bach über einen Felsen, der „Il chül da la veglia" heißt. Das bedeutet „das Hinterteil der Alten". Der Brauch des Küssens ist dort noch im 19. Jahrhundert belegt.

(Derungs, Mythologische Landschaft Schweiz, S. 234 und Derungs, Kultplatz Zuoz, S. 132 ff.)

In der eindrucksvollen, drei dicke Bände umfassenden Dokumentation „Mythologische Landeskunde von Graubünden" führt das

Register (als Band IV) zahlreiche Nennungen einer *mumma veglia* an, darunter auch die von Sta. Maria im Münstertal.

(Mythologische Landeskunde, IV, S. 195)

Eine weitere *mumma veglia* vermutet Kurt Derungs im Klostergarten der Klosteranlage von Müstair im Münstertal.

Außerhalb der Schweiz und Graubündens sind bisher keinerlei Funde publiziert und bekannt. Nach neuesten Forschungen können hier aber zumindest vier Orte genannt werden, und zwar in Südtirol, im Ötztal in Nordtirol, in Kärnten und in Slowenien. Allerdings ist an keinem dieser Orte der Begriff *mumma veglia* bekannt. Auch handelt es sich teilweise nur um Andeutungen, Vermutungen, Hinweise. Weitere zwei bis drei Plätze könnten nach einigen Erhebungen noch dazukommen.

So lebten etwa im kleinen Zerzer-Tal nahe dem Haidersee im oberen Vinschgau so genannte „wilde Fraielein". Dabei scheint es sich um *mumma veglia* gehandelt zu haben. In einer Fernsehsendung des ORF-Südtirol erinnert sich dazu Pater STROBL vom Kloster Marienberg *als Kind das Opfer gebracht zu haben. Sie legten einen Stein auf einen Steinhaufen an einer bestimmten Stelle hinein ins Zerzertal. Es war eine Art Initiationsritus.* [Er] *war stolz, ab jetzt zur Dorfgemeinschaft als ‚Erwachsener' dazuzugehören.*

(E-Mail-Mitteilung ORF-Südtirol, 2.9.2005)

Mit einigem Vorbehalt könnte man eine weitere *mumma veglia* in Südtirol orten. Es handelt sich dabei um das kaum 13 cm hohe, aus Buchsbaumholz geschnitzte, im ausgehenden 13. Jahrhundert hergestellte Figürchen der Madonna im Wallfahrtsort „Unser Frau" in Schnals. Einheimische nennen die unscheinbare Figur liebevoll das „Schnalser Mieterle" (Schnalser Mütterchen). Sie trägt keinerlei Anzeichen einer katholischen Madonna, also weder Strahlenkranz noch die üblichen bekannten Attribute. Auffallend ist aber, dass dieses Figürchen im Mittelpunkt besonderer Ver-

*164*

ehrung steht: Wallfahrer hatten die Gewohnheit, diese Muttergottesfigur zu küssen, und vom vielen Küssen sind die Gesichter Mariens und des Jesukindes nun abgewetzt und fast unkenntlich. Jetzt ist die Figur hinter Glas gut geschützt. Nur die Wallfahrer aus St.Martin am Kofel haben heute das Privileg, die Statuette küssen zu dürfen. Im neuen „Kirchenführer Schnals" findet sich eine Abbildung und eine kurze Beschreibung.

(Kirchenführer Schnals, S. 14 und 15)

Zumindest die Andeutung einer vergleichbaren rituellen Handlung des Küssens findet sich in einer Sage aus dem Tiroler Oberinntal, aus der Nähe von Ried auf der Stalanz-Alpe. Dort stürzt der „Fallende Bach" nieder, die „Heimat des Rieder Bachputz". Um sich vor dem Bachputz zu schützen und generell für das Wohlergehen auf der Alm, ist es hier bis in die Gegenwart üblich, in den harten Trog der Alpe zu beißen. Für einen diesbezüglichen Bericht in der *Oberländer Rundschau*, dem „Magazin" vom September 2005, hat ein junger Hirte diesen Brauch demonstriert. Hier wird gebissen, dort wird gebusst, also geküsst.

Ganz sicher ein besonderer Ort im Zusammenhang mit der *mumma veglia* ist der so genannte Opferstein, der sich knapp oberhalb der Knappenlöcher und oberhalb des Weilers Haderlehn der Gemeinde Sautens im Ötztal befindet. Bei diesem Opferstein wurde bei der Auffahrt zur Karalpe gerastet und „geopfert". Neben dem Stein wurde eine Tafel mit der folgenden Beschreibung angebracht:

### Opferstein

*Nach mündlicher Überlieferung sollen auf diesem Felsblock früher nach heidnischen Bräuchen Speiseopfer dargebracht worden sein …*

165

Die Karalpe wird seit Jahren nur mehr als Schafalm genutzt und die Erinnerungen an die Handlungen beim Opferstein sind weitgehend verblasst. Im Gemeindebuch von Sautens findet man zumindest noch einen Hinweis darauf.

(Santer/Pfaundler, Gemeindebuch Sautens)

Der konkreteste Nachweis einer *mumma veglia* gelang im Jahre 2003 in der Nähe von St. Stefan im Gailtal. Hier müssen Bauernkinder, vor allem Buben, die *smrkova babica* küssen, wenn sie das erste Mal auf die Alm gehen. *Smrkova babica* kann mit „rotziges Weib" oder „rotzige Alte" übersetzt werden. Der Brauch ist vereinzelt bis in die Gegenwart lebendig und wird nur bei den slowenisch sprechenden Bauern der Gegend ausgeübt. Bei nachträglichen Recherchen wurde auch der betreffende Stein gefunden, der *smrkova babica* heißt. Kinder und Jugendliche haben bestätigt, dass es ein eher abschreckendes und abstoßendes Erlebnis darstellt, diesen Stein küssen zu müssen.

In Slowenien schließlich wurde mit Hilfe von Janez BIZJAK, dem langjährigen Direktor des Nationalparks Triglav und seit Anfang 2006 Leiter des „INSTITUT ALPE" in Bled/Slowenien, eine *mumma-veglia*-vergleichbare Stelle gefunden, und zwar auf einer Alm namens *Sleme* in der Nähe von Tolmin. Dort mussten die Kinder, die zum ersten Mal auf die Alm kamen, angeblich einen Felsen, einen Steinklotz küssen. Allerdings habe ihnen davor gegraust, weil dort auch die Hirten der Alm ihre Notdurft verrichten. Das Küssen-Müssen wird also als Strafe empfunden, womit die Umwandlung einer ehemals positiv besetzten Aktion ins Negative erfolgt ist. Schließlich ist das alles ja „Teufels- und Hexenwerk".

# ÖSTERREICH

## VORARLBERG und TIROL

### RANKWEIL und
### der Stein des HEILIGEN FRIDOLIN

Es ist nicht anders zu erwarten. In den offiziellen, kirchlichen Beschreibungen der Wallfahrt ist meist nur nebenbei in einer Randnotiz etwas von alten Kulten, von vorchristlichen Relikten, von verdeckten und geheimnisvollen Merkwürdigkeiten zu erfahren. Das gilt auch von der Wallfahrt in Rankweil, dem bedeutendsten und wichtigsten Zentrum dieser Art in Vorarlberg, das bis weit nach Tirol ausstrahlt.

Nur nebenbei und am Rande ist in der „Beschreibung unserer Lieben Frau" ganz am Schluss in knappen acht Zeilen vom „Fridolinskapellchen" mit dem Fridolin-Stein zu lesen.

Dieser Stein in einer kleinen Seitenkapelle ist einer der meistbesuchten Orte und der spannendste Platz der gesamten Kirchenanlage. Neben dem kleinen Altar mit der Figur des heiligen Fridolin beherbergt der Raum den Stein, auf dem der Legende nach der heilige Fridolin völlig entmutigt nach seinem ersten Auftritt vor dem Gericht gekniet und gebetet haben soll und der ganz deutlich die Arm- und Knieeindrücke des Betenden aufweist.

Dieser Stein befand sich ursprünglich in einem Waldstück mehrere Kilometer von der Wallfahrtskirche entfernt. Wie in einer weichen Teigmasse sind die Abdrucke von Knie und Arm erkennbar. Tausende und abertausende Pilger haben sich dort hineingekniet, haben den Stein berührt und abgegriffen. Davon wurde er ganz glatt und glänzend. Hoppe weiß in seiner im Jahre 1913 erschienenen Beschreibung von Rankweil ergänzend über diesen Stein zu berichten: *Der Stein weist zwei tiefe Löcher auf, die ganz ausgesprochen die Form des menschlichen Knies zeigen. Das eine der Löcher (wohl 40 bis 50 cm tief), liegt etwas tiefer als das andere, so daß man, sobald man die Knie tatsächlich hineinstellt, das eine Knie merklich höher halten muß als das andere …*

(Hoppe, S. 333)

Nach der Legende war Fridolin aus Schottland ins Land gekommen. Dort hatte er auch den reichen Urso bekehrt, und dieser übergab dem Fridolin beträchtlichen Reichtum an Gütern zum Bau eines Klosters. Nach Ursos überraschendem Tod wollte dessen geiziger Bruder Landolf freilich nichts mehr davon wissen. Fridolin hätte Zeugen namhaft machen und diese vor Gericht bringen müssen. Er hatte aber keine Zeugen, und Urso selbst lag schon zwei Jahre im Grab. Da ging Fridolin in den nahen Wald und ließ sich dort auf einem harten Stein nieder, um zu beten und Hilfe zu erbitten. Darauf erschien in einer himmlischen Vision ein Gesicht, das ihm riet: ‚Zieh gegen Glarus und rufe den toten Urso, daß er zeuge gegen Landolf‘. Als die Erscheinung schwand, *fühlte Fridolin seine Knie in den Stein sinken, als ob er weiches Wachs wäre. Da faßte Fridolin ob dieses Wunders Mut. Er zog nach Glarus in der Schweiz und rief in das Grab des Urso hinein und siehe da, es erschien am Grabesrand der tote Urso. Ohne Zögern ging er mit dem heiligen Mönch gegen Rankweil. Mit Urso an der Hand trat Fridolin vor den Richter. Und sogleich wandte sich Urso an Landolf und rief ihm zu: ‚Bruder, warum hast du meine Seele der Güter beraubt, die mir angehörten!‘ Und helles Entsetzen ergriff da alle Versammelten und totenbleich vor Aufregung erklärte sich Landolf bereit, das Zurückgehaltene herauszugeben.* (Hoppe, S. 333)

Diese Geschichte ist in einem eindrucksvollen Wandgemälde als eine Art Votivtafel festgehalten. Dort ist die Rede von einem *Mal-*

168

*Der hochverehrte „Fridolin-Stein" in einer kleinen Seitenkapelle der großen*
*Wallfahrtsanlage von Rankweil in Vorarlberg.*

*stein.* Wo sich dieser Stein befinden könnte, bleibt ungeklärt. War
es eine steinerne Richtstätte? Ein Relikt des Steinkultes?

Es liegt nahe, dass der Fridolin-Stein ein Menhir gewesen sein
könnte, der entsprechend christlich umgestaltet und umgedeutet
wurde.

Wieder ist Hoppe ein interessanter Zeuge, wenn er berichtet,
dass schon im Jahre 2874 nach Erschaffung der Welt (das wäre etwa
1300 Jahre vor Christi Geburt) an dieser Stelle etruskische Ansiedler
eingezogen seien und einen Götzentempel errichtet hätten.

Der überaus spannende Ort rund um den alten Steinkult, die
geheimnisvollen Bezüge nach Glarus und nach Schottland, die
weitgehende Verdrängung des Steinkultes aus dem Wallfahrtsritual

machen stutzig. Sicher ist nur, dass es sich hier in Rankweil auf dem steilen Felsrücken über dem Tal um eine Jahrtausende alte Kultstätte handeln muss.

Weitere interessante Bezüge bestehen zum heiligen Eusebius. Im nahen *Viktorsberge* soll der Schotte Eusebius, ein Benediktinermönch aus St. Gallen, als Einsiedler gehaust haben. Ihm wurde bei den Bekehrungsversuchen mit einer Sense der Kopf abgeschnitten. Zum Entsetzen aller soll der Heilige daraufhin das abgeschlagene Haupt in die Arme genommen und damit auf den Berg gegangen sein. Die Mörder aber sollen von der Erde verschlungen worden sein.

Noch eine andere Geschichte macht den Ort Rankweil spannend. In der Wallfahrtskirche befindet sich ein weiteres hochverehrtes Kleinod, nämlich ein wunderbares Kreuz. Es soll im 13. Jahrhundert vom wilden Frühdischbach herangeschwemmt worden sein. Dann entstanden „Hader und Zank" darüber, wohin das Bild zur weiteren Verehrung gelangen sollte. Nach der Legende soll ein alter Friedensrichter dann entschieden haben: *Spannt zwei wilde Ochsen vor ein Gespann, legt das Kreuz drauf und laßt die Ochsen gehen, wohin sie wollen. Wohin sie dann gehen, dorthin soll das Kreuz gehören.* Man folgte dem Rat und die Ochsen brachten das Kreuz über Geröll und Gestrüpp auf den Rankweiler Liebfrauenberg.

Dieser Hinweis auf das Kreuz, das zwei wilden Ochsen anvertraut wird, lässt aufhorchen. Auch im Zusammenhang mit dem Kultplatz von Pinswang-Musau in Tirol müssen zwei wilde Stiere bzw. Ochsen den Kultplatz bestimmen. Der Stier, das *Wilde Tier*, bekommt so eine Rolle zugeschrieben, wird sozusagen verchristlicht, darf dienen und wird zahm. Auch Bezüge zur Sage vom Uri-Stier oder sogar zum Gilgamesch-Epos, an die „Europa" mit dem Stier und an viele antike Sagen, Mythen, Legenden ließen sich herstellen.

**170**

Diese und viele weitere, teils wundersame, teils erbauliche und teils sehr geheimnisvolle und rätselhafte Geschehnisse kreisen um den heiligen Berg. Offenbar wurde eine Reihe wundersamer Geschichten und Ereignisse im Laufe der Jahrhunderte an den Gnadenort transferiert und konzentriert. Spuren und Quellen reichen weit zurück in die Jungsteinzeit, in älteste Zeiten der Besiedlung und der kulturellen Nutzung.

Rankweil genießt nach wie vor einen guten Ruf und wird von weither besucht – u. a. dient es auch als Station auf der Wallfahrt von Tirol nach Einsiedeln in der Schweiz und Schauplatz von Hochzeiten und Hochzeitsreisen.


## GEHEIMNIS ADERNSTEINE

Gerhard PIRCHL hat in seinem Buch *Geheimnis Adernsteine* eine Dokumentation vorgelegt, in der „unterirdische Kraft- und Orientierungslinien aus prähistorischer Zeit" untersucht und beschrieben werden. (Pirchl, 2004)
Pirchl erkennt in einem Teil Vorarlbergs eine „Kraftlandschaft Rätikon", er findet „Rätia-Steine" und „Adernsteine". Künstliche Steinsetzungen *haben das gleiche Kraftfeld wie eine Wasserader ... Offensichtlich hatten die alten Baumeister gemäß der Adernverläufe gebaut. Diese Grundrisse lassen darauf schließen, dass die Steinadern und Adernsterne schon vor den Kirchen vorhanden waren ...* (Pirchl, S. 8)
Zu diesen von Pirchl entdeckten und wiedergefundenen Plätzen, den „großen Kultstätten" der Göttin Rätia gehört auch der Tschengla in Bürserberg, also in der Nähe von Bludenz.

Seine Kenntnisse und Forschungen geben Anlass zum Überdenken alter Plätze und überlieferter Glaubensvorstellungen, auch

*171*

zum Neudeuten alter Sagen. Viele der alten vorchristlichen Plätze und Steine wurden von Kirchen überbaut, andere wurden sozusagen „verteufelt" oder „verhext", worauf die zahlreichen „Hexensteine" und „Teufelsplatten" hinweisen.

Allen diesen Plätzen und Namen müsste nachgegangen werden. Vielleicht war ja der Gebirgszug des Rätikon in Vorarlberg ein Heiliger Berg der Göttin Rätia. Der Name immerhin würde darauf hindeuten.

In diesem Zusammenhang sei auch auf die Bedeutung der Geomantie, des Pendelns und der Rute hingewiesen. Gerhard Pirchl vermutet u. a., dass die Steinscheibe des *Ötzi*, des 5300 Jahre alten Mannes vom Hauslabjoch in den Ötztaler Alpen, als Pendel gedient haben könnte.

(Pirchl, S. 12)

## VON ABSAM BIS WEISSENSTEIN

Seit dem Jahre 1797 ist *Absam* in Tirol, nahe bei Hall und Innsbruck, ein Marien-Wallfahrtsort. Eine ältere Verehrung oder gar eine in die Ur- und Frühgeschichte zurückführende Wallfahrt und Kultstätte konnte bisher nicht gefunden werden.

Bemerkenswert ist die Ursache der Entstehung dieser relativ neuen Wallfahrt:

Am 17. Januar 1797 erblickte die damals 18-jährige Rosina Bucher an einem Fenster der Stube ihres Elternhauses in der untergehenden Sonne ein Frauenbild. Die Stirn der Erscheinung war mit einem Tuch umhüllt, das an beiden Seiten herabhing. „Das Gesicht", so steht im Absamer Dorfbuch, „zeigte große mandelförmige Augen, eine schmale Nase und einen kleinen Mund mit voller Unterlippe. Die ganze Darstellung erinnert sehr an eine orientalische Frau, die

Tragart des Kopftuches wird in Vorderasien bevorzugt und keinesfalls in Tirol."

Also war diese Frau im Fensterglas die Mutter Gottes. Das Bild wurde amtlich untersucht und dann wieder nach Absam zurückgeführt. Dort wurde später eine Kirche gebaut, die aus ganz Tirol zeitweise überwältigenden Besucherzustrom erfuhr.

Nicht ein Stein, nicht eine Quelle ist Ausgangspunkt der Wallfahrt, sondern eine Glasscheibe mit dem Bild der Madonna.

Ganz anders ist die neue „Kultstätte" in *Algund* bei Meran in Südtirol. An der Umfahrungsroute vom Reschenpass Richtung Meran und Bozen, mitten im künstlich entstandenen „Freiplatz" bauen seit Frühjahr 2001 mehrere Künstler an einer Steinreihe. Auf einer Fläche von 7500 qm wurden vorerst 101 Steinfindlinge im Kreis aufgestellt. Die Steine bilden um einen künstlichen See herum eine Sonne. Der Kunstteich ist unter Wasser beleuchtet. Seit 2001 erweitern Künstler die Reihe durch das Setzen weiterer Steine. Die „SteinZeit 2001–2011" ist eine „wachsende und leuchtende Steinskulptur".

Jedem Autofahrer fällt dieses neue Objekt auf. Könnte Algund zu einer neuen Pilgerstätte hungriger Esoteriker werden? Könnte der Ort nachträglich durch starken Zulauf und magische Rituale zu einem Kraftplatz aufgeladen werden?

Der Unterschied könne nicht krasser sein: In der kleinen Mariahilfkirche von Hollbruck in Osttirol, oberhalb des Pustertales bei Sillian, auf 1360 m Höhe, sollten nach alter Glaubensvorstellung „Totgeborene Babies zu neuem Leben erweckt" werden.

Zumindest versuchten die Eltern totgeborener Kinder durch Jahrhunderte, sofort nach dem vermeintlichen Eintritt des Todes oder in der Übergangszone zwischen Leben und Tod, mit ihrem Neugeborenen nach Hollbruck zu eilen. Nach der frommen

Legende wurde dort nämlich im 17. Jahrhundert ein totgeborenes Kind wieder zum Leben erweckt. Einige Votivtafeln künden auch von späteren Ereignissen scheinbar unmöglicher Erweckung vom Tod zum Leben.

Ähnliches gilt übrigens auch vom Wallfahrtsort *Trens* in der Nähe von Sterzing.

In *Imst* lassen wir uns die Geschichten des Kalvarienberges erzählen. Dort befinden sich einige für den Alpenraum einzigartige Höhlenwohnungen. In der ebenfalls in Imst befindlichen Kapuzinerkirche wird eine Reliquie des heiligen Hippolyt aufbewahrt. Auch dieser Platz wird mit totgeborenen Kindern in Verbindung gebracht, die zumindest bis zur Taufe oder kurz danach offensichtlich vorübergehend zum Leben erweckt werden konnten.

Die Amtskirche hat sich stets sehr scharf gegen diese „Missbräuche" gewehrt und entsprechende Strafen und Verbote ausgerufen. Speziell die Wallfahrt nach Trens ist davon betroffen.

Generell können wir davon ausgehen, dass Imst und das unmittelbare Umland, wo es eine Reihe frühgeschichtlicher Fundstellen gibt, eine wichtige Energie-Region darstellen. Das kann natürlich auch negative Energie bedeuten. So dürfte zum Beispiel der in der Nähe befindliche Autobahn-Tunnel, bekannt als „Roppener Tunnel" mit außerordentlich vielen Sperren und Unfällen, wohl an extrem schlechten, „negativen" Stellen erbaut worden sein. Die modernen Straßenbauer haben offensichtlich altes Wissen entweder nie übernommen oder es bewusst verdrängt.

Jahr für Jahr berichten die Zeitungen aus immer mehr Dörfern, Hügeln und sonstigen Plätzen von sensationellen Grabungen. Eine dieser Meldungen galt dem *Goldhügel* von *Igls* bei Innsbruck.

Die Urgeschichtler fanden dort im Jahre 1997 eine etwa 3000

Jahre alte „monumentale vorgeschichtliche Kultstätte" mit künstlichen Trassen und riesigen Wallanlagen.

Forscher sind der Meinung, dass es sich dabei um keine gewöhnliche Siedlung, sondern eine beachtliche Kultarchitektur handelt. Man fand unter anderem Tonscherben und verbrannte Tierknochen. Höchstwahrscheinlich war es ein Brandopferplatz „unserer rätischen Vorfahren".

(Vgl. dazu die *Tiroler Tageszeitung* vom 25./26. Oktober 1997)

In *Kals* am Großglockner befindet sich oberhalb des Weilers Burg die Felsenkapelle. Dieser Platz gilt als bedeutender prähistorischer Kultplatz und zugleich als christliche Kultstätte. Wissenschafter können glaubhaft nachweisen, dass dieser Ort unter dem überhängenden Felsen seit fast 6000 Jahren genutzt wird; davon seit mindestens 3500 Jahren als lokaler Kultplatz.

Ebenfalls in Osttirol liegen an sehr markanter Position im Lienzer Talbecken das von weitem sichtbare und beeindruckende *Lavant* und die in unmittelbarer Nähe befindliche Römerstadt *Virunum*.

Jährlich nach Ostern führte die berühmte Widderprozession dorthin. Es lohnt sich, daran teilzunehmen und sich mit den neueren Forschungen auseinander zu setzen, die eindeutig auf sehr alte vorchristliche Ursprünge hinweisen.

Nach *Heiligkreuz* bei Latzfons pilgern viele Menschen auch wegen der wunderschönen Fernsicht und der bedeutenden Höhenlage der Wallfahrt auf 2302 Metern. In der einheimischen Tirol-Literatur wird dieser Platz gern und oft als die „höchste Wallfahrt der Alpen" bezeichnet. Zwar dürfte es wohl einer der höchstgelegenen Wallfahrtsorte der Ostalpen sein, allerdings gibt es in den italienischen und französischen Alpen mehrere Wallfahrten in

Höhen von über 2500 bis 3538 Meter, darunter Rocciamelone und einige andere.

Bekannt ist diese Stätte in den Dolomiten für den so genannten „schwarzen Herrgott". Kunstsachverständige konnten nachweisen, dass das Schnitzwerk mit einer Mischung aus Ochsenblut und Baumpech behandelt worden ist und so eine Konservierung ermöglicht wurde.

Was sich hier in Latzfons zuträgt, das wiederholt sich auch an anderen Orten in den Alpen, etwa in den französischen Seealpen bei der Madonna de Fenestre oder der St.-Anna-Kapelle im obersten Resia-Tal: Im Frühjahr wird der „schwarze Herrgott" aus dem „Winterquartier" von Latzfons in die hochgelegene Kirche getragen und kehrt dann im September wieder zurück. Das Ganze ist immer verbunden mit einem Bittgang, einer Prozession oder einer Wallfahrt.

Eine der beliebtesten alten Wallfahrten Tirols führt nach *Maria Waldrast* bei Matrei am Brenner. Auf einer Höhe von 1641 m, „am Fuße des Hochaltars von Tirol" (der 2718 m hohen Serles) birgt dieser kleine, aber sehr wichtige Platz etliche Schätze. Seit über 600 Jahren sind hier Wallfahrten nachweisbar, die hauptsächlich der Heiligen Quelle zu verdanken sind. Heute kann man sogar im Sinne der Kneipp-Methode in Maria Waldrast das „Wassertreten" zu heilenden Zwecken versuchen. In einer kleinen vor Ort erhältlichen Schrift wird darüber informiert, dass dieses Wasser als hoher Energieträger gelten soll. „Trinken, auftanken, einwirken lassen" ist als Kurzformel zur Aufsuchung der Wallfahrt zu lesen, „allwo" Maria gerastet hat und wo dieses heilkräftig-heilsame Wasser zu finden ist.

Historische Darstellung
der Wallfahrt von Rankweil.

*Die Wallfahrtskirche „Maria Waldrast", in der Gegenwart viel besucht,*
*vor allem wegen des heilsamen Wassers.*

Bei *Toblach* im Südtiroler Pustertal befindet sich eine sehr interessante Höhle. Das *Silvestertal* mit der einmalig schön auf einem steilen Felssporn gelegenen schneeweißen „Silvesterkapelle auf der Alm" lohnt einen Besuch. Diese Kapelle liegt auf 1912 m Höhe. Dort oben inmitten von Wäldern und weiten Almen soll sich „in grauer vorchristlicher Zeit ein stark frequentiertes heidnisches Heiligtum" befunden haben, wo „Illyrer, Kelten und Slawen, wahrscheinlich auch Römer und romanisierte Urbewohner opferten". In eine kleine Höhle legen Gläubige noch heute, zumeist heimlich, Votivgaben hinein, „kleine Lärchenkreuze, geschnitzte Figürchen, Blumen und kleine Tierknochen".

(Vgl. „Mein schönes Südtirol" Sept./Okt. 1990, S. 14)

178

*Trens* bei Sterzing ist sicherlich einer der ganz alten (christlichen) Wallfahrtsorte, was halbwegs gesicherte Quellen betrifft. Denn um das Jahr 500 nach Chr. habe sich dort der heilige Valentin aufgehalten.

Ebenso alt dürften auch die Wallfahrten von Säben in Südtirol, von San Romedio im Trentin und Serfaus in Nordtirol sein.

Trens ist ein beliebter Wallfahrtsort. Besonders charakteristisch ist dort, wie auch im bereits erwähnten Hollbruck, das durch Jahrhunderte geübte Ritual, dass Eltern totgeborene oder unmittelbar bei der Geburt verstorbene Neugeborene hierher brachten, die Kinder auf den Altar legten und auf ein wundersames Lebenszeichen warteten. In den Wallfahrtsbüchern wird fallweise kurz darüber berichtet, wird eher angedeutet als erklärt. Trotz der eindeutigen Verbote durch die Amtskirche hielt sich dieser Brauch über Jahrhunderte hinweg.

Trens gilt als der wichtigste regionale Wallfahrtsort der weiteren Umgebung, auch für Passeirer und Pilger aus dem Ötztal.

Eine weitere Station im Bereich Nordtirol, Osttirol, Südtirol und dem angrenzenden Teil des Trentino ist *Maria Weißenstein.*

Zweierlei ist hier bemerkenswert: Zum einen der Name im Zusammenhang mit einem *weißen* Stein; zum anderen das bekannte Ritual, dass die Pilger beim Zugang zum Heiligtum an bestimmten Orten Steine aufschichten.

Hoppe berichtet im Jahre 1913, dass am Weg von Leifers *rings um den hohen Stamm des Kreuzes ein ganzer Hügel von kleineren und größeren Steinen aufgeschichtet worden sei. Wir erfahren, daß diese Steine von den Pilgern aus Bußen weither zusammengetragen worden seien, viele sogar vom Tale herauf.*

*Dasselbe Schauspiel wiederholt sich noch einmal beim sogenannten ‚Urlaubskreuz‘. Auch hier rings um das Kreuz ein an-*

*sehnlicher Steinhügel, gleichfalls auf die angegebene mühevolle*
*Weise zusammengetragen.* (Hoppe, S. 296)

Der Hinweis, dass diese Steinhäufen in Verbindung mit einem
Kreuz zu sehen sind, könnte eine spätere „Verchristlichung" darstellen, oder zumindest den gelungenen Versuch dazu.

In einer abschließenden „Erwägung" verweist Hoppe auf
Zitate aus der geheimen Offenbarung des heiligen Johannes: *Wer*
*überwindet, dem will ich von dem verborgenen Manna geben,*
*und will ihm einen weißen Stein geben, und auf dem Stein einen*
*neuen Namen geschrieben ...*

Was verbirgt sich also hinter dem *Weißen Stein*? Ein alter Kultstein? Ein weißer Menhir?

Hoppe versucht eine interessante, sehr christkatholische Wei-
terdeutung: *... erstens, er wird schauen den Wallfahrtsort ‚Weissen-*
*stein', zweitens er wird schauen den weißen Felsen des Weißhorns,*
*drittens er wird schauen den weißen Alabasterstein des Gnaden-*
*bildes.* (Hoppe, S. 294)

*Keine Wallfahrtskirche ist vom Tale aus so hoch gelegen wie Wei-*
*ßenstein.* (Hoppe, S. 294)

Leifers liegt auf ca. 260 m im Tal, Weissenstein liegt auf 1520 m.


## KALTENBRUNN im Kaunertal

Das Bild auf dem Stein. Die Jungfrau mit der roten Fahne. Darüber die Gletscher.

Im *Kaunertal*, einem Seitental des Inn, einem Teil der Ötztaler
Alpen, liegt eine der merkwürdigsten Wallfahrten Tirols, eine der
geheimnisvollsten Kultstätten des Landes. Es geht hier nicht so
sehr um den marianischen Wallfahrtsort als christliche Kultstätte,
sondern um die Verbindung dieser Stätte mit den Elementen vor-

*Die hoch über dem Kaunertal an einem „unwirtlichen" Ort gelegene Wallfahrtskirche von Kaltenbrunn.*

christlicher Kulte rund um Wasser, Stein und Fruchtbarkeit.
Alfred HOPPE hat in seinem 1913 erschienenen Buch „Des Österreichers Wallfahrtsorte" sehr euphorisch auch Kaltenbrunn beschrieben:

*Zu jenen Wallfahrtsorten, die unser Herz in besonderer Weise*
*bewegten, die sich unseren ungeteilten Beifall am nachdrücklich-*
*sten erworben, gehört der altehrwürdige Tiroler Wallfahrtsort*
*Kaltenbrunn.*

*Verschollenes Kind der Berge, dem der Zauber unentweihter*
*Einsamkeit geheimnisvolle Reize gibt, weltfremder Gnadenort, wo*
*Menschenstimmen schweigen, aber umso trauter Gnadenstimmen*
*flüstern – wo die sprudelnde Quelle ,der kalte Bronnen' plätschert,*
*unserer Lieben Frau und Heil bringt allen denen, die vertrauens-*
*voll von seinen Wassern schlürfen – gesegneter Gebetsort …*

(Hoppe, S. 560)

Das eigentliche Heiligtum der christlichen Kultstätte ist die
Gnadenkapelle, und diese steht völlig frei, aber für sich abge-
schlossen, in der Mitte der mächtigen Kirche. Dieser Zierde
erfreuen sich laut Hoppe in Österreich nur die Wallfahrten von
Mariazell, Maria-Lanzendorf und Kaltenbrunn. Bisher kaum oder
gar nicht beachtet wurden die Barockmedaillons unter der Decke
des Kirchenraumes, weil sie uns zwei wesentliche Motive der Wallfahrt vermitteln, die nicht oder nur ganz am Rande in offiziellen
Kirchen- und Wallfahrtsführern erwähnt sind.

Die Wallfahrt im heutigen Sinn ist zu Kaltenbrunn ungefähr
600 Jahre alt. *Seine Uranfänge gehen ganz bestimmt wenigstens*
*bis in das 13. Jahrhundert zurück, wahrscheinlich aber sogar in*
*das 12. Kaltenbrunn ist also ebenso alt wie Mariazell.*

(Hoppe, S. 563)

Kaltenbrunn als vor-christliche Kultstätte ist aber sicher um mehrere Jahrhunderte, vielleicht Jahrtausende älter und könnte analog

der inzwischen neu erforschten Kulturgeschichte der Region bis in die Jungsteinzeit zurückreichen. Einiges spricht für ein sehr hohes Alter und für eine außerordentliche Bedeutung:

– Der *Stein*, auf dem das Bild gefunden wurde: eine Stätte der Fruchtbarkeit.
– Die (heilige) *Quelle* ist wesentliches Merkmal alter Kulte.
– Die merkwürdige weißgekleidete *Jungfrau,* die vom Berg herab kommt.
– Der markante und mächtige *Grunnestein* in der Nähe des Wallfahrtsortes.

Nach der Legende sahen – lange vor der Erbauung der ersten Kapelle oder Kirche – Hirten auf einem tischgroßen Stein eine Muttergottesstatue. Auf diesem Stein wuchsen Roggen und Weizen, blieben aber vom weidenden Vieh unberührt.

In der Nähe des Steines, der heute nicht mehr sichtbar unter der Kapelle des Gnadenaltars steht, entspringt die Quelle, die der Wallfahrt den Namen gab. Heute befindet sich die Quelle außerhalb der Kirche und kann wegen der Sanierung der Kirchenanlage nur mehr fallweise genutzt werden.

Eine weitere Legende berichtet aus der Entstehungszeit der ersten Kirche: *Zu dieser Zeit sahen auch Bauern, die im Walde oben arbeiteten, Pilgerfahrten mit einer roten Fahne nach Kaltenbrunn ziehen. Solche Kreuzgänge, denen eine weißgekleidete Jungfrau das Kreuz voraustrug, wurden von mehreren Personen in Gesichtern vorausgeschaut.*

(Siehe auch im Kapitel „Jungfräulichkeit, Salige und Weiße Frau", S. 11)

Wir können davon ausgehen, dass diese weißgekleidete Jungfrau ihre Vorgängerinnen wahrscheinlich in den *Saligen* hatte.

Bei Hoppe findet sich der ergänzende oder erklärende Hinweis, dass eine große Kreuzschar von oben zur Kirche kam und dass *alle weiße Kleider hatten und rote Fähnlein trugen und sie gingen alle in die Kapelle hinein. Und da nun die Leute des Abends fragten, wer denn an diesem Tage mit dem Kreuze in der Kapelle gewesen wäre, da wußte kein Mensch etwas von der Sache.*

(Hoppe, S. 564)

Erst die kleine kunstgeschichtliche Betrachtung über die Kirche nennt die Medaillons in den Pfeilerzwickeln des Kirchenschiffes. Im Jahre 1765 hat der Maler Franz LAUKAS aus Prutz sechs kleine Bilder angebracht.

Dazu schreibt der Wallfahrts- und Kirchenführer in der 3. Auflage von 1969:

*Das erste Bild rechts heraus zeigt uns das Bild Mariens auf einem Steine, umgeben von Hirten und Schafen. Um das Bild sieht man nach der Legende Kornähren, die von selbst gewachsen sind. Inschrift: Ihr Ursprung ist fruchtbar.*

*Auf dem zweiten Bild sehen wir die Himmelsleiter, ausgehend vom Marienbild auf dem Steine …*

*Das dritte Bild zeigt uns eine Pilgerfahrt mit einer roten Fahne nach Kaltenbrunn. Inschrift: Sie werden kommen in Sion und loben.*

(Jäger, S. 14/15)

Auf den mächtigen Stein oberhalb der Wallfahrtskirche, etwas talauswärts, wurden wir von der in Deutschland lebenden Bildhauerin Gabriele Lulay aufmerksam gemacht. In einem kleinen Holzhaus an der Flur „Grünstein" wurde ihre Mutter geboren. Sie schickte Fotos von diesem Stein und wies auf die drei Löcher in diesem 3–4 Meter hohen Stein hin. Wenn diese Löcher auch nicht bestimmt als *„Schalen"* eines „Schalensteines" erkennbar sind oder als solche gedeutet werden könnten, sind trotzdem Standort und Aussehen des Steines bemerkenswert. In der Detailkarte 1: 25.000 der Alpenvereinskarte „Kaunergrat" ist dieser Stein

184

*Mehrere Wallfahrtswege führen aus dem Langtauferer-Tal in Südtirol und aus Tälern Nordtirols zum beliebten Wallfahrtsort Kaltenbrunn.*

als *Grunnestein* angegeben. Die Einheimischen wissen kaum etwas darüber.

Von einem weiteren Stein in der Nähe des Wallfahrtsortes berichtet die Sage: *Wo heute das Gasthaus zum 'Wiesenjaggl' steht, befand sich am Wegesrand der 'TEUFELSSTEIN'. Er wies an seiner Oberfläche eine tiefe Kratzspur auf, so als ob diese mit einem*

185

*großen gespaltenen Huf verursacht worden wäre. Nach der Erzählung wollte hier der Teufel eine arme Seele abholen, wurde aber durch die Gottesmutter daran gehindert. Aus Wut über diesen Mißerfolg habe er auf diesem Stein die tiefe Kratzspur hinterlassen. Der Stein wurde vermutlich in den Fünfzigerjahren bei der Verbreiterung der Straße entfernt.*

(Vgl. die Broschüren des Naturparks Kaunergrat/Pitztal)

Vereinzelt werden auch alte Wallfahrtswege beschrieben. Einer davon führt über das sehr mühsame, über 2770 m hohe „Wallfahrtsjöchl" vom Pitztal her.

In früheren Jahrzehnten zogen auch die Ötztaler über die Berge und Jöcher zum Heiligen Ort.

Sie mussten zuerst – beispielsweise von Längenfeld aus – entweder über das Breitlehnjoch (2639 m) oder gar über die Luibisscharte (2914 m), hinunter auf ca. 1400 m ins Pitztal und wieder hinauf auf 2770, schließlich auf ca. 1200 m zum Gnadenort. Da waren dann viele Sünden und Sonstiges schon abgebüßt.

Ein sehr wichtiger Wallfahrtsweg führt aus dem Südtiroler Langtauferer Tal über das Weißsee-Joch (2960 m). Das ist eine beschwerliche Wanderung, zuerst vier Stunden von Melag zum Weißsee-Joch, drei Stunden zum Gepatschhaus und zwei Stunden durch das Tal hinaus. Im Gepatschhaus wird übernachtet. In der kleinen Kapelle Maria Schnee, neben dem Gepatschhaus, wird am Abend noch eine Heilige Messe gelesen. Auch heute noch wird die gemeinsame Wallfahrt Ende August oder im September durchgeführt. Zurück geht es heute mit dem Auto über Landeck und den Reschenpass.

*186*

# LOCHERBODEN

Deutlicher könnte der Kontrast zwischen Kaltenbrunn und Locherboden nicht sein. Wer mit Bahn oder Auto von Innsbruck Richtung Arlberg fährt, bemerkt sicher die über dem Inntal als schlanke Spitze in den Himmel ragende Kirche vom Locherboden, oft als Vordergrund zu bestaunen vor den mächtigen Kalkwänden der Mieminger Berge.

Die Kirche als Bauwerk ist gut 100 Jahre alt. Die von eifrigen Geistlichen vor ebenfalls gut 100 Jahren geschickt aufgebaute und organisierte Wallfahrt erfreut sich auch heute noch regen Zustroms. Erschreckend kitschig ist der kunstlose Kirchenbau samt Einrichtung und Ausmalung; erschreckend wallfahrtskitschig und unwürdig sind die Verkaufsstände, die Wallfahrtsbuden, der dort dargebotene Ramsch. Schließlich versucht man ja, auf populäre Weise religiöse Sehnsüchte zu befriedigen, was bis hin zu neuesten Produkten des fernöstlich geprägten Esoterikbooms führt. Trotzdem ist die Wallfahrt populär.

Großer Beliebtheit erfreuen sich in den letzten Jahren die teilweise organisierten Nacht-Wallfahrten, alles sehr romantisch und vertrauenerweckend. – Ein Ort der Kraft? Zwar wurden mit Mitteln der Radiästhesie, also der Erdstrahlenforschung samt Rute und Pendel, Messungen vorgenommen, die aber nur auf einen eher „schwachen" Platz hindeuten. Ganz anders verhält es sich da mit dem eher verborgenen Teil der Wallfahrt. Denn Kraft und Ursprung liegen nicht bei oder an der neugotischen Kirche, sondern unterhalb davon in einer Grotte im Felsen. Dort finden auch vereinzelt die Gottesdienste statt, dort ist der Platz zum Wohlfühlen, wohl auch zum Kraft-Tanken.

Charakteristisch für den Locherboden ist neben der Grotte auch die vor der Grotte errichtete Nachtwallfahrtskapelle, die ein bedeutendes architektonisches Bauwerk darstellt. Die beiden Baukünstler Gerold WIEDERIN und Helmut FEDERLE haben die Kapelle als Sieger nach einem Wettbewerb im Jahre 1996 errichtet. In der Serie der „Werkdokumente" des Kunsthaus Bregenz erschien 1997 ein kleiner, sehr informativer Katalog. Der wuchtige, sehr schlicht wirkende Baukörper ist wie ein Container gehalten. Eindrucksvoll sind die farbigen Glasbrocken und das glutartige Licht. Auf jeden Fall hat der Locherboden mit diesem neuen Kultobjekt eine große Ausstrahlung gefunden oder diese ursprüngliche Kraft wiedergewonnen.

Denn auch der Locherboden wurde an einer sehr viel älteren Kultstätte erbaut, wahrscheinlich am Ort eines Schalensteines oder einer Steinsetzung; allerdings konnte dies noch nicht eindeutig bestätigt werden.

„Locherboden" im Oberinntal, oberhalb von Mötz und der Nähe des Stiftes Stams
ist einer der bliebtesten Wallfahrtsorte in Tirol. Detail aus einer Votivtafel.

*Der „Heilige Berg der weißen Göttin Ana“, der 3606 m hohe Similaun in den Ötztaler Alpen, in dessen Nähe 1991 der „Ötzi“ gefunden wurde.*

# RUND UM DEN SIMILAUN

## HEILIGKREUZ – MUTSBICHL – KASER – TISENJOCH – ÖTZI und SCHNEGG

In der kleinen Kirche von Heiligkreuz im Ventertal hängt eine Tafel, auf der fremde Pilger und eine Kirchenanlage zu sehen sind. Es könnte Karthaus im Schnalstal sein, sogar eine Andeutung von Santiago di Compostella oder eine der Ausweich- oder Nebenrouten des berühmten Jakobsweges.

Oberhalb der Kirche liegt ein mächtiger Stein, auf dem sich viele zum Teil stark verwitterte Schalen und Rinnen befinden und der an einen Altar erinnert. Ein kleines Stück weiter oben befindet sich ein gewaltiger Steinblock mit vielen Schalen, Rinnen und Tritten. Es ist dringend angeraten, diese Plätze mit Rücksicht auf die Einheimischen nicht aufzusuchen.

Oberhalb von Vent ist der 2200 m hohe *Mutsbichl* ein besonderer Anziehungspunkt. An der höchsten Stelle wirkt er wie eine Wallburg. Dort sind einige Schalen im Stein entdeckt worden, und von dort gibt es eine unvergleichliche Sicht speziell auf *Similaun* (3606 m), *Weißkugel* (3746 m) und *Wildspitze* (3769 m), also auf die drei prominenten Ötztaler Eisberge. Der *Mutsbichl* ist der Berg-Berg bzw. der Hügel-Hügel.

Von *Vent* führt der Weg durch das Niedertal zum *Hohlen Stein* und weiter zur *Kaser*. An beiden Orten wurden Kupferstelen mit dreisprachigem Informationstext aufgestellt. Weiter führt der Weg Richtung Similaunhütte und Niederjoch. *Beim Bild* befindet sich der Abstecher zur *Ötzi*-Fundstelle auf dem Tisenjoch auf ca. 3200 m. Dort wurde am 19. 9. 1991 der inzwischen berühmte *Ötzi* vom Eis befreit. Wer also von Vent aus diese Wanderung oder

Tour machen will, sollte zuerst die archäologischen Ausgrabungen in nächster Nähe auf dem Weg zum Rofenhof mitsamt der Kupferstele besuchen. Das soll sichtbar machen, dass sich hier wissenschaftlich nachweisbar seit ungefähr 10.000 Jahren Menschen aufgehalten haben. Eine knappe halbe Stunde oberhalb liegt der *Hohle Stein*. Dortige Funde reichen bis ca. 7600 vor Christus zurück. Ein Vorreiter auf dem Gebiet penibler Forschungen aus dem Bereich der Alpin-Arachäologie ist Univ.-Prof. Walter Leitner von der Universität Innsbruck.

Vom Tisenjoch und vom Niederjoch geht es steil hinunter in das Tisental und weiter in das Schnalstal. Auf ungefähr 2300 m Höhe entdeckt der sensibilisierte Wanderer dann auf einer Kuppe ein merkwürdiges Rundgebäude aus Stein. Es ist der *Schnegg* oder die *Schneckenhütte*, so benannt wegen ihres eigentümlichen schneckenartigen Einganges. Der ehemalige Kuppelbau ist längst zerfallen oder zerstört worden. Unmittelbar daneben erkennen wir die Reste eines vielleicht ähnlichen Rundbaues. Auch in der näheren Umgebung wurden jungsteinzeitliche Funde gemacht.

Im Inneren, von anderen Steinplatten geschützt und begraben, wurde ein Menhir gefunden, offensichtlich leicht bearbeitet, sehr flach und aus hellem Stein.

Ein zweiter Stein wurde unmittelbar neben der Hütte entdeckt, zwar auseinander gesprengt oder auseinander gebrochen, aber mit einem Loch in der Mitte. Der als *Lochstein* deklarierte Stein musste ebenfalls abtransportiert, also gegen Raub und Diebstahl gesichert werden. Jetzt sind beide Steine wohlverwahrt, gesichert und kommentiert im neuen *Ötzi*–Archeoparc in Unser Frau im Schnalstal zu besuchen. Dort befindet sich überhaupt die beste Informationsstelle über den *Ötzi* und seinen Kulturraum mit umfangreicher Literatur, Videofilmen und Schautafeln.

Die Vermischung ältester und neuer Formen der Frömmigkeit, der *religio* oder des Kultes, der magischen Handlungen und Zeichensetzungen begegnet uns immer wieder. So auch auf dem hochalpinen Übergang von Vent nach *Unser Frau im Schnalstal*.

Dort sind wir in der stillen Kirche gelandet. Wieder umfängt uns Ältestes und Altes, erneuert, gewandelt, fortgeführt als christliche Wallfahrt. Gleich daneben alte Schalensteine, jetzt unter dem Kirchenbau vergraben, und rundum auf den Bergen und den Seitentälern eine der wahrscheinlich dichtesten und intensivsten Ansammlungen alter Kraftorte, Kultplätze und spannender Berggeschichten rund um Sagen und Legenden. Droben unter den Gletschern liegen die drei versunkenen Städte Tanneneh, Onanä und Dananä. Sie erinnern an die Mutter, an *Ana*, an *Anna* und *Dana*. (siehe dazu im Kapitel „Blümlisalp", S. 113)

Für Herbst 2006 ist ein neues Buch von Kurt Derungs unter dem Titel „Magische Stätten der Heilkraft" angekündigt, in dem sich die neue Interpretation des Bergnamens „Similaun" befindet:

*Dieser dürfte auf ein altes Samaluana zurückgehen, worin drei bekannte Wortwurzeln zu erkennen sind: SAM-ALU-ANA. Sam bedeutet weiß, glänzend, alu ist göttlich bzw. Göttin und ana ist der Eigenname der Ahnfrau, nämlich ana.*

*Similaun bedeutet somit DIE WEISSE GÖTTIN ANA …!*

(Derungs, private Mitteilung per E-Mail Frühjahr 2006)

Die Wege könnten noch fortgesetzt werden. So könnten wir mit der kleinen Latscher Seilbahn nach St. Martin am Kofel hinauffahren, müssten den sehr wichtigen Kultplatz des Viehpatrons besuchen, müssten weitergehen über den alten Wallfahrtsweg über das Niederjöchl nach Unser Frau im Schnalstal. Wir müssten dem neu angelegten Pilgerweg von dieser Kirche talauswärts folgen. Im Schnalstal und dann draußen im Vinschgau gäbe es unerschöpflich viel zu erforschen und zu erwandern. Hansi PLATZGUMMER

*193*

vom „Wanderhotel" Vernagt am See ist hier der beste lokale Kenner und Weggefährte.

Im Halbkreis oberhalb von Vernagt und dem Vernagt-Stausee finden wir Steinsetzungen im Lagauntal, oberhalb von Kurzras und am steilen Pfad zum „Schnegg", Richtung Oberstablein, und einen Menhir auf der Finailalm; weiter geht es über das „Nitl" und die Schafalm ins Pfossental.

Dem Flurnamen *Drei Warter* (drei Wächter = drei Männer) stehen auf der gegenüberliegenden Talseite die *Drei Weiber* gegenüber, in der Landschaft erkennbar als drei gerundete Bergrücken wie drei Brüste einer Berg-Frau.

Von Kurzras führt ein Weg durch das Langgrubtal hinauf zum *Matscher Bildstöckljoch* (3117 m), hinunter ins innerste Matschertal, wieder hinauf zum *Schnalser Schartl* (3127 m) und schließlich hinunter nach Planeil. Irgendwo am Aufstieg zum Schnalser Schartl finden sich kaum erkennbare Spuren alter Steinsetzungen.

Es fehlen uns dann immer noch die bedeutenden archäologischen Fundorte, die zugleich und zumindest teilweise als alte *Brandopferplätze* definiert werden: also die neuen Fundorte am Ganglegg oberhalb von Schluderns, der Golderskofel oberhalb von Partschins und einer der wichtigsten Plätze dieser Art in Südtirol: *Spronserjoch und Spronserseen mit Muthöfe, Hochmut und Mutspitze.*

Auf der Nordtiroler Seite gäbe es eine sehr wichtige Region mit bronzezeitlichen, eisenzeitlichen, römischen und weiteren Funden und Brandopferplätzen: den *Piller* zwischen Pitztal und Inntal.

Nach fast zehn Jahren intensiver Schürfungsarbeit durch die Universität Innsbruck, vor allem aber auch durch die sensible Privatforschung des einheimischen Lokalforschers und Hobbyhistorikers Franz NEURURER wurde auf der Pillerhöhe ein antikes

*Direkt an der Kirchenmauer von „Unser Frau im Schnalstal",*
*mit unmittelbarem Blick zur Ötzi-Fundstelle, befindet sich ein Schalenstein.*

Heiligtum erforscht. Auf dem 1560 m hoch gelegenen Scheitelpunkt gelang damit auch die Feststellung eines Opferplatzes aus
der frühen Bronzezeit (15. Jh. v. Chr.) bis zum Ende der Römerzeit bzw. bis in das Frühmittelalter. Es handelte sich dabei in der
Hauptsache um ein Heiligtum zur Opferung von Tieren und
vegetarischen Nahrungsmitteln. Bereits 1997 wurde ein zweiter
Kult- und Opferplatz gefunden und teilweise freigelegt. Die
Lokalität, *Gacher Blick* (= jäher Blick ins Obere Inntal) birgt auch
eine reiche Fülle an Gegenständen und Geräten, Fibeln, Glocken
sowie Lanzen und anderen Waffen. Ebenso wurden bisher nicht
bekannte Gottheiten festgestellt.

Der Bildhauer Kassian ERHART hat, angeregt und inspiriert von
diesen alten Kultplätzen sowie vom „Klima" dieser starken Plätze,
seine Impressionen in Stein geformt. Seit Jahren kommt eine Stein-
Skulptur nach der anderen hinzu. Wenigstens auf diese Weise arbei-

*Wallfahrerdarstellung in der Kirche „Heiligenkreuz im Ventertal".*

tet die innere Kraft weiter, auch wenn an den „heidnischen" Stätten hier keine christliche Wallfahrt entstanden ist, wie es ja in den Alpen sonst überall festzustellen ist. Inzwischen wurde am Piller ein sehr informativer „KULT UR WEG" angelegt.

## ELF FRAGEN ZUM ALPEN-MYTHOS „ÖTZI"

Rund um den im Jahre 1991 am Tisenjoch gefundenen, ca. 5300 Jahre alten „Mann im Eis", den so genannten *Ötzi*, ranken sich bei zunehmender Forschung immer mehr Geheimnisse und offene Fragen:

— Warum werden in der weltweit betriebenen *Ötzi*-Forschung die überlieferten Sagen aus den Ötztaler Alpen vom *Verschwundenen Mann im Hinteren Eis* ignoriert, und warum kommen weder Anthropologen, Völkerkundler, noch Volkskundler oder Religionswissenschafter zu Wort? Warum konnte der in Innsbruck tätige und mittlerweile verstorbene Konrad SPINDLER, jahrelang offizielle Koordinationsfigur der weltweiten Forschung, diese Bereiche von Anfang an komplett ausklammern? Warum bleiben diese Bereiche auch im *Ötzi*-Museum in Bozen tabu? Ist es die Scheu vor dem Mythos?

In den Ötztaler Sagen vom *Verschwundenen Mann im Hinteren Eis* (vgl. Sagen und Geschichten aus den Ötztaler Alpen, S. 106–109, S. 119–122) werden seit mehr als 5000 Jahren Geschichten überliefert, wonach die *Saligen Fräulein* als *Herrinnen der Tiere*, als weise, weiße und allmächtige Frauen den jagenden, wildernden Mann bestrafen – und zwar durch den Tod im Eis. Sie rächen sich am Sakrileg. Warum ist das kein Thema für die seriöse Wissenschaft? Konrad Spindler hat schon wenige Tage nach dem *Ötzi*-Fund in einer Fernsehdiskussion des ORF solche Fragen nur spottend und überheblich abgetan.

— Ein Teil der seriösen Wissenschaft, namentlich *Ötzi*-Experten versuchen nun, den Tod des Mannes vom Similaun spektakulär-unwissenschaftlich zu vermarkten. „Walter Leitner von der Universität Innsbruck liefert erstmals ein Motiv für den hinterhältigen Mord an dem weltberühmten Mann aus dem Eis", kann in der Tiroler Lokalpresse nachgelesen werden. Slogans wie „Mordfall ‚*ÖTZI*': ein politisches Komplott" oder „Ein Mord wird niemals geklärt", oder „Tod in den Alpen. Der Similaun-Mann ein an der Macht festhaltender Doftyrann ? … „Opfer eines Mordkomplotts" oder „Aktenzeichen *Ötzi*.

Fiel der Mann aus dem Eis einer Intrige zum Opfer?" und auch noch „Todeskampf am Similaun": Warum widerspricht niemand auf das schärfste diesem unhaltbaren Schwachsinn? Soll mit diesen spektakulären Mord- und Krimigeschichten der Besucherstrom ins Museum nach Bozen und ins *Ötzi*-Dorf nach Umhausen angelockt werden?

– Warum wird die These einiger international bedeutender Wissenschafter nicht aufgegriffen, wonach der *Ötzi* am Tisenjoch in einem *Steinkistengrab* bestattet worden sei? Das wäre aus Vergleichen mit Steinkistengräbern beispielsweise aus Aosta möglich. In der Ausgabe vom Juni 1993 hat *National Geographic* auf den Seiten 36 bis 67 einen der bisher fundiertesten und am besten wissenschaftlich-interdisziplinär aufbereiteten Berichte darüber gebracht. Als „last rites" wird ein solches Bestattungs-Ritual durchaus für möglich gehalten. Warum wurden am Tisenjoch keine diesbezüglichen Forschungen und Grabungen durchgeführt? Warum wurde die knapp neben bzw. unterhalb der (nachträglichen?) Fundstelle des *Ötzi* befindliche natürliche *Steinkiste* nicht untersucht?

– Starb der *Ötzi* wirklich am Tisenjoch? Starb er tatsächlich an den Folgen der angeblich tödlichen Verletzung durch den Splitter in seinem Körper? Wir wissen, dass sterile Objekte, wie z. B. ein Glassplitter, jahrelang im Körper stecken können, ohne zu einer Vereiterung oder einer lebensbedrohlichen Situation führen zu müssen. Die Reste der Pfeilspitze könnten monatelang, ja jahrelang im Körper des *Ötzi* gesteckt haben. Starb der *Ötzi* anderswo, vielleicht unten im Ötztal, im Schnalstal oder im Vinschgau? Warum sollte der *Ötzi* nicht unten im Tal gestorben sein? Und warum sollte es keine *rituelle Bestattung* des unten im Tal komplett und perfekt *mumifizierten* Mannes gegeben haben?

Aus ethnologischen Vergleichen, beispielsweise aus dem Altai-Gebirge oder aus Südamerika, aus Bestattungsriten von „Urvölkern" etc. könnte und müsste man Rückschlüsse auf ein ähnliches Ritual rund um den *Ötzi* ziehen.

Es ist undenkbar, dass in Eis und Schnee auf 3200 m Höhe, ausgesetzt der extremen Witterung und wilden Tieren wie Bartgeiern, Wölfen etc. eine *natürliche Perfekt-Mumifizierung* erfolgen kann. Leider kommen in diesem Zusammenhang aus dem *Ötzi*-Museum in Bozen in den letzten Jahren erschreckend unseriöse Dokumentationen. So behauptet beispielsweise einer der offiziellen „Wissenschafter": *„Es wird angenommen, dass der Mann aus dem Eis zuerst ein bis drei Monate im Wasser lag, bevor die Mumifizierung stattgefunden hat."*          (Oeggl, S. 92)
*Nach dem Abfließen des Schmelzwassers am Ende des Sommers erfolgt die Mumifizierung durch Dehydrierung.*          (Oeggl, S. 95)
*… erscheint die bisherige Hypothese, wonach der Körper des Mannes aus dem Eis aufgrund des Föhns einer rapiden Dehydration ausgesetzt war, nicht länger plausibel. Die Ergebnisse decken sich wohl eher mit der Hypothese, wonach der Körper zuerst von Schnee und Eis bedeckt war und es dann zur Austrocknung kam.*          (Oeggl, S. 108)

Diese Interpretationen werfen viele Fragen auf. Wie es möglich, dass der *Ötzi*, in Bauchlage über dem Felsen liegend, dort genauso perfekt mumifiziert sein kann wie am Rücken, an den Fußsohlen oder am Kopf? Eine derartige Komplett- und Perfekt-Mumifizierung ist nur möglich, wenn sie unten im Tal unter Aufbietung allen damals vorhandenen Wissens erfolgte. Dieses Wissen müsste um mehr als eintausend oder zweitausend Jahre älter sein als das bisher bekannte Wissen der Ägypter bei der (rituellen) Mumifizierung. Warum missachtet die offizielle „*Ötzi*-Wissenschaft" diese Fakten und warum konnten alle bisherigen Fragen nach der Perfekt- und Ganzkörper-Mumifizierung des „*Ötzi*" nie beantwortet werden?

Der *Ötzi* wurde in mumifiziertem Zustand auf das *Tisenjoch* gebracht und dort bestattet, und zwar mitsamt den wichtigen Beigaben wie Amulett, Medizinschwamm, Kultschnüren usw.

– Warum wird den „Nebenprodukten" des *Ötzi* so wenig wissenschaftliche Beachtung geschenkt? Der aus zwölf Schnüren bestehende Umhang, durchgesteckt durch einen marmornen Lochstein, ist ein Kult-Gegenstand. Warum gibt es dazu keine anthropologischen, interdisziplinären Forschungen und Vergleiche?

– Warum hat die offizielle *Ötzi*-Wissenschaft nicht auf die Fotoserie zurückgegriffen, die der Ötztaler Leichenbestatter, mit der „Bergung" und dem Abtransport des *Ötzi* von Vent nach Innsbruck betraut, an Ort und Stelle hergestellt hat? Einigen dieser Fotos wäre zu entnehmen, dass später an der Universität Innsbruck eine nahezu radikale „Säuberung" des schwarzen Sackes mit *Ötzi*-„Reliquien" erfolgte und dass auch der *Ötzi* selbst einer ebenso kompletten „Säuberung" unterzogen wurde. Haarbüschel im Gesicht sind verschwunden, Teile der Fußbekleidung ebenso abhanden gekommen wie Teile eines als Gabel erkenntlichen Gerätes und zahlreiche Kleidungsreste. Warum sind einige dieser Fotos bisher in keiner der mehr oder weniger offiziellen Publikationen erschienen und dort korrekt kommentiert worden?

– Neuerdings wird nachgewiesen, dass die am *Ötzi* vorhandenen Tätowierungen, die mit Holzkohle durchgeführt worden waren, zugleich eine perfekte *Akupunktur* darstellen, wie sie punktgenau noch heute in Asien verwendet wird. Das wäre zugleich auch der Nachweis einer mehr als tausend Jahre älteren Technik der medizinischen Akupunktur. In der neueren Akupunktur-

Wissenschaft (vgl. de.wikipedia.org/wiki/akupunktur) wird auch ausdrücklich auf den *Ötzi* hingewiesen.

(Vgl. auch „Spektrum der Wissenschaft" März 2006, S. 53)

– Warum wird der kulturgeschichtliche Hintergrund des *Ötzi* von der offiziellen Wissenschaft so sträflich vernachlässigt? Warum ist in keiner einzigen der bisher vorliegenden Publikationen aus dem Bereich der Universität Innsbruck und dem *Ötzi*-Museum in Bozen beispielsweise der Hinweis auf eine damalige matriarchale Kultur und Gesellschaftsordnung erfolgt? Warum wird bewusst ausgeklammert, dass der *Ötzi* vielleicht als Schäfer, vielleicht auch zugleich als Priester und Schamane in einer höchstwahrscheinlich aktuellen *matriarchalen Kultur* eingebunden war? Heide Göttner-Abendroth hat als erste und bisher einzige Forscherin (immer ausgeschlossen von den offiziellen *Ötzi*-Publikationen) konkret darauf hingewiesen. Ihr Beitrag „Auf den Spuren der Göttin" ist jetzt in der Nummer 8 der Zeitschrift *PLANET ALPEN* auf den Seiten 13–40 nachlesbar.

– Warum wird die dominante Kult-Region des *Similaun*, von *Mut-Mal,* heiligen Stätten der Göttin *Dana* (in *Tanneneh, Onanä* und *Dananä)* und der *Disen* nicht berücksichtigt? *Hinter Tanna verbirgt sich eine frühe, mediterrane Göttin, deren Name durch die allmähliche Ausbreitung der jungsteinzeitlichen Mittelmeerkultur auf dem ganzen Kontinent überall in Europa vorkommmt.* (Göttner-Abendroth, Auf den Spuren der Göttin, S. 22) Daneben ragt überaus prägend und strahlend der 3606 m hohe *Similaun.* Über die Deutung dieses *Heiligen Berges* hat zuletzt Kurt Derungs Neues festgehalten. Der *Similaun* ist in diesem Zusammenhang als Thron-Sitz der *weißen* Göttin zu verstehen, als *dominante Landschaftsgöttin,* als ein Dokument der *frühzeitlichen Hirtenkultur matriar-*

*chaler Prägung* (Göttner-Abendroth, Auf den Spuren der Göttin, S. 36).

Was spricht also gegen die neue Deutung, der *Ötzi* wurde von den *Saligen*, der *Dana* oder den *Disen* im Tal mumifiziert und auf dem Joch der *Disen* bestattet?

– Und der *Fluch des Ötzi*? In deutschen Medien, im Fernsehen, in Zeitungen und Zeitschriften wurde mehrmals der angebliche **Fluch des** *Ötzi* in deutlicher Anlehnung an den „Fluch des Tut ench Amun" geschildert und mit Sinn für Dramatik darüber berichtet, wie bisher sechs Personen rund um den *Ötzi* auf teilweise mysteriöse Weise verstorben sind. Gab und gibt es diesen Fluch des *Ötzi*? Sicher ist, dass Schändungen und Störungen der Totenruhe bestraft werden. Sicher ist, dass es in der Glaubensvorstellung der Völker schreckliche Strafen gegen Frevel gibt. Es sei dabei nur an die „Toggeli" der Sennen erinnert, an die Taufrituale des Schafes oder an Fluch und darauf folgende Vergletscherung ehemals fruchtbarer Almen. Die schändliche Behandlung des *Ötzi* hat Folgen. Neuerdings ist das auch ein Thema internationaler Medien, beinahe weltweit. Eine neue Phase im Leben und Sterben des *Ötzi* und der alpinen Kultur?

Beinahe reißerisch berichtet *DIE ZEIT* in ihrer Ausgabe vom 22. Dezember 2004 zum Thema „Wissen" über den *Fluch des Ötzi*. Dazu wird wieder die Mordgeschichte aufgewärmt und die Entstehung neuer Sagen und Legenden in Aussicht gestellt, weil es in neuen Sagen immer wieder um den Einbruch des Übernatürlichen in die Alltagswelt geht, um eine Überhöhung und Verlagerung in die „Anderswelt". Der neue Mythos entsteht mit und durch den *Ötzi*. Wie ergeht es aber jenen sechs bis acht „Überlebenden", die unmittelbar nach dem Fund am Tisenjoch waren? Wie ergeht es jenen, die den Toten im Eis

*Lichter, Votive, Weihegaben in der Wallfahrtskirche Locherboden, Tirol.*

mit Skistock, Stange und Presslufthammer malträtiert haben?
*Wer Drogenpilze im Beutel trägt, kann bestimmt auch hexen.*
(Die Zeit, 22. 12. 2004)

Wir stehen am Anfang einer neuen *Ötzologie* als Beispiel eines
neuen Mythos, einer neuen Mythologie. Dass der *Ötzi*-Finder
Helmut SIMON Jahre später im Salzburger Land bei einer
Bergtour ums Leben kommen sollte, hat Konrad Spindler schon
Jahre zuvor erklärt und gedeutet. Er, der Bergsteiger Simon,
hätte ja damals, am 19. 9. 1991, als er gemeinsam mit seiner
Frau Erika den *Ötzi* im Eis fand, den Kopf aus dem Eis her-
ausapern sah, *die markierten Wege verlassen. So etwas wird
bestraft.* (Die Zeit, 22.12.2004, S. 29)

203

*Eine Art „Totem" auf der Alm der Schäfer.*
*Am Abend vor dem Übertrieb der*
*ca. 1600 Schafe über den Gletscher wurde*
*das Fell aufgehängt. September 2003.*

# HÄUTUNG und TOTEM

In Schweizer Sagen ist es ein häufig wiederkehrendes Motiv, in österreichischen dagegen eher selten anzutreffen: der Senner, der Hirte, der Älpler, der im Herbst beim Almabtrieb zur Almhütte zurückkehrt, weil ihn das so genannte *„Toggeli"*, die *„Sennenpuppe"* zurückgerufen hat. Wenn die übrigen von der Alm ins heimatliche Dorf zurückkehrenden Älpler einen Blick zurück werfen, sehen sie Schreckliches: das *Toggeli* hat den zur Almhütte Zurückkehrenden getötet, rituell geschlachtet, ihm die Haut abgezogen und diese auf dem Hüttendach aufgespannt. Die Häutung als extreme Bestrafung ist die Folge eines ebenso schrecklichen wie unvorstellbaren Frevels. Was war im vorangegangenen Sommer auf der Alm geschehen? In einer ganzen Reihe von Sagen wird, in jeweils unterschiedlichen Varianten, davon berichtet, dass die Senner und Hirten auf der Alm in sexueller Not aus Teig, Käse oder Holz eine lebensgroße weibliche Puppe anfertigten, diese in der Almhütte neben sich stellten und sich an ihr vergingen, ,verlustigten'. Schließlich kommt es so weit, dass sie die Sennenpuppe, auch das *Toggeli* genannt, sogar an ihren Mahlzeiten teilnehmen lassen, dass sie ihm Mus und Brei und Käse in den Mund schieben, worauf das Toggeli immer mehr und immer gieriger zu essen beginnt und in eine solche Fresslust verfällt, dass die Männer auf der Alm das unheimliche Wesen kaum noch ausreichend füttern können. Das Toggeli wird dick und fett und verlangt immer stärker nach den Männern, in einer sich mehr und mehr steigernden Lust. Als es dann zur Abfahrt von der Alm kommt, wollen die Männer dieses unheimliche, fette, gierige *Toggeli* oben zurücklassen. Das geschieht auch, aber die Strafe folgt.

Schon der Schweizer Naturforscher SCHEUCHZER hat erstmalig 1705 von einer solchen Sage berichtet. Vielfach steht dieser Sagenstoff in enger Beziehung zu den „Blümlisalp-Sagen", in denen der Untergang einer ehemals blühenden Alm die Folge eines Frevels war.

In der Sammlung des wichtigen Schweizer Sagensammlers Josef MÜLLER lautet der Schluss einer der Sagen: *Mit ernster und fester Gebärde gebot der Toggel dem Senn, als dem Oberhaupt der Alp, zu bleiben. Den anderen erlaubte er, abzufahren, aber ja nicht zurückzuschauen, bis sie das Egg erreicht hätten. So geschah es. Der Senn blieb, die anderen zogen mit dem Vieh ab. Und als sie das Egg erreicht hatten, schauten sie zurück und sahen mit Zittern und Schrecken, wie der Toggel des Senns blutige Haut auf dem Hüttendach ausbreitete.* (Müller, zitiert aus Renner, S. 210)

Weiters ist in einer Variante aus Oberplatti nachzulesen:
*In Gornern ging einer, als der Senn nicht nachkam, zurück. Er fand ihn tot, geschunden, mit dem Kopf nach unten, an der Hüttenwand aufgehängt. Der Toggel packte auch ihn und machte es ihm ebenso und auf nämliche Art dem dritten Älpler, als er zurückkehrte, um zu sehen, was los sei. Als am nächsten Tage Leute vom Tale her in die Alpe kamen, waren die Felle der drei Älpler auf dem Hüttendach ausgebreitet.*

(Müller, zitiert aus Renner, S. 211 f.)

Nach Aurel Schmid kommt ein Drittel der bekannten Sagen dieses Typus aus dem Kanton Uri, ein weiteres Drittel aus dem Kanton Graubünden und der Rest aus den übrigen Kantonen der Schweiz.

Alle Autoren der vergangenen Jahrzehnte berufen sich auf den langjährigen Urner Spitalspfarrer Josef Müller. Es ist nachweisbar, dass für die dominante Männergesellschaft der Almen Homosexualität und Geschlechtsverkehr mit Tieren beinahe selbstverständlich waren. Die „Sünde" der Sodomie gilt als eines der schlimmsten Vergehen wider die Natur, vor allem gegen die rechtlichen und kirchlichen Normen.

Dem Spitalspfarrer Müller war dieses Phänomen ebenso wenig ein Tabu-Thema wie dem Landarzt Eduard Renner, der sich in seinem Buch „Goldener Ring über Uri" relativ offen dazu äußert. Bei Müller und Renner finden sich zahlreiche Varianten des Umgangs mit dem *Toggeli*, der *Sennenpuppe* sowie der Formen des Frevels. So wird u. a. berichtet, dass die Senner und Hirten schlussendlich die unersättliche Puppe unter die Kühe gelegt und ihr die Milch vom Euter weg in das Maul hineingemolken haben. Es ist auch überliefert, dass auf der graubündnerischen Alpe Drusen die „mutwilligen Knechte und der ruchlose Senne noch um eine Spur frevelhafter" gewesen seien. Der Senn kam hier nämlich sogar auf den Gedanken, die Puppe taufen zu lassen. Dabei wurde mit der größten Glocke geläutet; ein flaches Holzgeschirr wurde auf einen Scheiterstock, also einen Hackstock, gestellt, die als Taufstein und Taufbecken dienten. Die Sennen waren die Paten, der Ober-Senn war der Pfarrer, *der die sündhafte Taufhandlung vollzog.* Auch in diesem Fall ließ das Strafgericht nicht lange auf sich warten. Es geschah beim Almabtrieb:

*Als sie aber vom dritten Tobel aus nach dem Stafel zurückschauten, breitete die Puppe eben die Haut des Sennen auf dem großen Steine aus, welche sie dem Frevler bei lebendigem Leibe abgezogen hatte.* (Vgl. Haid, Aufbruch in die Einsamkeit, S. 43–55 im Kapitel „Das Alp-Mueterli, Toggel und die Hure Kathry")

In der letztgenannten Variante erfahren wir also von der Häutung bei lebendigem Leibe. Das erinnert an die Todesart des heiligen Bartholomäus. Es ist nicht immer leicht, in den phantasievollen

Nacherzählungen und teilweisen Neuschöpfungen den Kern der alten Sagen herauszufiltern. Schulmeister und Pfarrer, vielfach die Übermittler solcher Geschichten, haben auch in Kenntnis der Geschichte der Märtyrer und der griechischen Sagen, der Apokalypse des Apostels Johannes, ja sogar des Gilgamesch-Epos ihre „Nacherzählungen" und „Neufassungen" der Sagen vorgenommen. Dort haben sie die Vorbilder für ihre Ausschmückungen gefunden.

Die folgende Begebenheit mag als harmlose Erinnerung an die Häutung eines Menschen gelten: Der alte Schafbauer vom Vinschgauer Sonnenberg hatte am Abend, bevor die mehr als 1600 Tiere zählende Schafherde über den Hochjochferner ins Schnalstal und den Vinschgau zurückkehrte, für die 20 Hirten und Treiber ein Schaf geschlachtet, und es für das gemeinsame Mahl in der Schäferhütte „geopfert". Dabei wurde das Fell unterhalb der Hütte an einen dort befindlichen Mast gebunden. Wie ein *Totem* hing es dort. Das gehäutete Schaf wurde verzehrt. Es ging sehr laut und temperamentvoll zu an diesem Abend. Keiner der Hirten und Treiber gab zum aufgehängten Fell eine Erklärung ab. Am kommenden Morgen zogen die Schafe über den Gletscher und in die heimatlichen Ställe. Das *Schaf-Totem* war verschwunden.

Das Phänomen der *Häutung* an sich und als Mittel der Strafe zieht sich mehrfach durch alpine und weltweit nachweisbare Legenden, Sagen und Märtyrerberichte, zurück bis in die Antike. Die alpine Form davon lebt in vielen Sagen von der Innerschweiz bis in die Steiermark weiter.

Einen Hinweis auf die Häutung zu rituellen Zwecken bringt unter anderem eine völkerkundliche Abhandlung von Martina Kaller-Dietrich aus dem agrikulturellen Leben der alten meso-amerikanischen, konkret der mexikanischen Kulturen. Dort geschieht das Hautabziehen im Zusammenhang mit einem Ernte-

Fest. Dabei wurde einer Göttin namens ‚Chicomecoatl‘, der Göttin aller Lebensgrundlagen, gedankt. Eine junge Sklavin wurde ausgewählt, die als ‚ixiptla‘ die Göttin verkörperte. Diese trug schöne Kleider, musste tanzen und wurde in alle Häuser eingeladen. Man verbrannte ihr zu Ehren Räucherwerk, ehe man sie enthauptete und Gemüse, Mais, Chili, Kürbisse und Samen mit ihrem Blut besprengte. Danach wurde ihr die Haut abgezogen, die sich ein Priester umlegte. Die abgezogene Haut der Geopferten wurde oft mit den Blättern verglichen, die vom Mais abfielen. Dieser Brauch aus der Zeit des alten Mexiko erinnert in einigen Segmenten an das Geschehen auf den alpinen Almen.

Da wie dort besteht ein Zusammenhang mit Ernte und Ernteabschluss, mit dem Einbringen der Ernte. Das Vieh, gut genährt und gesund, kommt als Sommer-Ernte in festlichem Zug zu den Bauern ins Tal zurück. Die abgezogene Haut ist Teil des dieses Rituals. (Kaller-Dietrich, S. 65)

Auch aus der biblischen Geschichte, aus den Heiligenlegenden, ist eine Häutung bekannt, nämlich jene des heiligen Bartholomäus. Als einer der Apostel war er ausersehen, dem Herrn zu folgen. Er erlitt den Märtyrer-Tod, weil er sich durch seine Tätigkeit des Bekehrens den Zorn des tyrannischen Astyages zugezogen hatte. Er wurde enthauptet und anschließend wurde ihm die Haut abgezogen. Das soll nach der Überlieferung in Albanopolis geschehen sein.

Leonardo da Vinci lässt in seinem weltberühmten Werk vom letzten Abendmahl den Apostel in einer solchen Haltung darstellen, die ihn sofort als denjenigen erkennbar macht, der sich für seinen Meister, für Jesus, die Haut abziehen lässt.

In einigen Teilen der Alpen gilt der heilige Bartholomäus als Vieh-Patron, insbesondere der Schafe. So konnte der Forscher Peter SCHMID aus Vals im Kanton Graubünden berichten, dass die

Schäfer der Bergamaskischen Alpen (nördlich von Bergamo in Italien) in früheren Jahrzehnten ihre riesigen Schafherden auch auf jene Weiden trieben, die heute teilweise vom Zavreila-Stausee überdeckt sind. Dort standen einst mehrere Almhütten, zeitweise ständig bewohnte Höfe und eine kleine Kapelle. Die Bergamasker hatten sie dem heiligen Bartholomäus geweiht.

An die Bedeutung des Bartholomäus-Tages, der am 25. August gefeiert wird, erinnern wichtige alpine Ereignisse. Eines davon war ein bis ungefähr 1950 lebendiges Fest in Längenfeld im Tiroler Ötztal. An diesem Tag wurde der Abschluss der Bergmahd mit einer Prozession und mit Bergfeuern gefeiert. Dabei kamen die „Bergmahder" von den Bergmähdern, meist oberhalb der Waldgrenze, auf dem Giggelberg gelegen, vom „Himmelreich" zurück ins Tal. Der „Bergmahderumgang" bleibt eine Erinnerung an schwere und schwerste Heuarbeit in steilem Gelände, an volle Heuhütten, „Pille" genannt, und an das Abschlussfest im Tal. Nach wie vor ist Einheimischen im Zusammenhang mit diesem Tag ein Spruch vom Schaf und vom Bartholomäus in Erinnerung. Dabei wird dem kleinen Schäflein im Ötztaler Dialekt in hoher Stimmlage folgende Frage an die Mutter in den Mund gelegt:

> mammele mammele wenne geamr hoam?
> (liebe Mutter, liebe Mutter, wann gehen wir nach Hause?)

Darauf antwortet das Mutterschaf, hier im Tal „Ebe" (bzw. „Ewe") genannt, mit tiefer Stimme:

> eppan ze Bartlmäää
> (etwa zu Bartholomäus)

Es sei auch daran erinnert, dass die beschwerliche, aber viel begangene Wallfahrt „Übers Steinerne Meer" von Maria Alm in Salzburg an den Königssee in Bayern zur Kirche des heiligen

Bartholomäus führt und dass diese Wallfahrt auch als „Gebirgs-marsch zum *Heiligen* ohne *Kopf* bekannt geworden ist. Diese „Bartlmä-Wallfahrt" soll angeblich in der Pestzeit verlobt worden sein, dürfte aber viel weiter zurückreichen, höchstwahrscheinlich in vorchristliche Zeiten. Es bedürfte noch näherer Forschungen, warum an diesem überaus bekannten, beliebten und berühmten Platz am Königssee ausgerechnet des blutigen Geschehens der Häutung gedacht werden soll. Dazu müssten u. a. die vielen Bartl-mä-Patrozinien in den Kirchen erfasst und analysiert werden. Dabei könnten sicherlich Parallelen mit antiken Sagen und den katholischen Märtyrer-Legenden hergestellt werden.

Und es lohnte auch noch näherer Untersuchungen, wo und in welcher Weise in den Alpen in vergangener Zeit *Totems* aufgestellt wurden, wann sie verschwunden sind und welchem Zweck sie gedient haben könnten.

Wie sich die Vorstellung vom *Toggeli* und der folgenden Strafe durch Häutung bis in die Region der Hohen Tauern fortsetzt, ist unter anderem im neuen Sagenwanderbuch auf Salzburger Almen nachzulesen, das Gertraud STEINER zusammengestellt hat.

So hatten drei Männer auf einer Alm im Krimmler Achental einen seltsamen Tischgenossen neben sich, den sie „Hoazl" nann-ten. Das war eine holzgeschnitzte Figur, *die ein wandernder Bildschnitzer dagelassen hatte und die eigentlich für ein Bildstöckl oder eine Kapelle gedacht war … Zum Essen stellten ihn die drei Mannsbilder vor sich auf den Tisch, legten ihm einen Löffel vor und forderten ihn auf: ‚Hoazl, iss, sunst schlagen ma di untan Tisch.' … Eines Tages aber, als sie sich wieder an der dummen Spielerei ergötzten, regte der Hoazl plötzlich seine Glieder, langte nach dem Essen und begann zu essen …*

Die Männer bekamen schreckliche Angst und wussten sich nicht zu helfen. In einer der folgenden Nächte geschah es dann,

*Ein alpines „Totem"? Auf einer Schafalm in den Ötztaler Alpen.*

dass der Hoazl ihnen in furchterregender Größe nahe kam und laut zu rufen begann: *Den Ersten find i, den Zweiten schind i und den Dritten schmeiß i übers Hüttendach.*

So geschah es. Der Erste wurde gefunden, der Zweite wurde geschunden, also gehäutet. Der Dritte wurde über das Hüttendach geworfen. Das erinnert an das Ausbreiten der Haut des Geschundenen auf dem Hüttendach.

(G. Pichler, Salzburger Land, S. 156 f.)

# RUND UM DEN GROSSGLOCKNER

VON WALLFAHRTEN ÜBER BERG UND TAL,
VOM „HIDRACH"-RAUSCHMITTEL, VON DEN
TIBETISCHEN BÖN-MÖNCHEN AM
GROSSGLOCKNER, VON WIDDEROPFERN
IN OBERMAUERN, LAVANT, ÖTTING
UND SAGRITZ, VOM „BLUAT-BUSSN" IN
HEILIGENBLUT UND VON DER WIDER-
STÄNDIGKEIT DER FRAUEN IN OSTTIROL

## HIDRACH und BLUAT-BUSSN

Um 4 Uhr in der Früh beginnt Ende Juli eine der beschwerlichsten **Wallfahrten** über das Gebirge. Von Heiligenblut (1291 m) geht es durch das Leitertal (Leiteralm 2041 m), über das Bergertörl (Gloner Hütte, 2642 m) nach Kals (1325 m), von dort aufs Matreier Törl (2207 m) und weiter nach Matrei in Osttirol (942 m). Von hier ging in früheren Jahren der Fußmarsch weiter nach Obermauern im Virgental; heute geht es mit Autobussen von Matrei weg. Für den Rückweg bzw. die Rückfahrt nach Heiligenblut oder ins obere Mölltal stehen ebenfalls Autobusse bereit.

Die reine Gehzeit beträgt ungefähr 13 Stunden, vielfach in sehr ausgesetztem Gelände.

Warum diese Anstrengungen? Warum gerade an diesem Termin, dem letzten Samstag im Juli, oder als Wallfahrt am *Anna-Tag*, dem 26. Juli?

Gerastet wird, so vermerkt der heimische Forscher Helmut PRASCH in seinen „Mölltaler G'schichten", nur am Berger- und Matreier Törl sowie bei der uralten Waldkapelle ober Matrei. Dort

213

steht ein kleines, unscheinbares St. Anna-Heiligtum. „Durch diese Wallfahrt wird Frucht erbeten, zeitliches Reifen von Getreide und Futter."

Der *Anna-Tag* gilt nicht nur hier, sondern an vielen Orten als markanter Sommertermin für Wallfahrten und Bittgänge: etwa im Ötztal mit dem Bittgang zur Wallfahrt Maria Hilf in Gries oder in Ranach im Mölltal gegen Unwetter, „mit einem vierfachen Segen in die vier Himmelsrichtungen", wie Helmut Prasch mitteilt.

*Anna* ist die *Ana*, die Mutter, die Herrin, die alte Kultfigur, von der katholischen Kirche geschickt aus dem „Heidnischen" ins „Christliche" übertragen.

Eine weitere Wallfahrt auf den Spuren alter Kulte und Mythen führt aus dem Salzburgischen nach Heiligenblut im oberen Mölltal. Von Fusch im Salzburgischen ziehen fromme Pilger, unter die sich neuerdings auch alpine Wanderer mischen, am Vortag zum Peterstag (29. Juni) bis nach Heiligenblut. „An die 800 Leute nehmen daran teil", hat Helmut Prasch im 1993 erschienen Buch der Mölltaler Geschichten geschrieben. Heute sind es bis zu 4000 Personen, wie anlässlich einer Volksmusik- und Kulturforschung am 5. und 6. Januar 2006 in Heiligenblut zu erfahren war. Ein markantes Bergheiligtum auf dieser Wallfahrt ist die so genannte Gipper-Kapelle. Dazu wird aus dem Jahre 1683 ein dramatisches Geschehen berichtet: In der *Elendscharte* gerieten die frommen Pilger in einen schrecklichen Schneesturm, bei dem viele ihr Leben lassen mussten. „Neuschnee deckte die Leichen zu" (Prasch, S. 36). In früheren Zeiten soll die Wallfahrt dem Zweck gedient haben, bei unerfülltem Kinderwunsch zu helfen. Später galt sie der Abwehr von Pest und Krankheit. In der Gegenwart sind die Anliegen nicht mehr so präzise, sondern eher allgemein gehalten.

Sogar bis Maria *Luggau* im Lesachtal und nach Lavant südlich von Lienz führten Pilgerwege. In Luggau soll es nach einem alten

Stich angefertigte Gnadenbildchen gegeben haben, auf denen eine Mutter dargestellt war, die ein offenbar totgeborenes Kind zur Luggauer Madonna gebracht haben soll. Man versuchte mit allen Mitteln, von solchen Neugeborenen ein Lebenszeichen zu bekommen, sei es auch nur ein kleines Zucken, eine Regung, oft sogar durch Kitzeln mit einer Feder provoziert. Dann wurde schnell die Nottaufe vollzogen. Der wichtigste Wallfahrtsort dieser Art, von der Geistlichkeit stets unterbunden, abgewehrt und verboten, war das bereits erwähnte Maria Trens in Südtirol, südlich von Sterzing.

Warum nimmt man also diese teilweise überaus beschwerlichen Pilgerfahrten auf sich? Zur Kasteiung und Abhärtung? Wohl kaum. Als sportliche Prestige-Leistung? Das könnte neuerdings zumindest teilweise sogar zutreffen.

Oder vielleicht als Akt der Buße, der Reue, als Strafe für eine Schandtat? Wallfahrten sind in irgendeiner Weise wohl auch immer der höchste Akt von *religio und Kult*. Es geht um eine alte Tradition, um tief verwurzelte Frömmigkeit, die alpine *religio*, das Erfüllen von Pflichten, das Einhalten von Versprechungen. Nicht anders ist es bei anderen Völkern, in anderen Religionen, auch bei den Pflichtübungen in Mekka, in Indien und weltweit rund um *heilige Berge*.

Stets sind extreme Herausforderungen unter schwierigen Bedingungen, Kasteiungen und körperliche Schmerzen mit einer Wallfahrt verbunden. Dass sich dabei in den Alpen vordergründig streng Katholisches mit vorchristlichen Kulten vermischt hat, ist selbstverständlich, auch wenn die eigentlichen Ursprünge nur mehr schwer voneinander zu unterscheiden sind.

Es ist erstaunlich, mit welcher Begeisterung und Selbstverständlichkeit solche Mühen auf sich genommen werden. Das gilt auch für einige Bräuche, zu denen u. a. das *Sternsingen* in Heiligenblut gehört. Dieser wichtigste Jahresbrauch wird stets in der

215

Nacht vom 5. auf den 6. Januar ausgeführt, wenn die Heiligenbluter „Sternsingen" gehen. Am 5. Januar um 16.00 Uhr werden die acht bis neun ausschließlich aus Männern bestehenden Gruppen in der Pfarrkirche verabschiedet und gesegnet. Anschließend ziehen sie los und sind bis 6.00 oder 7.00 Uhr am Morgen des 6. Januar unterwegs. Zu den Gruppen gehören einige Musikanten, zwei Sängergruppen und der Sternträger. Meist sind es 17 Personen, die zu „Rotten" zusammengeschlossen werden. Sie ziehen in dieser Nacht von Haus zu Haus, auch in alle Hotels und Pensionen und singen immer dasselbe Lied mit vielen Strophen, fast sieben Minuten lang. Pro Rotte werden 50 bis 60 Stationen aufgesucht. In einigen Häusern und in Kapellen werden noch zusätzliche Lieder gesungen, das so genannte „Ansingen". Den Akteuren gebührt für diese anstrengende Brauchausübung allerhöchstes Lob, und man muss den Heiligenblutern ein großes Kompliment dafür aussprechen, dass sie den Brauch in altbewährter Form und mit allen Strapazen auf sich nehmen, ohne Rücksicht auf Wetter und Schneestürme, auf Kälte und den reichlich servierten Schnaps. Gesungen werden ausschließlich überlieferte Lieder, und die Gruppen bestehen aus Männern im „besten" Alter. Nach und nach scheiden die ganz Alten aus, während die Jungen bereits auf die Ehre warten, dabei sein und mitmachen zu dürfen.

In der stillen Schneenacht vom 5. auf den 6. Januar 2006 erklingt im engen Bergtal, einmal weit draußen im Tal, dann wieder in unmittelbarer Nähe, dreifach, vierfach, und immer wieder, immer dieselbe Ansingemelodie vor den Häusern. Es klingt von allen Höhen und hinein ins Tal, in den „Winkel" und von Apriach herunter. In den Hotels warten bereits die Gäste, falls sie vom Wirt informiert sind. Sie beginnen am Ende der Vorführung zu klatschen. Die Einheimischen klatschen nicht. Aber sie bedanken sich mit einem mehrfachen Vergeltsgott. Und der Lohn? Bargeld für einen guten Zweck. Schnaps, mitunter in gefürchteten Mengen, in manchen Häusern ein Essen, eine warme Suppe, ein heißer Tee. In den Häusern warten sie auch noch bis weit nach Mitternacht, die letzten bis fünf Uhr in der Früh. Die Kinder gehen am Vorabend schon aufgeregt und voller Vorfreude darauf zu Bett, mitten in der Nacht aufgeweckt zu werden. In einem der Häuser hatte es während des Tages eine Geburt gegeben; nach zwei Uhr morgens kamen dann die Sänger und überbrachten den singenden Haus-Segen. Ein ganzes Büchlein ist voll mit den Sternsinger-Liedern aus Heiligenblut.

Wir durften diesen Brauch miterleben: in Heiligenblut am Großglockner, inmitten von Touristen und Skifahrern. Aber dieser Brauch hat nichts mit Tourismus zu tun. Scheinbar unbeschadet bewahrt dieser Touristenort seine „Sternsinger-Kultur", und damit einen wichtigen Teil seiner autonomen Volkskultur und seiner Heiligenbluter Identität. Vielleicht sind die mehr als 150 Heiligenbluter Sternsinger auch deswegen so traditionsbewusst. Der Brauch gehört zu Heiligenblut wie die Postkartenansicht der gotischen Kirche mit dem Großglockner.

In dieser Form wird der Brauch nur in Heiligenblut ausgeübt. Weiter draußen im Mölltal, in Döllach und Sagritz klingt er schon anders, ist der Brauchablauf unterschiedlich.

Dennoch ist auch in Sagritz, und noch weiter draußen bei der Ulrichsprozession in Putschall, dieses religiös geprägte Traditionsbewusstsein vorhanden. Dort gibt es den Brauch einer fünfstündigen Marterle-Wallfahrt oberhalb von Rangersdorf zu einem der höchsten Wallfahrtsorte auf 1860 m Höhe.

In der heutigen Kultur, in einer durch und durch globalisierten Gesellschaft ist das alles keine Selbstverständlichkeit mehr. Möglicherweise gibt es ja gerade deshalb eine Zunahme der alten

Rituale. Eingriffe „von oben" und offiziell gelenkte Maßnahmen wie beispielsweise über EU-Projekte wie *Leader* oder *Interreg* konnten nie richtig Fuß fassen, blieben an der Oberfläche oder sind nach Ablauf der Förderphase wie Strohfeuer verloschen. Es ist kaum ein Häufchen Asche zu finden von den vielgepriesenen Millionenprojekten zur angeblich „eigenständigen Regionalentwicklung". Das gilt für den ganzen Alpenraum, auch für Österreich und dessen „strukturschwache" Regionen. Das gilt auch für das Mölltal. Es gibt, das sei zugegeben, auch erfreuliche Ausnahmen. Das wichtigste und das *Nachhaltige* vollzieht sich außerhalb. Das gilt auch für das Heiligenbluter Sternsingen, für die Wallfahrt über das Fuschertörl und nach Obermauern.

In der Region *Rund um den Großglockner* ist die Kraft alter und ältester Kultur und Kulte noch erlebbar. Noch steckt die Kraft der Jahrtausende in den Leuten. Für wie lange noch?

Vom **Rauschmittel Hidrach**, das in einigen Tauerntälern gewonnen wurde und ehemals stark verbreitet war, das als elitäres Geheimnis gehandelt und wie Gold geschätzt, aber wie der Teufel selbst verteufelt wurde, ist wenig zu erfahren. Am ehesten kann dazu, literarisch umgestaltet, umgeformt, ausgeschmückt und verschwiegen angedeutet, einiges im Buch von Hubert SAUPER aus Döllach nachgelesen werden: *Der Hidri-Mann* handelt von „Rausch und Gift", und dort stehen auch „andere Geschichten aus meinem Tal". Hubert Sauper hat das Buch im Jahre 2003 im Eigenverlag herausgegeben. „Der Rausch – eine Sterbehilfe", „Der Rausch als Mut-Macher" und der „Rausch der Verzweiflung" ist dort zu lesen, und wie die Berg-Knappen damit „gedopt" wurden, wie sie unter den extremen Arbeitsbedingungen leben respektive überleben konnten.

Auch das ist Teil der alpinen Kultur, der Kultur unter Tag. *Wie hält der Mensch das aus, wie lange? Bei wöchentlich überaus beschwerlichen vierundvierzig Stunden Arbeitszeit, die zweitägigen Auf- und Abstiege zu den Zechen nicht eingerechnet, den Sonntag frei. Außerdem für einen Mann mit Frau: Wöchentlich fünf Laib Brot, eineinhalb Kilogramm Mehl, je ein halbes Kilogramm Schmalz, Käse, Schaf- oder Ziegenfleisch und Schweinefleisch. Die Antwort ist belegt: Mit Hilfe von Rauschmitteln, also Aufputsch-mitteln hielt man es bis zum fünfunddreißigsten Lebensjahr durch-schnittlich aus. Ob es verboten war oder nicht, man verabreichte es Knappen, denen Äpfel, mit Arsenikbrösel ‚gewürzt‘, verabreicht wurden. Der Zweck heiligt die Mittel, hieß es einst. Die kräftigende Wirkung war damals allen bekannt. In diesem Rauschzustand konnte man die Unerträglichkeit des kurzen Lebens wohl zeitweise vergessen. Das Leben: Ein kurzer Rausch.* (Sauper, S. 103)

Also: der totale Kontrast zur **Heiligkeit** der (vermeintlichen) Kulte und der alten Bräuche, der Rituale und der **Magie. Arsenik**, also Hittrach oder Hidrach entwich als Gas beim Rösten der Erze. Alpenweit die intensivste Nutzung gab es in den Hohen Tauern. Um 1710 wurden beispielsweise 354 Zentner zu (damals) 56 Kilo-gramm in Holzfässern über Villach nach Venedig geliefert.

Hubert Sauper, der Pferdeliebhaber, der langjährige Hotelier und heimische Kulturforscher (und Vater des erfolgreichen Filme-machers Hubert Sauper jun.) hat in seinem Buch der „Hidri-Mann" seine „Notizen aus der Lektüre über Arsenik" an den Schluss gesetzt.

*Innerlich in kleinen Dosen genommen, verleiht das Arsenik der Frau eine reine, samtweiche Haut, eine volle Büste, strahlende Augen, glänzendes Haar, dem Mann Stärkung der geschlecht-lichen Leistungsfähigkeit, Kraft und Ausdauer …*

*Ostalpen: größte Dichte von Arsenikvorkommen auf der Welt …*

*Hidrach aus den Alpentälern über Venedig nach Bagdad, Damas-kus usw.*

*Den Bergknappen der Hohen Tauern gelang es dank Arsenik-genuss ihr Leben auf 35 Jahre hinaufzusetzen …*
*Gamsjäger nahmen erbsengroßes Stück, konnten dann das Wild tagelang verfolgen …*
(Sauper S. 126–138)

Es wird also schon etwas daran sein, dass mit dem Genuss von Arsenik, dem *Hidrach,* außergewöhnliche Leistungen in Verbindung zu bringen sind, ebenso, wie es als Mittel für Verbrechen wie Giftmorde gedient hat. Auf dem Gebiet der Kultur und der Kulte sind vielleicht gerade bei Künstlern ansatzweise außerordentliche Leistungen auch auf den Genuss von Arsenik zurückzuführen; dasselbe gilt wohl auch für herausragende geistige Errungenschaften.

Allerdings fehlt noch der Nachweis dafür, welchen Einfluss das speziell in den Tauerntälern hergestellte Rauschmittel beim Hervorbringen außergewöhnlicher Menschen mitsamt ihrer Kultur durch Jahrhunderte just in dieser Region gespielt hat, mehr als anderswo in den Alpen. Warum bringt gerade diese Bergregion eine so überdurchschnittliche Zahl an Begabungen außerhalb der Norm hervor? Etwa weil sie berauscht sind von der Schönheit der Bergspitzen, insbesondere dem Großglockner als dem meistverwendeten Alpenbild-Motiv Österreichs?

Was suchten die **Tibetischen Mönche** in den Jahren seit 2001 rund um den *Heiligen* Berg? Höchstrangige *Bön*-Mönche waren in Begleitung einiger Lamas nach Heiligenblut gekommen. Wie konnte es möglich sein, dass diese Repräsentanten der uralten *Bön*-Religion aus dem alten Tibet ausgerechnet am Großglockner einen besonderen *heiligen* Platz gefunden haben, um dort *direkt für das Wohl und die Harmonisierung der Region Zeremonien nach tibetischer Bön-Tradition* abzuhalten? Eine umfangreiche, privat erstellte Bild- und Textdokumentation enthält viele Hin-

220

weise, unter anderem über die „Geheimnisvolle Welt des Alten Tibet / BÖN / Tibets Ur-Weisheit zu Gast bei Österreichs Natur-Heiligkeiten" (2001–2004). Der Beschreibung ist zu entnehmen, wie eine der Zeremonien stattgefunden hat: *Gebete, Gesänge, Trommeln und Trompeten formten sich zu einer mystischen Klangwolke, die, zusammen mit der bei der Kapelle qualmenden und im Wind tanzenden Rauchfahne, eine vollkommen tibetisch anmutende Atmosphäre erzeugte.*

Bei aller gebotenen Skepsis war das Ganze auf jeden Fall eine bemerkenswerte Aktion, bei der auch  konkrete Aussagen über den Großglockner fielen: Er sei *so etwas wie ein Bruder, zumindest ein enger Verwandter ihres heiligen Berges im Himalaja, dem KAILASH. Der Großglockner stelle ebenfalls eine Verbindungslinie zwischen den drei kosmischen Ebenen und der Ebene des Menschen dar.*

Der Großglockner, mit ihm aber auch der Johannisberg und der Großvenediger, stünden demnach in einer „heiligen" Linie, die bis zu 200 Kilometer reicht. Das ist vorerst schwer nachvollziehbar. Dennoch soll der Versuch anerkannt werden, „rund um den Großglockner" eine Linie zu ziehen und die alten Wallfahrtswege damit zu verbinden, bis Matrei, Obermauern, Fusch und wieder nach Heiligenblut. Und die Verbindung des Mythos Tibet mit dem Großglockner? *Glockner und Glocknerin bilden die beiden Antennen der Glocknergruppe. Während der Großglockner in seiner Mächtigkeit das männliche Prinzip verkörpert, entspricht die Glocknerin dem weiblichen Prinzip … Die Pasterze als der größte Gletscher der Ostalpen bildet eine ideale Empfangsschüssel für kosmische Einstrahlungen. Wenn man genau hinschaut, kann man die Form einer Jungfrau erkennen, die zu Füßen des Johannisberg hingegossen liegt …*

*Der Johannisberg ist weiters jener Tonträger, der die kosmi-*

*schen Klänge von den Antennenbergen der Alpen und die kulturellen Melodien von den Kirchenglocken der Alpentäler und Ebene als Antwort empfängt und weiterleitet …*

*Die immense Bedeutung einer Harmonisierung der Glocknergruppe für die Kultur … "*

Soweit einige Zitate aus der Dokumentation, zusammengestellt von Mag. Peter FISCHER in Wien. Am 20. September 2005 kam es in Heiligenblut zu einem neuerlichen Treffen mit den Mönchen, und für 2006 ist eine weitere Zusammenkunft geplant. Maria HAUSER-SAUPER in Döllach steht als mitbeteiligte und organisierende Person gerne für weitere Informationen bereit. Sie war auch die Begleiterin bei der volksmusikalischen „Feldforschung" am 5. und 6. Januar 2006.

Eines der Ziele dieses Gedankenaustauschs ist eine neue Sensibilität für die Rolle der *heiligen* Berge. Es ist durchaus möglich und erwünscht, dass tibetische Mönche der alten *Bön*-Religion dabei eine Art Hilfestellung leisten, indem sie uns auf Verdrängtes hinweisen, uns neu sensibilisieren. Während die frommen Mönche Pfeil- und Kraftlinien ziehen, durchkämmen Protagonisten des beinharten Tourismusgeschäfts und der großen nationalen Wasserkraftkonzerne die Täler auf der Suche nach nutzbaren Gletscherskigebieten, nach neuen „Aufstiegs"-Hilfen, nach bereitwillig von kurzsichtigen Dorfbürgermeistern – wie im Falle Sölden oder Matrei in Osttirol – feilgebotenen Bergseen, Gletscherflächen, Bergwässern, Almhütten, Berg-Kulturen.

Janez Bizjak aus Bled in Slowenien, ausgebildeter Architekt, langjähriger Direktor des Nationalparks Triglav und fundamentaler Kenner der slowenischen Kultur und Sprache, verweist beim Namen „Großglockner" darauf, dass die Bezeichnung nichts mit „Glocke" zu tun habe, sondern dass der Begriff „klek" zugrunde liege, der Hexe oder Zauberin oder geheimnisvolle weise Frau bedeute. Also wäre der Großglockner der „Berg der Hexe", wobei „Hexe" nicht allein negativ zu interpretieren sei. Das würde ein völlig neues Licht auf Österreichs höchsten Berg werfen: er wäre ein strahlender *Frauenberg*, überaus wichtig für den alpinen Mythos.

Wenn die Heiligenbluter zum hochheiligen *Mutter-Anna-Tag* nach Obermauern pilgern, sollten sie unterwegs in Matrei eine Rast einlegen, und bei Theresia BRUGGER im Hotel und Gasthof Hinteregger am Hintermarkt einkehren und sich von ihr in die Taten der neuen Berg-Tourismus- und Gletscherherren einweihen lassen. Sie gibt darauf keinen Segen, wenn sie von den Herren der Tiroler Kraftwerksgesellschaft, der TIWAG berichtet und wie wieder einmal über die Köpfe der betroffenen Einheimischen hinweg Bergtäler und Almweiden verschwinden sollen und wie sie, unter Wasser gesetzt, der unersättlichen Gier der überaus kurzdenkend agierenden Herren der Politik, des Profites und der Macht geopfert werden sollen. Dann wird sie von den subtilen Formen des Widerstandes berichten, vom Zug der dreißig Frauen gegen eine weitere Unterwassersetzung und wie – unbeabsichtigt – dieser Frauenzug von einer Musikkapelle und heimatschützerischen Pseudo-Schützen begleitet wurde. Dann trat der große Herr auf, die TIWAG-„Oberhoheit", in Person des Landeshauptmanns Dr. Dr. Herwig VAN STAA. Es wird uns berichtet, wie dieser „Landesvater" die besorgten Frauen, die Bäuerinnen, die Mütter, die Gastwirtin in schlimmer (Männer-)Manier abgekanzelt und sie dahin verwiesen hat, wo sie duldsam und hörig ihre Position einnehmen sollten: am Herd, in der Küche, im trauten Heim. Es wird ihnen das Recht abgesprochen, im eigenen Namen, im Namen der Kinder und Kindeskinder Verantwortung für eine nachhaltige Entwicklung wahrzunehmen, sie einzufordern und gegebenenfalls protestierend auf die Straße zu gehen. Es war damals, im Herbst 2005, da waren alle Betroffenen erschüttert, zornig, aufgebracht und zugleich rat- und hilflos, als die Meldung von der diskriminierenden Abkanzelung der Frauen durch die Medien ging; ausgerechnet mit Theresia Brugger an vorderster Front. Diese mutige Wirtin, Hausfrau, langjährige (kritische) Gemeinderätin, Umweltaktivistin und Mutter von sechs Töchtern hatte sich federführend profiliert, als in den Orten Prägraten, Kals und Matrei der intensive Einsatz von Umweltschützern gegen die Zerstörung der Umbalfälle und der Almen im Dorfertal begann. Maßgeblich wurde dieser Protest von Frauen getragen. Erfolgreich. Das Projekt wurde schließlich aus mehreren Gründen abgeblasen. „Finger weg, die Weiber" soll schon der damalige Tiroler Landeshauptmann Eduard Wallnöfer gesagt haben.

(Vgl. Haid, Vom neuen Leben, 1989, S. 244–2550)

Zwanzig Jahre danach scheint sich alles zu wiederholen, jetzt unter der pseudo-landesväterlichen Herrschaft des Herwig van Staa, wirklicher Schwiegersohn des alten „Walli". Dieser mutigen Frau müsste zumindest die Ehrenbürgerschaft der Marktgemeinde Matrei verliehen werden, vielleicht eine öffentliche Landesauszeichnung, eine amtliche Anerkennung als tatsächliche *Heimat*- Schützerin.

Es ist eine wahrhaftige Kulturstation in Matrei, geradewegs auf dem beschwerlichen Wallfahren zwischen dem Mölltal und der ehrwürdigen Stätte in Obermauern: Dort wird ja alljährlich bis auf den heutigen Tag das weitum berühmte **Widderopfer** dargebracht. Ähnliches geschah früher in Lavant, in Ötting bei Oberdrauburg und in Sagritz im Mölltal. Ein lebender Widder, möglichst gut gewachsen und gehörnt, wird in vollem Wollkleid zur Kirche gebracht, darf dort – wie in Obermauern – dreimal den Altar umrunden und der Heiligen Messe beiwohnen. Anschließend wird er versteigert, zu einem guten Zweck, wie es immer heißt. Und früher einmal?

224

Der **Widderbraten** und das **rauschbringende Hidrach**? Der Rausch von Blut und Gebet und frommem Gesang? Die Zusammenhänge und Hintergründe werden in der Literatur und noch mehr von lokaler Geistlichkeit mit Verlöbnissen gegen Pest oder andere Seuchen in Verbindung gebracht und in das finstere Mittelalter verlegt. Wir müssen diese **Widderopfer** einem sehr alten Kulturkreis zuordnen, der vielleicht bis in die Jungsteinzeit zurückreicht. Der volks- und heimatkundlich interessierte Mölltaler Helmut Prasch, Volksschullehrer von Apriach, schreibt auch darüber in seinem Buch „Mölltaler G'schichten": In Obermauern, in Lavant und an vielen weiteren Orten findet man eindeutig **Frauen** zugeordnete Kultstätten. Es sind also Gänge zum **Frauen**-Kult, zur (Ur-)Mutter.          (Prasch: Mölltaler G'schichten)

Eher vordergründig, auch vom regionalen Tourismus und von der Nationalparkverwaltung inszeniert und gefördert, ist dagegen die Dorf-Legende rund um einen merkwürdigen Mann namens Briccius, der offensichtlich und nachweisbar als dänischer Prinz im Jahre 914, aus Konstantinopel kommend, hier vorbeikam und tödlich verunglückte und dabei ein merkwürdiges Fläschchen mit Heiligem Blut Christi hinterließ, eingenäht in seinem Schenkel.

Diese Geschichte ist für Heiligenblut viel zu jung. Es muss hier, an diesem ehemals unwirtlichen Ort, bedeutende Schätze des Kultes, der Verehrung gegeben haben, wie andernorts vielleicht aus der Jungsteinzeit – einen Steinkreis, einen Menhir, einen Brandopferplatz oder den Ort einer Mutter-Gottheit.

Vielleicht werden uns die **Bön**-Mönche bei der Spurensuche weiterhelfen können.

Diese Mönche haben aber, wie die gesamte tibetanische Mönchskultur einschließlich des Dalai Lama, eine ausschließlich männerweltgeprägte Kultur ihrer Kulte. Einzig die Mutter des lange und mühsam gesuchten Panchen-Lama darf eine Frau sein.

225

Umso mehr überrascht an der Begegnung der tibetanischen Mönche mit den Bewohnern rund um Heiligenblut und Döllach, rund
um die Aktivistinnen Karin EDER und Maria SAUPER, dass mit
den Mönchen auch eine katholische Nonne unterwegs ist.

Wenn Helmut Prasch auf Seite 39 seines hier mehrfach zitier-
ten Buches auch noch erwähnt, dass dort das **Bluat-Bussn** üblich
gewesen sei, also das Küssen des Heiligen Blutes, dann dürften wir
uns ziemlich sicher auf der Spur einer viel älteren Kultur befinden.
Vielleicht ist es die letzte vorhandene Andeutung einer Kuss-
Handlung wie bei der *mumma veglia* in Graubünden und ähnlichen Vorgängen in Kärnten und in Tirol.

*Sternsinger von Heiligenblut.*

# RING UND KREIS

## UR – URI – CHUR – URUK und der URI-STIER

*Liegen unsere kulturellen Wurzeln im Zweistromland?*
*Ist das **Rätische** eine altsemitische oder akkadische Sprache*
*des Gilgamesch-Epos?*

Enkidu und Gilgamesch ziehen übers Land; viele Doppelstunden, die in den Kommentaren mit einer Stecke von je 10,8 km interpretiert werden. Es sind 3 mal 50 Doppelstunden von Uruk weg, also rund 1600 Kilometer. In tiefen Gebirgsgründen standen Enkidu und Gilgamesch. Sie sahen den Berg, einen großen Berg. *Es stieg Gilgamesch auf einen Berg, brachte ein Mehlopfer dar.* Dann sprach er: *Berg, bring mir einen Traum, eine gute Botschaft.* Es zog ein Regensturm vorüber. Gilgamesch befestigt das Dach seiner Hütte und ließ ihn legen, den *Kreis,* einen *Ring.*

Weltweit, auf allen Kontinenten, ist es ein wichtiger Teil alter und ältester Kulturen, dass der Kreis gezogen wird, dass ein Ring schützend gegen Unheil und Gefahr wirken soll – nicht nur im Gilgamesch-Epos. Gilgamesch, der göttlich Verehrte, soll zwischen 2750 und 2600 v. Chr. im südbabylonischen *Uruk* seine Herrschaft aufgebaut haben. Fragmentarisch sind einige Schrifttafeln überliefert, wurden immer gedeutet und interpretiert, auch ergänzt und poetisch frei entfaltet. Die beschützende Handlung des Kreis-Ziehens, des Anlegens eines Ringes wird mehrfach genannt. So auch in der Vierten Tafel, zitiert aus der Ausgabe bei Reclam, neu herausgegeben seit 1958 in vielen Neuauflagen. Die Belege des Anlegens eines Ringes sind immer bruchstückhaft, zeigen aber klar die Absicht des Beschützens. Der Ring soll als Bann dienen.

So lässt etwa Gilgamesch zusätzlich zur Befestigung des Daches gegen den Regensturm, also gegen die Widrigkeiten der Natur, einen Ring ziehen – wohl gegen nicht abschätzbare Gefahren.

Raoul SCHROTT, dessen Bearbeitung und Nachdichtung des Gilgamesch-Epos 2004 bei Fischer erschienen ist, nimmt mehrmals das Motiv des Ringes wieder auf, ergänzt und entfaltet es aber sehr frei und poetisch. Auf jeden Fall gelingt es ihm, den altertümlich-archaischen Ton zu treffen. Hier einige Zitate, die mit *Kreis* und *Ring* zusammenhängen (alle in der Ausgabe von Raoul Schrott):

> *… dann hieß er mich einen kreis um den wall ziehen …*
> (S. 76)
> *… und wieder entfernten wir uns von den zelten des lagers*
> *ich machte ein feuer zog einen kreis um die stelle …* (S. 77)
> *… wie vom frost geschüttelt lag er eingerollt am boden*
> *und aufs neue zog ich einen kreis um ihn …* (S. 80)
> *… aus steinen schichtete ich eine mauer auf gegen den wind*
> *der bei sonnenuntergang gewechselt hatte. gilgamesch warf eine*
> *handvoll mehl in ihn. dann zog ich einen kreis um den wall*
> *und legte mich außerhalb flach auf den bauch wie gerste in*
> *einem feld das ein windstoß geknickt hat …* (S. 76 und 82)
> *Enkidu machte Gilgamesh eine hütte für den gott des traums;*
> *er brachte eine tür an, um den sturm draußen zu halten,*
> *zog einen kreis um das ganze*
> *hieß Gilgamesh sich niederlegen*
> *und legte sich vor dem eingang selbst*
> *flach auf den bauch wie geknickte gerste …* (S. 204 und sich mehrmals wiederholend auf den Seiten 205, 206, 208 und 209).

Stark abweichend hingegen ist die neue Interpretation im Buch „Das Gilgamesch-Epos", neu übersetzt und kommentiert von Stefan M. Maul (C. H. Beck/München, 2005):

*… Er befestigte eine Tür für den Sturmwind in ihrem Eingang
Er ließ ihn sich betten in einem Kreise, aus Mehl war die
Linie. "* (S. 77 und div.)

**Ur** galt als einzigartige Stadt, als das älteste Handelsimperium
Chaldäs. Ur lag am Euphrat. Seine Bedeutung als erste Handels-
und Getreidebörse strahlt weit über Asien und Europa hinaus. Ur
ist seit dem vierten Jahrtausend v. Chr. besiedelt, von dort zog
Abraham nach Kanaan. Die Ruinen der Stadt wurden von Raw-
linson entdeckt und ab 1919 freigelegt. In *Uruk*, unweit von *Ur*,
gründete Sargon (Shargino-Skar Ali), König von Agade, um 3800
v. Chr. eine wissenschaftliche, hauptsächlich astronomische Bibliothek, weshalb diese Stadt den Ehrennamen ‚Stadt der Bücher'
erhielt. Diesen unvergleichlich hohen Kulturstandard können wir
uns heute kaum mehr vorstellen. Umso mehr erstaunt es, dass es
sogar in Hochregionen der Alpen um diese Zeit die hochent-
wickelte Kultur rund um den *Ötzi* gegeben hat.

Ohne hier auf die Phänomene näher einzugehen und ohne
weitere Auseinandersetzung mit der Geomantie, dürfen dennoch
Motive aus dem Gilgamesch-Epos mit kultischen Handlungen aus
den Alpen verglichen werden. Man kann davon ausgehen, dass es
keine direkten Zusammenhänge zwischen den alpinen Handlungen bzw. Wünschen und dem ältesten sagenumwobenen Epos
gibt. Es ist schwer, über mehrere tausend Kilometer hinweg und
über einen Zeitraum von mehr als 4000 Jahren eine nachvollziehbare Brücke zu bauen.          (Vgl. Haid: Aufbruch in die Einsamkeit, Kapitel
                                „Ur-Uri-Uruk-Chur und der Uri-Stier")
Allerdings ist es durchaus legitim, Zusammenhänge zwischen dem
Gilgamesch-Epos, der Apokalypse des heiligen Johannes und alpinen Sagenstoffen herzustellen, beispielsweise beim „Uri-Stier" und
den „Blümlisalp-Sagen".

Auffällig ist die (scheinbare?) Namensgleichheit zwischen *Uri,* dem Schweizer Ur-Kanton, mit *Ur* und *Uruk,* diesen berühmten babylonischen Städten des Zweistromlandes.

Ähnlich verhält es sich mit *Chur,* der ältesten Schweizer Stadt, und den historischen Stätten des Gilgamesch-Epos. *Ur* ist der bos primigenius, eine ausgestorbene Rinderart mit einer Widerrist-Höhe von bis zu 200 cm; im Vergleich dazu misst das graue rätische Rind idealtypisch kaum mehr als 100 cm.

*Ur*, die großartige Stadt, als das älteste Handelsimperium Chaldäas, lag am Euphrat. Dort wurde die Mondgöttin *Nanna* verehrt.

Auffällig ist die zumindest teilweise oder ansatzweise Übereinstimmung der Schilderung über den Kampf mit dem Stier im Gilgamesch-Epos und in der Uri-Sage. In dieser alpinen Sage steht die „reine Jungfrau" als Heldin vor uns. Im Gilgamesch-Epos ist Gilgamesch der Held selbst. In der sechsten Tafel (Vers 124 – 137) wird der Kampf mit dem Himmelsstier beschrieben. Den Auftrag zur Tötung des Himmelsstiers hatte Gilgamesch von seiner Mutter Ninsun. Es erscheint die Göttin *Innana*, die sich dem Gilgamesch anbiedert und ihn vom Auftrag abhalten will. Sie ist es, die den Himmelsstier nach Uruk bringt, *wo er die Vegetation zerstört und den Fluß leer säuft.* (Schrott, S. 315)

Gilgamesch und Enkidu kämpfen dann gemeinsam gegen den Stier, greifen ihn an und töten ihn. Vom Stadtwall aus sieht Innana zu. Mit einem Stück vom Lauf des getöteten Stiers wirft Gilgamesch nach Innana, trifft sie aber nicht, zerstört aber durch den gewaltigen Wurf einen Teil des Stadtwalls. Die Hörner des Himmelsstiers weiht Gilgamesch in ihrem Tempel Eanna der Göttin Innana. – Dort die „reine Jungfrau", da die (jungfräuliche) Göttin Innana. In der Uri-Sage tötet der wilde Stier, durch die reine Jungfrau gebändigt und zahm, in einem schrecklichen Kampf das

*Greiß. Der sieghafte Riesenstier lag ebenfalls tot im Alpbache da, wohl deshalb, weil er nach der Kampfeshitze allzu gierig aus demselben getrunken. Davon ward das Wasser Stierenbach geheißen. An einem Felsen zeigt man seine Fußspuren, die er im Streite geschlagen.* (Uri-Sage). Zumindest die rituelle Tötung des Greiss und des Himmelsstiers können miteinander verglichen werden. In beiden Fällen sind eine jungfräuliche Göttin und eine reine Jungfrau wichtige handelnde Personen.

Auffällig ist weiters der kultur- und sprachgeschichtliche Hintergrund beider Sagen bzw. Legendenstoffe. Die ersten Fassungen des Gilgamesch-Epos gehen auf das Akkadische zurück. Die semitischen Akkader hatten um ca. 2000 v. Chr. endgültig die Führung in Babylonien übernommen. Neuere Forschungen gehen davon aus, dass um diese Zeit die verschiedenen Gilgamesch-Überlieferungen zu einem großen akkadischen Epos zusammengefasst worden sind.

In diesem Zusammenhang sei auf eine Publikation unter dem Titel „Die rätische Sprache – enträtselt. Sprache und Sprachgeschichte der Räter" verwiesen, die 1987 vom Amt für Kulturpflege des Kantons St. Gallen herausgebracht wurde. Autoren sind Linus BRUNNER und Alfred TOTH. Das *Rätische* wird darin als eine eigenständige akkadische Sprache definiert. Im Kapitel über die „Geschichte der Rätologie" urteilt Alfred Toth:

*Konklusiv darf hier festgestellt werden, dass die rätische Sprache am ehesten eine*

a) *eigene semitische Sprache war und dass sie*

b) *auf einem sehr frühen Sprachzustand heute überliefert ist, also eine konservative Sprache im Sinne des Akkadischen war.*

c) *Die nächste Verwandtschaft mit der akkadischen Sprache, also auch die Zurechnung des Rätischen zum Ossemitischen, lässt sich widerspruchslos aufrechterhalten.* (Brunner/Toth, S. 48)

Das sind mutige und für die Alpenkultur umwälzende Erkenntnisse.

Auch beim Wort *Alpe* (bzw. *Alm*) könnten sprachliche und kulturelle Zusammenhänge hergestellt werden.

Das Wort *Alp* kommt laut Brunner aus dem Akkadischen, *Alpu* = Rind. Auch der Name der Göttin der Räter, der *Rätia*, kann auf diese Weise erklärt werden. „Reitia" ist die älteste akkadische Form für „meine Hirtin". Die Interpretation erhalten gebliebener Fragmente des Rätischen in zahlreichen Weiheinschriften hat dazu geführt, die in Teilen von Graubünden und im Vorarlberger Montafon bekannte Sagengestalt der *Madrisa* aus „mater" und „raitia" zu deuten. „Meine Hirtin" ist zugleich „meine Mutter". Weiters entstammen viele Sagenmotive direkt oder indirekt Völkern und Kulturen aus dem Mesopotamischen. Dennoch bleiben viele Fragen offen. Vielleicht waren die Veneter auf dem langen, aber durchaus möglichen Weg von Euphrat und Tigris, von *Ur* und *Uruk* nach *Chur* und *Uri* ja auch als Vermittler von Sprache und Kultur tätig.

Somit könnte gefolgert werden, dass es sprachliche Zusammenhänge zwischen dem Zweistromland und Teilen der Alpen gibt; vor allem dort, wo vermutlich Rätisch gesprochen wurde. Inzwischen sind kompetente Sprachwissenschafter der Meinung, dass das *Rätische* auf jeden Fall eine präindoeuropäische Sprache war. Rätisch – zumeist im Sinne einer Religio, einer Glaubensgemeinschaft verstanden – wurde in Teilen der Schweiz, vor allem im jetzigen Graubünden, bis zu den Ufern des Bodensees, in Teilen Vorarlbergs, Tirols, Südtirols usw. gesprochen. Eine Kernzone finden wir höchstwahrscheinlich im Engadin, in Teilen Vorarlbergs, speziell im Montafon, im Tiroler Oberinntal mit dem Ötztal und im Vinschgau. Daraus kann gefolgert werden, dass sich die Heimat erheblicher Teile der nomadischen, der alten Alpen-

Bevölkerung im Zweistromland befand. Viele sprachliche Hinweise dafür sind vorhanden. Jetzt müssten intensive vergleichende Forschungen dazu folgen.

(Vgl. Haid, Aufbruch in die Einsamkeit, S. 119–142)

Darüber hinaus bestehen enge Zusammenhänge, wie sie uns die Sagenforschung eröffnet hat. Der Wiener Volkskundler Leopold SCHMIDT hat mit seinem 1952 in der Zeitschrift *ANTHROPOS* zum Thema „Der Herr der Tiere in einigen Sagenlandschaften Europas und Eurasiens" publizierten Artikel ein neues Kapitel der alpinen Sagenforschung erschlossen. Der langjährige Direktor des Wiener Volkskundemuseums war einer der belesensten und fundiertesten Wissenschafter seines Faches. Er stellt eingangs fest, dass sehr selten *Gestalten der germanischen oder der keltischen Göttersage mit außereuropäischen oder auch nur mit randeuropäischen Erscheinungen konfrontiert wurden.* Dadurch gingen der Volkskunde als der Erschließerin auch der europäischen Volkssage wichtige Zusammenhänge verloren. Schmidt hält fest, dass vor allem Hirtensagen aus dem rätischen Kerngebiet Engadin und Südtirol für diesen neuen Blick herangezogen werden müssen. Für die Beurteilung einiger alpiner Sagen müsse der Bezug zu Mesopotamien und sogar zum Kaukasus und zu Armenien hergestellt werden. Heute erkennen viele Wissenschafter, dass auch noch der Ausblick auf das Altei-Gebirge gewagt werden müsste. Näher untersucht wird durch Leopold Schmidt auch der Themenbereich des Weiblichen in den alten Sagen der alpinen Hirtenkultur. An dieser ältesten Tradition nehmen räumlich nur das *alte Rätien, also Tirol, Vorarlberg und die alpine Schweiz* teil.

*Als sagengeschichtliche Folgerung ergibt sich daraus, daß die Motiverzählungen nicht mit germanischer Besiedlung gekommen sein dürften, weder mit völkerwanderzeitlicher noch mit bairi-*

*scher oder alemannischer. Sie sind vielmehr in Rätien schon vorhanden gewesen …*

Diese älteren Merkmale, vor allem in der Ausprägung als *Herrin der Tiere* bringen Leopold Schmidt zu konkreten Bezügen etwa in den Kaukasus, von wo aus es alte Wanderungen, nämlich den Kimmerischen und den Thyrsenischen Weg, nach Europa gegeben habe.

*Und die alpine Herrin der Tiere ist als weibliche Seite des Wildgottes, als geschlechtwechselnde Lunargestalt wiederum älter als der rein männliche Thor, aber gleich alt wie die Wildfeen in Dardistan. Und die einen wie die anderen Gestalten gehören zeitlich in die frühe ostkleinasiatische Kultur.*

Für die alpinen Sagen gilt, dass die Gestalt der *Herrin der Tiere* häufig vorkommt und weit verbreitet ist, dass sich aber das Kerngebiet in Teilen von Graubünden, in Nord- und Südtirol befindet. Inbegriff dafür sind die *Saligen*, aber auch die *Madrisa*, die *Uldeunen*, die *Dialen* usw. In dem vom ÖTZTAL ARCHIV herausgegebenen Band „Sagen und Geschichten aus den Ötztaler Alpen" sind diese Sagen nachlesbar. Für Leopold Schmidt bilden sie *den vielleicht ältesten Grundstock des alpinen Sagenschatzes überhaupt.* Er datiert ihr Alter ziemlich sicher nachweisbar auf mehr als 4000 oder 5000 Jahre und sieht ihre Wurzeln in Vorderasien, Kleinasien etc. Die Zeit wäre also mit der des *Ötzi* ident!

Das würde wieder mit neuesten Methoden der Gen-Forschung übereinstimmen, beispielsweise an der Tierärztlichen Universität in Wien. Es kann angenommen werden, dass einige unserer „Ur-Rassen" wie das rätische Rind, kleinwüchsig und grau, ebenso wie das braune Bergschaf bis nach Klein- und Vorderasien und in das Zweistromland nachweisbar sind. Als die Alpen nach der Eiszeit, also ab etwa dem 9. Jahrtausend v. Chr. menschenleer waren, wur-

*In einigen Varianten des „Betrufes" auf Schweizer Almen wird das Ziehen eines Kreises, eines beschützenden Ringes um die Alb beschworen. Auf der Alp Scharti oberhalb von Kerns im Kanton Obwalden.*

den sie von aus Kleinasien heraufziehenden Hirtenvölkern vor allem mit Schafen und Ziegen besiedelt. Hier in den Alpen fanden sie ideale Lebensbedingungen.

Und sie haben nicht nur Schafe und Ziegen und erste Kenntnisse über die Milchverarbeitung mitgebracht. Sie brachten auch die Sprache, die Sagen, die Mythen, die *Religio*.

Somit kann durchaus die mutige These aufgestellt werden, dass auch beim Motiv *Kreis* und *Ring* Zusammenhänge hergestellt werden können zwischen dem Zweistromland und dem Engadin, zwischen den ältesten Darstellungen der Milchverarbeitung (siehe Grafik in Aufbruch in die Einsamkeit, S. 60) im 3. Jahrtausend v. Chr. in Obed und der inneralpinen Hirtenkultur, zwischen dem

Gilgamesch-Epos und der Uri-Sage, aber auch zwischen *Ur, Uruk, Uri* und *Chur.*

GOLDENER RING über URI

RING und KREIS in der SCHWEIZ,
bei den SLOWENEN und in SÜDTIROL

Eduard RENNER hat sein Buch *„Goldener Ring über Uri"* mit rätselhaft-geheimnisvollen Untertiteln versehen. Demnach verstand er es als Darstellung vom „Erleben und Denken unserer Bergler, von Magie und Geistern und von den ersten und letzten Dingen". Im Kern ist es ein Buch über Uri, über *Magie, Bann* und *Frevel* am Beispiel von Sagen, mündlicher Überlieferung und persönlichem Erleben. Es ist nicht verwunderlich, dass der Autor von puritanisch-strenger Wissenschaft nicht ernst genommen wird, auch nicht von Volkskundlern. Umso aufmerksamer kann ihm gefolgt werden.

*Der Kreis, oder wie der Urner sagt, der Ring, ist die magische Geste par excellence.*

*Es ist der sublime Ausdruck, den der magische Mensch seinem Weltgefühl geben konnte.* (Renner, S. 117)

*Der Ring seinerseits ist die Summe aller Formen und Formeln, welche jenes in den Schranken halten und zwingen, eine bestimmte Erscheinungsart beizubehalten.* (S. 150)

Den prägendsten und in einigen Teilen der Schweiz noch immer lebendigsten Ausdruck von *Ring* und *Kreis* erleben wir im *Betruf.* Es ist dies eines der großen Ereignisse im Leben der Älpler: von vielen Schweizer Almen bzw. Alpen ertönt bei Dunkelwerden der archaische Beschwörungsruf gegen Unheil, Gefahr, Krankheit,

Seuchen, Wölfe und alle anderen Bedrohungen und Gefährdungen an Leib und Seele, für Mensch und Tier gleichermaßen. Überaus eindrucksvoll war beispielsweise der alte Hirt auf der Alp Scharti im Kanton Obwalden, dessen Betruf mit Hilfe des Ortspfarrers Karl Imfeld aufgenommen werden konnte und der dann in der „musica alpina" publiziert wurde.     (musica alpina, IV/Cut 27)

Meist mit Hilfe eines schallverstärkenden Trichters – oft ist es der Seihtrichter zum Reinigen der Milch – ruft der Senner litaneiartig den Betruf oder Alpsegen. Er solle so weit reichen, wie er gehört wird und er soll wirken wie das Erschallen der Glocken oder der Wettersegen des Pfarrers. Walter Wiora, ein bekannter Musikforscher, hat den Betruf charakterisiert: *Die Form ist eine freie Verskette. In einigen Fassungen verharrt die rufende Stimme in magisch-starrer, primitiv abstrakter Tonwiederholung, in anderen variiert sie ein liednahes zweizeiliges Modell … Alle Merkmale deuten auf einen früher heidnischen Ritus.*

(Vgl. Haid: Mythos und Kult in den Alpen, S. 173–180)

In einigen Betrufen erfolgt das beschwörende Kreis-Ziehen. Es ist der beschwörende Bann, innerhalb dieses gezogenen Kreises möge es kein Unheil geben, möge das Vieh verschont bleiben, möge der Senner glücklich seine Einsamkeit verbringen, möge der Segen über dieser Alp sich ausbreiten:

*Hiä und um disi Alp umä da gaht ä goldigä Ring.*

Hier und um diese Alp wird der goldene Ring gezogen. Ohne die folgende Zeile hätte der Betruf allerdings nicht in dieser Form überleben können:

*Druif sitzt Maria mit irem härzällerliäbschtä Sohn.*

Damit war der „heidnische" Betruf katholisch gemacht und

konnte überleben. In höchst archaischer Form wird das Ritual des Kreises vollzogen – ähnlich wie im Gilgamesch-Epos, in vielen Sagen, in der modernen Geomantie für Hausbau und Esoterik. Der inzwischen verstorbene Julian DILLIER, einer der wichtigsten Dialektpoeten der Schweiz, hat aus aktuellem Anlass den inzwischen legendär gewordenen „Betruf 1976 uf der Alp Glaubenbielen" geschrieben. Von pseudoheimatschützlerischen Jodlerverbänden und so genannten Brauchtumsbewahrern überaus heftig attackiert, bleibt umso stärker die beschwörende Kraft der Worte in der Diktion des alten Berufes. Er würde Missbrauch treiben und den historischen Betruf schänden, lautete der Vorwurf. Gerade weil er alte Formeln und Rituale auf diese Weise aktualisierte, hat Julian Dillier den uralten Betruf zum Leben erweckt.

Wichtig ist dabei die von ihm übernommene Textpassage:

*Hiä und um disi Alp da gaad e goldigä Ring.*

Entgegen der christkatholischen Vereinnahmung sitzt dort nicht die liebe Mutter Gottes mit ihrem herzallerliebsten Jesuskind, sondern das andere herzallerliebste Kind:

*Drin sitzt der Profit, das härzallerliäbschte Chind.*

Das sei ein widerliches Pamphlet, wetterten selbsternannte Patrioten und Bewahrer eines falsch empfundenen Volksgewissens.

Der Kreis ist um die Alp gezogen. So oder so. Dillier hat die Lebendigkeit und Kraft des alten Rituals höchst aktuell gemacht. So kann Volks-Kultur überleben.

Neben unzähligen Hinweisen auf *Kreis* und *Ring* soll nicht vergessen werden, eher nebenbei den *Ring* der *Liebenden* beim Vollzug der Ehe zu erwähnen, aber auch den Ring des *Rosenkranzes*, den geöffneten Ring im *Hufeisen*, die *„Ringa- ringa- reia"-*

Kinderspiele oder die kreisförmigen Bewegungen beim Fahnen-schwingen. Sich im *Kreis drehen* bedeutet, sich eigentlich nicht weiter zu bewegen, auf der Stelle zu verharren.

Es muss auch darauf hingewiesen werden, wie vielfältig im überlieferten Brauchtum Handlungen und Symbole mit Ring und Kreis sind. So ist aus Slowenien und Südkärnten überliefert, dass der Hausvater mit Kreide einen Kreis auf den Stubenboden zeich-net und einen Schemel in dessen Mitte stellt. Die „Percht", dort die *Pehtra* genannt, *läßt ihre Gaben in den Kreidekeis fallen und verschwindet.*

Diese und viele andere Brauchhandlungen bei den Slowenen in Südkärnten und in Slowenien verdanken wir dem überaus ver-dienstvollen Forscher und Volkskundler Niko KURET.

(Kuret, Das festliche Jahr der Slowenen)

Bei Brauchliedern aus Südtirol stießen wir im Zuge der Volks-musikforschung zweimal auf das Motiv des *Kreis-Ziehens,* und zwar in zwei Neujahrsliedern, einmal aus Planeil und einmal aus dem Schnalstal. Das Planeiltal sowie das Schnalstal münden bei Mals bzw. bei Naturns in den Vinschgau und enden jeweils in der Glet-scherwelt der Ötztaler Alpen. In der Nacht vom 31. Dezember 1987 auf den 1. Januar 1988 gelang anlässlich einer Volksmusikfor-schung die mehrmalige Aufnahme des Neujahrssingens von Planeil.

(musica alpina II, Cut 15)

Eine weitere Feldforschung war 1986 im Schnalstal durchgeführt worden. An diesen Stationen sind Lieder mit deutlicher Markie-rung des Kreis-Ziehens überliefert.

*Wir kommen daher in kalter Winterszeit,* lautet es am Beginn des Neujahrsliedes aus dem Schnalstal. Überlieferungsträger, also Vorsänger, waren Mitglieder der volksmusikalisch überaus wichti-gen Familie Gorfer : Rosa MOSER, Theresia WEITHALER, Viktor und Franz GORFER. Aufgezeichnet und transkribiert haben Johanna

239

Springeth und Hermann Fritz. Die für uns wichtige dritte Strophe lautet (in schriftdeutscher Fassung bzw. Übertragung):

*Wir ziehen den Faden herum um das Haus.*
*Das Glück hinein und das Unglück hinaus.*

Beschützend, bewahrend, abwehrend wird der Faden um das Haus gezogen. Die magische Handlung möge das Haus vor allem Unheil bewahren. (musica alpina V, Cut 3)

*Mia ziachns den Fodn wohl ummadumms Haus*
*und wünschen's Glück rein und das Unglück hinaus.*

Es gilt also der Wunsch, mit dem gezogenen Faden möge das Haus vor Unglück verschont bleiben und das Glück solle hineinkommen.

Bisher ist es nicht gelungen, an anderen Orten vergleichbare Lieder, beispielsweise Wunschlieder wie für das Neujahr, zu finden. Dem Liedtypus von Text und Melodie entsprechend, könnte es vielleicht in der Mitte des 19. Jahrhunderts von einem gelehrten Schulmann oder Pfarrer erdichtet und komponiert worden sein.

Bemerkenswert und somit einzigartig sind die beiden Lieder wegen ihres magischen Wunsches. Beide sind präzise mit dem Betruf der Schweizer Alpen vergleichbar.

Es bedürfte intensiver interdisziplinärer Forschungen, wie aktuell das *Kreis-Ziehen* im Bewusstsein der Dorfbevölkerung verankert ist, warum diese Handlung christlich geduldet wurde und wer die Autoren und Komponisten waren. Man kann wohl davon ausgehen, dass beide Neujahrslieder denselben Autor haben. Auf jeden Fall wurzeln sie im identen kulturellen Klima der nahe benachbarten Gebirgstäler. Klar ist auch, dass beide Lieder mit dem *Faden*-Ziehen lange vor Aufkommen des Esoterik-Booms entstanden sind.

Beide Lieder und auch die anderen alpinen Belege über *Kreis* und *Ring* wurden bisher auch nicht nachträglich in diesen Boom integriert oder von dort vereinnahmt. Alle vorher genannten und vorgestellten Musik- und Textbeispiele sind selten oder gar nicht mehr oder nur sporadisch zu hören. Aber der Brauch lebt weiter. Die Lieder bleiben quasi ein Geheimtipp unter sensiblen Kennern. Besser so, wenn der massenhafte Zugriff verwehrt bleibt und nur Einzelne diesen Teil der Magie miterleben können.

Im wahrsten Sinne massenhaft entwickelt sich dagegen die Aufmerksamkeit und Teilnahme an neuen, überaus populären Büchern, beispielsweise an Tolkiens „Herr der Ringe", der alle Rekorde des Buchumsatzes bricht. John Ronald Reuel TOLKIEN hat mehrfach und fast ausschließlich nordische Sagen- und Mythenstoffe übernommen, hat sie ausgebaut und fantasievoll gestaltet. Die Bücher und der aus diesem Stoff entstandene Film des neuseeländischen Regisseurs Peter JACKSON haben ab Herbst 2002 einen gigantischen Boom ausgelöst. Dabei ist der Stoff vollgepackt mit Grausamkeiten, mit Krieg und Totschlag. Alles vollzieht sich in einer reinen Männerwelt. Keine Spur von alten Matriarchaten, von weiblichen Mythen- und Sagengestalten! Nordische Sagen, der Gral, die Heldengeschichten sind durchwegs männlich-brutal. Wohl ist der Klang von wuchtigen Chorälen zu hören und von „orchestralen Klangwänden, von einer schwer lastenden Metaphysik der Inszenierung und von einer geradezu sakralen Überhöhung". Und Lin CARTER hat in seinem Buch „Tolkiens Universum. Die mythische Welt des Herrn der Ringe" den überaus spektakulären Erfolg des Buches charakterisiert und erklärt. Aber auch er erkennt offenbar nur die Geschichte des Ringes im Zusammenhang von Krieg, großer Macht, Mordgelüsten und wilder Gier. Zwei dieser Bücher aus einem bereits gigantisch angewachsenen Bestand dieser neuen Literatur sind: J. R. R. Tolkien, Der Herr der Ringe (zweiter Teil:

die zwei Türme), deutschsprachig bei Klett-Cotta in mehreren
Auflagen, und Lin Carter, Tolkiens Universum. Die mystische Welt
des „Herrn der Ringe", deutschsprachig im List-Taschenbuch in
mehreren Auflagen.

Eine vorsichtige Zwischenfrage sei erlaubt: kann und soll auch
der alpine Stoff von *Magie und Kreis* sensibel und rücksichtsvoll,
aber populär in ähnlicher Form aufbereitet werden? Dazu müsste
man wohl eine große Romanhandlung entwickeln; mit all den
Frauen und Saligen, dem archaischen Betruf und den Kreisziehun-
gen von Wallfahrt und Unheilabwendung, von der Rolle der „reinen Jungfau" bis zur „Hure Kathry", von der legendären „Langtüttin" bis zum Wilden Mann. Und rundherum der (alpine) Kreis.

Der *Ring* ist auch Attribut der jungfräulichen *Uldeune* auf den
schneeweißen Gipfeln des Julier. Mit Hilfe des Ringes bringt die
Uldeune den Buben in ihren Kristallpalast im Gletscher. Weil sie
ihm den Ring heimlich vom Finger zieht, wird der Bann gebrochen.

Bei zahlreichen Völkern finden wir den Ring, der Kraft verleiht,
der einen Zauber bewirkt, in der faszinierenden Welt der Märchen
und Sagen. Ein Beispiel dafür folgt abschließend aus Island. Der in
Bad Aussee im steirischen Salzkammergut geborene Josef Calasanz
POESTION (1853–1922), Islandforscher und Schriftsteller, hat 1884
bei „Gerold" in Wien die erste größere deutschsprachige Sammlung
„Isländische Märchen" herausgegeben, „aus den Originalquellen
übertragen". Darin enthalten ist auch das Märchen bzw. die Sage
„Das Pferd Gullfari und das Schwert Gunnfjödur". Zum Schutz
gegen Gefahren werden an Sigurd, den Königssohn, drei Ringe
übergeben, die jeweils große Kraft verleihen sowie ein Knäuel, das
er auswerfen soll, um vor weiteren Gefahren verschont zu sein. „Das
wird dir von Nutzen sein", heißt es bei der Übergabe des kleinen
Ringes. „Du hast ja deine Kräft wiedergewonnen und deine Unter-
nehmungen werden dir sicherlich sehr gut gelingen." (Poestion, S. 143)

# SALZBURG

## DIE DREI WALLER IN DER GASTEIN, WILDFRAU, HEIDENLÖCHER und ENTRISCHE KIRCHE

Am Beginn des Gasteinertales, oberhalb der Ruine Klammstein, befindet sich in der steilen Felswand eine unscheinbare, kaum auffallende Höhle. Sie ist nur mit schwieriger Kletterei erreichbar. Einheimische nennen sie *Frauenloch* oder *Heidenhöhle*.

Wie fast überall in den Alpen helfen auch hier verlässliche, kundige und freundliche Gewährsleute bei der Spurensuche weiter. In „der Gastein" ist es vor allem das Ehepaar Liesl und Sepp VIEHAUSER aus Hofgastein sowie früher der verstorbene Heimatforscher und Sagensammler Sebastian HINTERSEER.

Im Salzburger Höhlenbuch wird über diese Höhle geschrieben: *Eines Vormittags sah man oben im Höhleneingang das Mädchen mit noch einer weißen Frau in der Sonne sitzen. Nur diesen konnte es möglich sein, zu der Höhle zu gelangen.*

In der „Sagensammlung Gasteiner Sagenschatz", nacherzählt und im Eigenverlag herausgegeben von Sebastian Hinterseer, findet sich die Sage *Die Wildfrau als Bauerndirn*.

Sie beginnt in der bekannten Art der Wildfrauen, die auch Kontakte zu Menschen im Tal haben: *Wie man meint, war das Geschlecht der Riesen eines Tages ausgestorben oder aus den Gefilden Gasteins verzogen. Die Heidenlöcher in Klammstein, in denen sie einst gehaust, wurden nur zur Wohnung für wilde Männer und wilde Frauen und deren Sippen. Die Zeiten waren aber auch für diese oftmals schlecht, und sie wußten manchmal nicht, woher sie die notwendige Nahrung für ihre Familien neh-*

*Oberhalb der Ruine Klammstein am Eingang in das Gasteiner Tal befindet sich in der Felswand die „Frauenhöhle".*

*men sollten. So geschah es, daß sich manche der wilden Frauen bei verschiedenen Bauern verdingten. Sie taten – so heißt es – dort ihre Dienste und fügten sich eigentlich recht gut in die Gesellschaft der Menschen …*          (Hinterseer, S. 90)

Wie in ähnlichen Sagen, waren diese Wildfrauen überaus kundig in den Bereichen der alpinen Landwirtschaft und es *„gedieh das Vieh, wie dies nie der Fall gewesen".*

Eines Tages erfuhr die Wildfrau, der „Waldadl" wäre gestorben. Sie verschwand, nicht ohne vorher folgenden Rat zu geben:

*Gib Freitag und Sonntag kein Salz, so wird das Vieh alt.*
*Gib keinen krähenden Hahn aus dem Haus und lasse nie*
*zu spät auskehren*

*und nie zu spät die Arbeit beenden!*
*Auf diese Weise wirst du Segen und Glück bekommen.*

Nicht weit von dieser Höhle entfernt führt oberhalb ein alter Steig in das Gasteinertal, der benützt wurde, solange kein Durchgang durch die Talschlucht geschaffen war. An diesem alten Übergang liegt eine kleine Holzkapelle von großer lokaler Bedeutung.

Es ist der Platz der **Drei Waller,** laut Hinterseer *der älteste Übergang in das Tal der Gasteiner Ache, ... seit Urzeiten wohlbekannt, begangen und befahren ... Nach vielen Berichten bildete sich hier jedenfalls eine Art Treffpunkt – eine Art von Wallfahrts- und Opferplatz für die benachbarten Gebiete des Pinzgaues und des Pongaues.* (Hinterseer, S. 104/105)

Aufhorchen lässt die Information von Sepp Viehauser, dort bei der kleinen Kapelle sei der Standort des „gefurchten" Steines gewesen, der jetzt nicht mehr zu finden ist. Früher hätten sich die Mädchen aus dem Tal bei der ersten Regelblutung die Zöpfe abgeschnitten und zur Kapelle gebracht. Allerdings hätte der Bischof dann das Haaropfer verboten, worauf die Zöpfe entfernt wurden.

Unterhalb der *Drei Waller* finden sich Felsen, aus denen so genannte *Wetzsteine* gebrochen und geschliffen wurden.

Auch diese Wetzsteine schienen in einem merkwürdigen Zusammenhang mit den Bereichen Frau, Jungfrau und Kulthandlungen zu stehen. Nach der mündlichen Überlieferung war der Wetzstein dann besonders gut, wenn Jungfrauen darauf urinierten. Geht man der Sache weiter nach, ist auch auffallend, wie wichtig der Wetzstein in erotischen Volksliedern ist.

Die *Drei Waller* – in mehrfacher Hinsicht also eine besondere Stätte des *Weiblichen?*

Er lohnt sich, der ca. zweistündige Weg aus dem Tal, über den Weiler Unterberg, vorbei an den aufgelassenen Stellen der Wetz-

*Eine lokale religiös-kultische Kostbarkeit ist die kleine Kapelle „Drei Waller"
hoch über dem Zugang in das Gasteiner-Tal.*

stein-Vorkommen bis zur Kapelle; auch wegen der weiten Rund-
sicht, die sich hier bietet.

Am Altarbild der Kapelle überrascht der merkwürdige Heili-
gennamen *S. Solangia*. Ein weiteres Motiv zeigt drei weißgekleidete Pilger, die **Drei Waller.**

Mitunter kann es sich als durchaus lohnend erweisen, gerade
den kleinsten und unscheinbarsten Kostbarkeiten ganz besondere
Aufmerksamkeit zu schenken und so von mehreren Seiten, im
Hinblick auf mehrere Motive neue Zusammenhänge zu erschlie-
ßen. Erst die Verbindung zwischen den Begriffen „Wildfrau",
„Heidenloch", Jungfrau, Haaropfer, am Wetzstein Urinieren und
Wetzstein selbst, „Solangia" und Sage etc. eröffnet z. B. die Be-
deutung dieser Kultstätte.

Ergänzend sei noch erwähnt, dass sich auf der anderen Talseite
die **Entrische Kirche** befindet, eine Höhle mit offensichtlich

246

*„Drei Waller": Sind es drei Männer oder drei Frauen? Wer ist die heilige Solangia?*
*Detail einer historischen Darstellung.*

immenser Ausstrahlung. Jetzt wird sie touristisch als „Erlebniswelt-Höhle" genutzt bzw. „erschlossen". Sie gehört zu „NATURA 2000", hat für die Religionsgeschichte der Region eine besondere Bedeutung und ist bewusst als „Kraftplatz" deklariert.

Die *Entrische Höhle* in der Bedeutung von „unheimliche Höhle" ist urkundlich seit 1428 bekannt und so benannt. Im 16. und 18. Jahrhundert diente sie den damals verpönten und verbotenen „Lutherischen" als geheimer Versammlungsort, als Kirche. Die große Halle hat eine Höhe von 15 Meter, die Gesamtlänge des Höhlensystems soll 7 Kilometer betragen. Der Höhlenverwalter Richard ERLMOSER errichtete im Jahre 1983 im „Fledermaus-Dom" der Höhle eine Protestanten-Gedenkstätte: „Sie ist in ihrer Art einzigartig und dient einmal jährlich im September als stimmungsvoller Ort für einen ökumenischen Gottesdienst. Im Jahr 1995 fand hier die 1. Höhlenhochzeit statt." Dem Faltprospekt ist weiters zu

entnehmen: *Die Höhle ist auch ein ‚ORT DER KRAFT‘. Viele Besucher verspüren die positiven Erdstrahlen um 32.000 Bovis-Einheiten (als Vergleich Lourdes mit 18.000) …*
*Sitzung oder Meditation im Kraftfeld nach separater Anmeldung möglich …*
*Spaß für Jung und Alt …*
*Gralsburg – große Höhlentour.*

So könnte der alte Kraftplatz also durch fromme Protestanten und andere Pilger neuerlich aufgewertet und aufgeladen werden; gleichzeitig besteht aber auch die Gefahr, dass er seine Kraft verliert, dass er geschändet und missbraucht wird. Wie es bei Karl LUKAN, einem bekannten Forscher der auf dem Gebiet der Urgeschichte, Kulte und Kraftplätze heißt, ist der alte Ort der Kraft *aufs neue wieder entrisch geworden.*

(Lukan, Seltsame Kultstätten, S. 248)

So ist es. „Entrisch" kann auch im Sinne von „suspekt" gedeutet werden. Es sollte ein starker Platz bleiben. Massentouristische Event-„Nutzung" als Endstation des 21. Jahrhunderts?

Sepp VIEHAUSER, der bekannte Holzbildhauer aus Hofgastein weiß von einer weiteren Kostbarkeit oberhalb von Hofgastein zu berichten. Auf dem Weg zur Poser-Höhe und zur Poser-Hütte steht an der Weg-Gabelung Richtung Gamskarkogel-Maltatal, also an einem alten Übergang, auf ca. 1800 m Höhe ein gut ein Meter hoher Stein, der durchaus als *Menhir* gedeutet werden könnte. Es würde sich lohnen, an diesem Ort, auch im Zusammenhang mit den dort spielenden Sagen und mündlicher Überlieferung, weiterzuforschen, genau zu recherchieren, zu vergleichen, einzuordnen, zu werten, neue Theorien aufzustellen.

Wie in anderen Hochgebirgsregionen der Alpen und der Erde finden wir auch im Gasteiner Tal eine Reihe von Gletschersagen,

248

*Die kleine Kapelle „Drei Waller" als wichtige lokale Wallfahrts- und Kultstätte.*

die den Untergangssagen nach dem Motiv der „übergossenen Alm" oder der „Blümlisalp" entsprechen. Eine dieser Sagen aus der Sammlung von Hinterseer ***„Das ewige Eis auf der Schlappereben"*** entspricht diesem Typus besonders deutlich. *Wo heute ewiges, blaukaltes Eis über den hohen Wänden über dem Kare liegt und alles bedeckt, da lebten und werkten einst zahlreiche Knappen nicht nur in größtem Wohlstand, sondern in Saus und Braus …*

(Hinterseer, S. 71/72)

Dann kam die Zerstörung. Das „ewige" Eis schmolz wieder weg. Heute liegen dort neue Tourismusstationen und vielleicht werden wieder Wohlstand und Reichtum einkehren. Aber für wie lange und mit welchen Konsequenzen?

*Blick von der Ramsau auf das Dachstein-Massiv mit den „Dirndln“.*

# RUND UM DEN DACHSTEIN

In der Mitte ragt bestimmend und prägend der Hohe Dachstein, umgeben von Gletschern. Anstelle dieser Gletscher gab es einst blühende Almen, unter dem Karleisfeld, unter der Flur, der „tote Schnee". Dann aber wurden die Almen verflucht – als Strafe für begangenen Frevel, die liederliche und unzüchtige Lebensweise oder den übermäßigen Geiz der Bewohner, dafür, dass sie in Milch badeten oder die kotigen Pfade mit Käseleibern pflasterten. Dann fiel Schnee in riesigen Mengen, und die Almen verschwanden schließlich unter Schnee und Eis. – Auf diese Weise wurde der Klimawandel, dem die Almen zum Opfer gefallen waren, erklärt. Dazu kommen aber noch die geheimnisvollen und sagenhaften Gestalten der Berge, die weißen und weisen Frauen, die wilden Fräulein und auch der „wilde Mann". Die „wilden Frauen" etwa lebten am Gjaidstein in den Höhlen des Berges. Im Volksmund erhielten deshalb zwei aus dem Eis herausragende Felszacken den Namen die *Dirndln* in Erinnerung an diese „wilden Frauen". Sie waren auch im Dachsteinmassiv ursprünglich freundlich und hilfreich, wohltätig und Segen spendend. Erst der Frevel macht sie zu Rächerinnen. So ist es überall in den Alpen.

## AUSSEER-LAND und PÜRGG

Stellvertretend für zahlreiche große und kleine, bedeutende, überregional wichtige und lokal bedeutsame Kultplätze, Kraftstationen und Wallfahrten der Steiermark sind hier einige Stationen einer durchaus erfolgreichen Spurensuche genannt und beschrieben. Vom „Mittelpunkt Österreichs" ausgehend, wird zuerst ein

*251*

geheimnisvoller Wasser-Platz besucht, dann die kleine Marien-
wallfahrt Kumitz und das berühmte Pürgg; im weiteren erfolgt die
Erkundung einiger Stationen rund um den „Heiligen Berg"
Grimming. In der Nähe von Grundlsee und Gössl steht an einem
Platz, den niemand erwarten würde, ein Marterl zum Gedenken
an eine schreckliche Lawinenkatastrophe. Droben im „toten
Gebirge" befindet sich einer der höchstgelegenen Kultplätze der
Steiermark.

Christine CERNY hat in ihrem Buch „Magisch reisen Österreich" zur vielfachen Überraschung auch den *Mittelpunktstein* in
Bad Aussee aufgenommen. Am Zusammenfluss der Grundlseer
und der Altausseer Traun, mitten im Kurpark, wurde 1989 ein
mächtiger Steinblock des steirischen Bildhauers Erich LAUFER aufgerichtet, der einen Marmorfindling in der Gestalt eines Menhirs
bearbeitet hat. In der Mitte soll eine Tafel daran erinnern, dass sich
hier angeblich der geografische Mittelpunkt Österreichs befindet.
Radiästhetische Untersuchungen haben dort starke bioenergeti-
sche Strahlungen nachgewiesen. *Es ist ein starker, von alten
Bäumen umgebener Platz …*, schließt die Autorin.

(Cerny, S. 268 f.)

Bei der Erforschung der Flurdenkmäler im Raum Bad Aussee verdanken wir wiederum engagierten und kundigen Lokalforschern
und Forscherinnen zahlreiche Hinweise. So auch jenen auf eine
unscheinbar scheinende Stelle an der alten Straße von Bad Aussee
zum Grundlsee am Abhang des Gallhofkogels. Es ist die Flur
*Brandtrögel*, eine alte Brunnenanlage, die zumeist dem Vieh als
Tränke diente. Daneben hing an einem Baum ein schlichtes Bild
von Christus an der Geißelsäule. Im Ausseer-Land berichtet eine
alte Sage davon, dass sich dort die *Brand-Oniweig* aufgehalten
habe, also ein Geist oder ein Gespenst. „Oniweign" bedeutet
„geistern". Wer es wagt, zu mitternächtlicher Stunde dort vorbei-

*Ein Brunnen bei Bad Aussee, im „Brandtrögl" genannt.*

zugehen, wird von einem „schwarzen Wutzel" (einem schwarzen Bündel) daran gehindert. Man vermutet, dass es sich um ein altes Quellheiligtum handelt, das später christlich umgedeutet wurde. Jetzt ist dort nichts anderes mehr zu finden als ein Wasserbassin aus Beton. Auffallend ist der große weiße Stein knapp oberhalb davon im Wald. Zusammen mit dem sagenhaften „Brand-Oni-weig", der alten Quelle, dem ehemaligen Christusbild und einer gewissen „Entrigkeit" des Platzes und der Situierung an einem alten Weg könnte diesem weißen Stein durchaus Bedeutung zukommen.

Hoch in den Bergen dieses Gebietes befindet sich eine der wichtigsten Höhlen mit ur- und frühgeschichtlichen Funden, die so genannte *Salzofenhöhle* knapp unter dem 2070 m hohen Salzofen. Der kürzeste Anstieg erfolgt von Gössl aus. Als deren Entdecker gilt vor allem der in Bad Aussee tätige Schulrat Otto KÖRBER, der jedoch in den ersten Jahren seiner Forschungstätigkeit von Seiten der „amtlichen" Wissenschaft nur Spott und Hohn erntete. Dann jedoch konnte man einige Artefakte mit einem Alter von mindestens 30.000 Jahren ganz eindeutig Menschen zuordnen.

Rundum ragen Berge mit merkwürdigen Namen. Außer „Totes Gebirge" nordöstlich des Salzofens sind es die so genannten Uhrzeiger-Berge „Neuner Kogel", „Zehner Kogel", „Elfer Kogel", „Zwölfer Kogel" und „Einser Kogel". In Fachkreisen werden diese Urzeiger-Berge mitunter mit dem Sonnenkult in Verbindung gebracht. Sicher waren sie durch Jahrhunderte oder sogar Jahrtausende von sehr großer Bedeutung für die Menschen.

Auch in unmittelbarer Nähe der Salzofenhöhle gibt es bemerkenswerte Orts-, Flur- und Bergnamen: „Redender Stein", „Widderkar-Kogel", „Hinterer Bruder-Kogel", „Dreibruder-See", „Dreibruder-Kogel" usw.

Wieder zurück in Bad Aussee, ist der Weg zur altehrwürdigen St.-Leonhard-Kirche auf dem alten Salzweg zu empfehlen, mit einem wichtigen, in der Literatur mehrfach beschriebenen Schalenstein direkt neben der Kirche.

Nicht unerwähnt soll bleiben, dass das Ausseer-Land seit Jahrzehnten auch einer der beliebtesten Aufenthalts- und Treffpunkte von Künstlern, Malern, Literaten, Musikern etc. ist. Diese Region der Seen mit ihrer reichen Volkskultur ist also auch weiterhin Anziehungspunkt „mythischer Kräfte". Dazu einige Fakten:

Im Salzbergwerk von Altaussee werden durch den international bekannten Schauspieler Klaus Maria BRANDAUER (der selbst aus Altaussee stammt wie auch die Schriftstellerin Barbara FRISCH-

MUTH) Theater- und Musikaufführungen inszeniert, die (laut einer Zeitungsmeldung) *zur richtigen Zeit die Quelle eines neuen spirituellen Zeitalters werden,* die auch die reiche Sagenwelt miteinbeziehen, den Mythos des Berges in Verbindung mit dem lebensnotwendigen Salz.

In Bad Aussee, Altaussee und Bad Mitterndorf haben sich in den letzten Jahren zahlreiche Personen und Institutionen niedergelassen, die jetzt esoterische Seminare wie „Mensch und Natur in Harmonie", oder „universale Lebenskraft Reiki" unter anderem im „Reiki-Haus Lichtersberg" anbieten. Scheinbar kann sich niemand der Anziehungskraft einer „mythischen Region" entziehen. Die einen spüren nichts, die anderen finden und spüren zu viel.

Neuerdings, so scheint es, sind der esoterischen Vermarktung keine Grenzen gesetzt. Am schlimmsten ist dieser Boom, wenn er durch gewisse Formen des Massentourismus vereinnahmt wird. Eher „sanft" in der Nutzung scheint dagegen beispielsweise das Angebot der *Kraftplatzroas,* also der Kraftplatzreise, beworben u. a. vom Tourismusverband Irdning (vgl. den Prospekt „Museen Region Ennstal Salzkammergut Steiermark" vom Jahre 2002): *Ein einzigartiger Kunst- und Kulturwanderweg führt Sie zu natur- und kulturhistorisch bedeutsamen Kraftplätzen, zu Ruhe und zu einer bewußten Beziehung zur Landschaft. Holzskulpturen, idyllische Jausenstationen und Biobauern säumen Ihren Weg.*

Überaus schlimm und grausam war die „Nutzung" von Mythos und Kult, aber auch von alten Bräuchen und Ritualen im Nationalsozialismus. Vielleicht übte das Ausseer-Land ja auch deshalb eine große Anziehungskraft auf zahlreiche Nazigrößen aus. Zugleich aber gilt das Ausseer-Land allerdings auch als eines der wichtigsten Widerstands-Nester gegen den Nationalsozialismus.

Die nächste Station auf unserer Erkundungstour ist eine kleine und kaum beachtete Marien-Wallfahrt, jene von *Kumitz* auf dem

255

Weg ins Ennstal. Die kleine Kirche im Gemeindegebiet von Obersdorf im Hinterberger Tal ist für die nähere Umgebung bedeutsam. Nicht nur die Kirche selbst erweckt unsere Aufmerksamkeit; auch die kleine Holzkapelle neben der Straße als Ausgangspunkt zur Wallfahrt und die kleinen Kapellchen des Kreuzweges, vor allem aber die kleine Kapelle am Gipfel mit der Darstellung des Gekreuzigten und der beiden Schächer. Dort oben scheint plötzlich die Verbindung zu einem alten vorchristlichen Kult hergestellt zu sein. Zumindest könnten ein fast zur Gänze verborgener, zugeschütteter und stark verwitterter Schalenstein sowie möglicherweise bewusst platzierte Sitz-Schalen in den Felsen samt dem eindrucksvollen Blick auf den *Grimming* auf diese alten Kulte hinweisen.

Über Maria Kumitz und den mitten im Tal aufragenden Hügel berichtet auch eine Sage, die Horst DINTER in seinem Büchlein „Sagenhafte Geschichten aus dem Hinterbergtal" nacherzählt hat. Da hatte es vor langer Zeit einen langen und schrecklichen Streit unter den Talbewohnern gegeben. Schließlich soll es einem frommen Prediger gelungen sein, alle Hinterberger auf diesem wundersam vor ihren Augen wachsenden Berg zu versammeln, dort einen großen Altar zu bauen und den neuen Berg samt dem Altar der Mutter Gottes zu weihen. (Dinter, S. 21 ff.)

Eindrucksvoll ist von oben der Blick auf den **Grimming**. Dieser bis zu einer Höhe von 2351 m ansteigende Bergkoloss gilt als „Zentrum eines geheimnisvollen Netzwerkes", als „prähistorisches Gesamtkunstwerk". So euphorisch klingt es in einem durchaus seriösen Beitrag von Diether KRAMER in der wichtigen Regionalkultur-Zeitschrift *Da schau her,* herausgegeben vom Verein Schloss Trautenfels, Heft 1/1999 im 20. Jahrgang. Das vermeintliche prähistorische Gesamtkunstwerk würde demnach aus bisher 57 markanten Punkten bestehen, die in einem gleich-

*Die Wallfahrtskirche von Kumitz in der Nähe von Bad Mitterndorf im Hinterbergtal.*

257

seitigen, gleichschenkeligen und rechtwinkeligen System miteinander verbunden sind.

*… Die ganze Region stellt somit eine gewaltige Kultanlage rund um den Grimming und gleichzeitig ein Instrument der prähistorischen Sonnenbeobachtung mit kalendarischer Bedeutung dar …*

(Kramer, S. 11)

Eine Fülle teilweise sogar grotesker Thesen wurde hier aufgestellt, wieder verworfen, durch Geomanten und Neodruiden neuerlich aufgegriffen. Eine überaus dubiose pseudowissenschaftliche Wahrsagerei stand irgendwo am Ende. Was steckt dahinter? Was ist nachweisbar als Kraftplatz und als Kult-Ort zu definieren? Einige steirische Historiker und Kulturforscher sind derzeit und wahrscheinlich noch Jahrzehnte mit der Aufarbeitung dieses Fragenkomplexes beschäftigt.

Derzeit gibt es Hinweise auf die große Bedeutung von *Pürgg* mit seinen Schätzen und Plätzen. Kramer schlägt in diesem Zusammenhang vor:

*Ehe man Geld für eine dubiose Kultplatzforschung bereitstellt, sollte man bestehendes Kulturgut erhalten, mit dem ebenfalls für den Besuch der Region geworben wird. Viele Besucher aus aller Welt sind zum Beispiel vom miserablen Zustand der berühmten Fresken in der Johannes-Kapelle in Pürgg erschüttert …"*

(Kramer, S. 14)

Es ist nicht unwichtig, dass im Grimming-Massiv eine Zehnerspitze (11.879 m) aufragt, daneben auch noch ein Zwölfer (2146 m), dass es in der Enge zum Salzastausee an recht markanter Stelle das „Frauenbild" gibt und dass die Hintergründe oder die Sagen dazu keineswegs auch nur ansatzweise freigelegt werden konnten. Da könnte die kleine Sammlung von Karl HAIDING, die unter dem Titel „Der Grimming in der Volkserzählung" erschienen und im Museum Schloss Trautenfels erhältlich ist, ein wenig weiterhelfen.

*Oberhalb der Kirche von Kamitz steht auf der Bergspitze, mit Blick auf den Grimming, diese eindrucksvolle Kreuzigungsgruppe.*

Es soll auch noch auf das „Liegl-Loch" bei Tauplitz hingewiesen werden, unter anderem mit Ritzungen von Drudenkreuz, Leiter, Gitter, Sexualsymbolen usw., aber auch mit möglichen Nachweisen einer Jägerstation der Zwischeneiszeit, ähnlich der Salzofenhöhle oder dem Mausböndl-Loch in den Ennstaler Alpen. Ein paar von diesen Hinweisen und viele andere Quellen findet der Interessierte unter anderem im Buch „Kultplätze in der Steiermark" des katholischen Geistlichen Franz Jantsch. (Jantsch, Steiermark)

## Pürgg

ist zweifellos eine der wichtigsten Stätten für Kunst und Kultur Österreichs aus der Zeit der Romanik. Neben den rein christlichen Motiven ist die Johanneskapelle von Pürgg vor allem wegen der Darstellung des „heidnischen Tiermärchens (Katzen-Mäuse-Krieg)" berühmt.

Gemäß dem kleinen Kirchen-Kunst-Führer „Die Pfarre Pürgg im Ennstal" beruht *das bekannteste und sicherlich rätselhafteste Motiv der Pürgger Fresken dieser Darstellung des Katzen-Mäuse-Krieges angeblich auf den Tierfabeln des Äsop der griechischen Antike und der Metapher für die ,verkehrte Welt'.* Mag sein und mag auch stimmen. Dennoch wird es wahrscheinlich nur ein Teil der Wahrheit sein. Ob es so einfach zu deuten ist, wenn damit der damalige „Kampf zwischen kaiserlicher Macht und Papsttum" symbolisiert werden soll und wenn die Burg die *Macht des von den Vertretern des Glaubens verteidigten Christentums* darstellen soll, *hier dargestellt durch die körperlich schwachen Mäuse, die sich aber ihrer Sache sicher sind. Die weltliche Macht über das Papsttum ist im Zerbrechen begriffen, wie die Abwehr des Angriffs durch die Katzen zeigt …?* So jedenfalls ist es bei Willi und Hilde SENFT im Buch „Geheimnisvolles Salzkammergut. Magisches, Besonderes, Kurioses und Unbekanntes" auf Seite 203 nachzulesen.

(Senft, S. 203)

Pater Johannes PAUSCH, der Prior des neu errichteten Klosters

## GUT AICH
### bei ST. GILGEN am WOLFGANGSEE

hat altes Klosterwissen mit uraltem Wissen über Kultplätze, über Wasser und Stein wiedererstehen lassen. Gemeinsam mit Mön-

*Im neuen Kloster „Gut Aich" bei St. Gilgen am Wolfgangsee.*

chen aus einem bayerischen Kloster hat er sich eines Tages im Jahre 1993 aufgemacht und ist den Weg von Pürgg nach St. Wolfgang gegangen, immer auf der Suche nach geheimnisvollen und wirksamen Quellen, nach starken Plätzen und nach überlieferten Geschichten darüber. Schließlich kam er nach Gut Aich. Dort errichtete er in einem ehemaligen Kinderheim der Franziskanerinnen von Au am Inn ein neues Kloster.

*261*

Pater Pausch hat anlässlich der „Salzburger Wassertage 2004" in seinem Vortrag „Heilige Quellen – Heilige Wege – Ursprung und Ziel des Lebens. Der Weg mit dem Wasser als Quelle für eine globale Spiritualiät" den Weg zu „seinem" Kloster beschrieben: *Als wir Mönche uns 1993 auf den Weg machten, das neue Kloster Gut Aich in St. Gilgen zu gründen, war für uns nicht die erste Frage, ob wir genügend Kapital oder Leute haben, um dieses Werk zu verwirklichen, sondern ob wir eine Quelle finden würden. Es gibt eine alte Klosterweisheit, die sagt: Wenn du ein Kloster gründen willst, dann mußt du zuerst eine Quelle finden'.*

In unmittelbarer Nähe des heutigen Klosters befindet sich ein überregional bedeutender Kraftplatz am alten Wallfahrtsweg nach St. Wolfgang. Als „Hüter des Tales" und der alten Kulturwege hat Pater Pausch alte Klostertradition übernommen und weitergeführt, ganz im Sinne neuzeitlich aktueller Therapien, verbunden mit einem „Hildegardzentrum", einem Ambulatorium für Physiotherapie und Psychotherapie.

(Siehe Prospekte u. a. „Benedikiner für Europa")

262

Pater Pausch ist katholischer Benediktinerpater und ausgebildeter Psychotherapeut. Das Kloster Gut Aich ist ein Beispiel dafür, wie abendländisch-europäische Traditionen auch im Zusammenhang mit Therapie, mit Meditation, mit „Wellness" usw. genutzt werden können. Es bedarf kaum oder nur in geringem Maße der zusätzlichen Nutzung fernöstlicher Techniken. Es genügt, Altes Klosterwissen wiederzuentdecken, zu reaktivieren.

Pater Pausch, der Prior des Klosters, ist dabei, daraus ein „Europa-Friedenszentrum" entstehen zu lassen, mit „einem Raum des Geistes für alle Völker und Religionen". Das Europa-Friedenszentrum „braucht ein heiliges Zentrum, eine Kirche, in der Menschen aus allen Religionen beten können". Bemerkenswert ist die Einbeziehung alter, in der Region vorhandener Weisheiten, alter Kultplätze, Schalensteine, Felszeichnungen usw. Ein Schwerpunkt liegt im Wissen um die Heilkraft von Wasser, Stein und Kräutern. Das alte Heilwissen der Klöster wird dabei konsequent und sensibel weitergeführt. „Von der Heilung durch Musik und Klänge" handelt etwa ein Kapitel im Buch „Gesundheit aus dem Kloster. Heilwissen ohne Risiken und Nebenwirkungen".

(Pausch/Böhm, S. 96 ff.)

Harmonische Klänge von Glocken und Klangschalen klingen meditativ durch das Kloster. Klänge werden bewusst und therapeutisch eingesetzt. *Was heute unter dem fernöstlichen Begriff Feng-Shui als Lehre von harmonischen Lebens- und Wohnformen bekannt geworden ist, haben die Mönche seit jeher gekannt – und in ihren Klöstern berücksichtigt.*     (Pausch/Böhm, S. 101)

„Vom Segen als einem Prinzip des Lebens" handelt ein weiteres Kapitel. Der *Segen* wird dabei als positives Ritual verstanden, ganz im Sinne von Beschwörung, Heilung und Magie.

Das Kloster Aich ist ein starker neuer Kultplatz. Es ist ein Musterbeispiel dafür, wie *religio* in zeitgemäßer Ausprägung, in

263

Verbindung mit altem Wissen, wirken und helfen kann; ganz im alten klösterlichen Geist und mit fundierter Kenntnis auch um lokale Kulte, um heimischen Mythos.

*Der Weiße Stein bei Bad Aussee.*

# KÄRNTEN –
# RUND UM DEN DOBRATSCH

## HEILIGE STEINE und PARACELSUS

Der Raum um Villach und das untere Gailtal in Kärnten sind weitere Stationen unserer Alpenreise. Gerhard LEEB, Herausgeber der alpenweiten Kultur-Zeitschrift *PLANET ALPEN* und wichtiger örtlicher sowie regionaler Kenner und „Gewährsmann" führt uns zu zum Teil neu entdeckten Schalensteinen und merkwürdigen Steinformationen. Ein Schalenstein bei *Wollanig* war schon längere Zeit bekannt. In der Nähe von *Paternion*, an der alten Route über die Windische Höhe ins untere Gailtal, wurde vor längerer Zeit die so genannte *Hundskirche* an einer dunklen, engen Stelle als Ort wichtiger österreichischer Felsritzungen entdeckt. Ein Teil dieser „Zeichnungen" ist stark verwittert, ein anderer Teil offensichtlich in letzter Zeit beschädigt worden. Man überlegt daher ernsthaft, die *Hundskirche* einzuzäunen, um so weitere Zerstörungen zu verhindern.

Der mächtige Hausberg von Villach ist der 2166 m hohe *Dobratsch*, was soviel wie „guter" Berg heißt.

Oben befinden sich zwei wichtige Kirchen, die „deutsche" Kirche und die „windische Kirche", beide von merkwürdigen Sagen und Legenden umgeben. Der Dobratsch kann durchaus als *heiliger* Berg gesehen werden. Eine der Legenden besagt, dass ein Hirte mit seiner Schafherde im Nebel gefährlich nahe an den steilen Abgrund geraten sei. Da sei ihm die auf einem Stein sitzende Madonna erschienen und habe ihn gerettet. Die Abdrücke der Gottesmutter seien auf dem Stein erhalten geblieben. Und so wäre

*Der „merkwürdige" Stein von Wollanig bei Villach.*

die „deutsche" Kirche entstanden. Der Stein ist allerdings nicht mehr auffindbar. Es wird vermutet, dass er unter der Kirche eingemauert sein könnte.

Die „windische", also slowenische Besitzerin der Wasserleonburg wollte bei diesem Stein ebenfalls eine Kirche errichten, um für die Genesung ihres kranken Kindes zu bitten. Ihr Wunsch wurde abgelehnt, daher ließ sie dann zweihundert Meter entfernt das später als „windische" Kirche benannte Kapellchen errichten.

Im Jahre 1331 wird von einem anderen Stein berichtet, der sich auf der „Villacher Alpe" befunden haben soll. In einem Be-

sitzstreit aus dem 15. Jahrhundert wird er als der „Heilige Stayn"
genannt. Es könnte auch sein, dass dieser Stein von der „deutschen" Kirche überbaut wurde.

Daneben existiert die mündliche Überlieferung, Knappen und
Gewerken aus dem Bleiberger Tal hätten „auf der Alm beym
Stein" in Sichtweite der drei Jahre früher vollendeten „windischen" Kirche ihr eigenes Gotteshaus bauen wollen, „weil sie die
Windischen verdächtigten, ihren Gebetsstein über die Wand hin-
abgeworfen zu haben." Diesen Hinweis geben Christine und Karlheinz SCHEMMANN und ihrem Buch „Wallfahrten im Gebirge".

(Schemmann, S. 67)

Anlässlich eines Vortrages über „Steine erzählen" im Gailtal be-
richteten Einheimische von höchst bemerkenswerten Bräuchen
und Ritualen in der Gegend von St. Stefan im Gailtal. Dort befindet sich nicht nur der „feiste Herrgott", sondern auch eine Vielzahl
von Marterln, Kreuzen und frommen Bildnissen. Rundum
scheint es sich um einen bemerkenswerten Platz zu handeln.

In der näheren und weiteren Umgebung kann mit Hilfe von
kundigen Einheimischen gefunden werden :

– ein Durchkriechstein;
– ein Schalenstein;
– eine Stelle, die von den Einheimischen „der schlimme Stein"
  genannt wird;
– eine kleine Kapelle mit einem Stein, den die Einheimischen
  „smrkova babica" nennen (ungefähr mit „rotziges weibele" zu
  übersetzen).

Dazu gibt es den schon erwähnten Brauch, dass Bauernkinder, vor
allem Buben, wenn sie das erste Mal auf die Alm gehen, die
„smrkova babica" küssen müssen. Mehr dazu kann im Kapitel
*mumma veglia* (S. 161) nachgelesen werden.

Um diese und viele weitere Plätze in ihrer Intimität zu schützen, werden in vielen Fällen keine detaillierten Wegbeschreibungen angegeben. Das gilt auch für die Steine im unmittelbaren Stadtgebiet von Villach. Bei ernsthaftem Interesse kann Gerhard Leeb vom „Planet Alpen" in Villach nähere Auskünfte erteilen.

Selbstverständlich muss auch die Rolle der Stadt Villach erwähnt werden, die sich bei der Pflege des Erbes des berühmten Arztes *Paracelsus* sehr verdient gemacht hat. Im Rahmen der „Alpenstadt des Jahres 1997" fand in Villach ein spannendes Symposium statt, das von der dortigen „Paracelsus-Akademie" unter dem Titel „Alpengeister – von Erlebnisräumen und Elementarwesen" stattfand. Dazu wurde eine kleine Broschüre verfasst, die gegebenenfalls bei der Stadt Villach erhältlich ist. Leider besteht bei solchen Aktionen immer die Gefahr, dass sich Esoteriker in ihrem Dunstkreis bewegen. Folgerichtig trug ein Bericht zur Tagung in der Wochenzeitung „Profil" auch den Titel „Geister-Fahrer. Villach etabliert sich als Stützpunkt für Alpengeister und gläubige Esoterik-Touristen"                    (*profil*, 2. Juni 1997)

In diesem Zusammenhang muss man sich auch von selbsternannten „Landschaftsheilern" distanzieren, die beispielsweise vorgeben, durch den Autobahnbau verursachte Wunden in der Landschaft durch ein paar an dieser Stelle tanzende Anhänger „heilen" zu können. Irgendwelche Engel und himmlisch-außerirdische Kräfte sollten dabei bewirken, dass die „Luftelementarwesen" die geschundene Welt heilen sollten. Zynisch schrieb dazu *profil*: *In den achtziger Jahren demonstrierten Umweltschützer gegen Kraftwerke, Großbauprojekte und Abwasserrohre und legten sich mit Industriekonzernen und Bürgermeistern an. Heute trifft man sich lieber auf Einladung der Stadt, um Kraftfelder zu fühlen und erstmals das eigene Bewußtsein für die Welt der Geister zu schärfen.*

(*profil*, 2.6. 1997)

*Felsritzungen in der „Hundskirche" bei Paternion/Kärnten.*

Interessant wäre es auch zu erfahren, was den Besitzer der Auto-
bahn-Raststätte „Südrast" (in der Nähe von Villach) dazu bewogen haben mag, vor dem Eingang zum Gebäude einen riesigen
Steinblock aufstellen zu lassen.

Das Bundesland Kärnten dürfte im Sinne dieses Buches überhaupt als eine der intensivsten und spannendsten Regionen der
Alpen gelten. Vieles bleibt hier ungesagt, ungeschrieben. Dazu
gehört auch der 843 m hohe *Hemmaberg* im Jauntal, der ohne
Zweifel zu den wichtigsten Kult- und Kulturplätzen Österreichs
zählt. Darüber hat unter anderem auch Karl Lukan in seinem
Buch „Wanderungen in die Vorzeit" berichtet. (Lukan, S. 184 ff)
Und was ist über den *Himmelberg* zu berichten mit den Schalensteinen oder über *Maria Saal*, den *Magdalensberg,* den *Ortwins-*

*Eine neue „Steinsetzung" an der Autobahnraststätte Nähe Arnoldstein.*

*kogel* bei St. Georgen am Längsee mit seinen Höhlen und geheimnisvollen Plätzen? Welche Bedeutung hat der *Danielsberg*? Unerschöpflich ist die *Vierbergewallfahrt* mitsamt dem *Ulrichsberg* als *mons caranthanus* und *Heiliger Berg Kärntens*.

Abschließend sei noch erwähnt, dass der Touristenort Velden am Wörthersee bereits im Jahre 1994 ein internationales Symposium unter dem Titel „Schalen und Schalensteine" organisiert hat. Eine prominent zusammengesetzte Schar von Referenten berichtete damals über neue Forschungen zum Hauptthema „Schalensteine".

# STEIERMARK, OBERÖSTERREICH, NIEDERÖSTERREICH

## DIE ANISA im ENNSTAL

Überaus verdienstvoll, sachlich und fachlich kompetent, arbeitet der Verein ANISA, zuständig für „die Erforschung und Erhaltung der Altertümer, im speziellen der Felsbilder in den österreichischen Alpen". Sitz des Vereins ist Gröbming im Ennstal. Organisator und maßgeblicher Kopf ist Franz MANDL. Im Laufe der letzten Jahre wurden zahlreiche Publikationen herausgebracht, unter anderem die „Archäologie und Felsbildforschung" als Mitteilungs-Buch Heft 1/2, 1999, die „Alpen Archäologie Felsbildforschung" als Mitteilungsbuch Heft 1/2, 2000, das Buch „Dachstein. Vier Jahrtausende Almen im Hochgebirge" als Band 1 einer neuen Publikationsreihe vom Jahre 1996, weiters das Buch „Almen im Herzen Österreichs. Dachsteingebirge Niedere Tauern Salzkammergut" aus dem Jahre 2002 als „Mitteilung Heft 1/2, 2002 und zuletzt das Buch „Alpen. Archäologie Geschichte Gletscherforschung" als Festschrift 25 Jahre ANISA Verein für alpine Forschung. Haus i. E., 2006 (Doppelband 25. und 26. Jahrgang).

Franz Mandl als Obmann des Vereins und als verantwortlicher Redakteur befasst sich nicht nur mit einer präzisen Beschreibung aller Almen, der aufgelassenen wie der bestehenden, sondern findet in den Kapiteln „Brauchtum, Glaube und Aberglaube" sowie „Felsbilder auf den Almen" einen sehr engen Bezug zum Thema dieses Buches. Es zeigt sich, dass viele sehr wesentliche Wurzeln unserer Kulturgeschichte in den Jahrtausende alten Kulten und magischen Handlungen liegen. Pietät und höchste Wertschätzung gilt diesen Dokumenten.

Umso mehr legt Mandl darauf Wert, dass er aus Gründen des Denkmalschutzes und der Errettung dieser Kulturschätze keine genauen Fundorte angibt. *Denn bisher sind alle bekannt gewordenen Felsbildstationen von unverständigen Touristen und von ungeschulten Felsbildforschern durch Nach- und Überritzungen zerstört worden.* (Mandl, S. 237)

Eine Besonderheit der ANISA-Tätigkeit liegt im kritischen Aufarbeiten nationalsozialistisch-ideologischer Tendenzen. Dazu gab es im oben erwähnten Buch „Archäologie und Felsbildforschung" (1999) eine von Franz Mandl angezündete Debatte unter dem Motto „Das Erbe der Ahnen. Ernst Burgstaller/Herman Wirth und die österreichische Felsbildforschung".

Dabei wird schlüssig nachgewiesen, dass diese genannten Forscher und weitere prominente Männer auch aus der Volkskunde, die zum Teil in Hitlers „Ahnenerbe" gearbeitet und geforscht haben, nach 1945 voll rehabilitiert ihre Arbeit wieder aufnehmen konnten: *Ehemalige geistige Führer formten mit Geschichtsverfälschung und -klitterungen ein abstruses Geschichtsbild, das bis in unsere Zeit hineinwirkt. Kriegstreiber und Denunzianten kamen wieder zu ihren angestammten Arbeitsplätzen zurück. Mit Ehrungen überhäuft und ohne Einsicht in Bezug auf ihre Gräueltaten sind die meisten der ewig gestrig denkenden Altvorderen bereits verstorben. Einige aber leben noch. Vielleicht verstehen nun meine Kollegen diesen kritischen Beitrag.*
*Hinterfragen wir endlich jene Interpretationen, die vom mythisch-esoterischen Weltbild der NS-Zeit zehren.* (Mandl, 1999, S. 41)

Es ist gar keine Frage, dass gerade Ernst BURGSTALLER, zugleich auch ein prominenter Vertreter des Faches *Volkskunde,* als einer der wichtigsten Felsbildforscher gilt und dass gerade er und Herman WIRTH (Mitbegründer des „Ahnenerbe") zu den Wegbereitern einer neuen rassistischen Kultideologie zählen. Vor einiger

Zeit wurde die Diskussion am Beispiel der neu gestalteten Räumlichkeiten des Österreichischen Felsbildermuseums in

## SPITAL AM PHYRN

deutlich. Dort wurde am 4. Juli 1998, im Beisein landespolitischer Prominenz, der Nachlass des NS-Ahnenerbes in „würdiger" Form präsentiert. Ein Foto zeigt ein Felsritzbild, das mit einem geritzten Hakenkreuz als „Zusatz" versehen wurde.

Es ist dringend notwendig, dieses düstere Kapitel alpiner, speziell aber österreichischer und deutscher Geschichte unter dem Gesichtpunkt Mythos und Kult zumindest angerissen zu haben. Dies auch deswegen, weil sich die Anzeichen mehren, dass sich eine neue Esoterik in einigen Elementen wieder der alten NS-Ideologien bedient. Auch und gerade im Bereich der Kulte.

## DAS STOANERNE WEIBL

Es befindet sich auf der Pack, und zwar in der Nähe des Bauernhauses Gerhaber, Richtung Packwinkel, bei einer sumpfigen Wiese. An ihrem Rand steht ein schräger spitzer Stein, auf dessen Rückseite ein Kopf eingemeißelt ist. Dieser Stein heißt das *Stoanerne Weibl*. Karl Lukan gibt in seinem Buch „Seltsame Kultstätten – Sonderbare Heilige" den Hinweis auf den Standort „über dem neuen Autobahntunnel und unweit des Packsattels (1166 m) am Rande des Fahrweges." Das *Stoanerne Weibl* ist zweifellos ein Figuren-Menhir mit einer Gesamthöhe von 1 Meter 60. Der Kopf misst ca. 30 cm. Walter KAINZ aus Söding in der Steiermark, ein verdienstvoller Sammler und Herausgeber von

Sagen, hat dazu dem Fotografen des Bildes, Herrn Franz DAMPFL-HOFER aus Köflach, mitgeteilt: *Es soll sich um ein verzaubertes Weib handeln. Warum es allerdings verzaubert wurde, weiß niemand mehr zu sagen.*

(Siehe dazu und über die Forschungen von Walter Kainz im Archiv der *Alpenakademie* von *pro vita alpina*)

Als „*Kultplatz-* Entdeckung" wurde in den Jahren 1997 und 1998 von einigen Medien ein so genannter *Teufelsstein* deklariert. Dieser „Teufelsstein" befindet sich in den

## FISCHBACHER ALPEN

auf 1498 m oberhalb der auf 1386 m gelegenen Teufelsstein-Hütte.

Einige Experten meinen sogar, es handle sich um das älteste Kultmal der Steiermark. Am Stein auf dem Gipfel wurden Bearbeitungen aus prähistorischer Zeit vermutet. Bis zum Jahre 1864 gab es am Laurenzitag (10. August) rund um den Teufelsstein „wilde Feste". In den letzten Jahren wurde dieser Stein, wie die Zeitschrift *Esotera* 7/97 berichtet, Ziel neuer Pilger: *Nunmehr ist der Teufelsstein Anlaß für wilde Spekulationen, esoterische Erkundungen mit Wünschelrute und Pendel und für wissenschaftliche Studien. Fest steht, daß die markante Felsformation, die ein archaisches Heiligtum war und später im Lauf der Christianisierung dämonisiert wurde, einen Bezug zur Wintersonnenwende hat ...* (S. 8)

Oberhalb von

*274*

## ST. GEORGEN ob JUDENBURG

befindet sich das *Wildfrauenloch,* und zwar am Nordhang des Schafberges (1112 m).

In der von Walter BRUNNER geschriebenen Ortschronik „St. Georgen ob Judenburg. Geschichte eines Lebensraumes und seiner Bewohner" finden sich auf Seite 16 und 17 drei kleine Skizzen der Höhle. Sie wurde sogar als „Höhlenburg" ausgebaut, also zum Teil vermauert. Leider fehlt dazu eine passende örtliche Sage oder Legende mit weiteren Hinweisen. Aber schon der Name *Wildfrauenloch* ist deutlich und präzise ein Hinweis auf eine weibliche Kultstätte aus wahrscheinlich prähistorischer Zeit.

Zum touristisch genutzten Bereich, so informiert der Prospekt des Tourismusverbandes St. Georgen aus dem Jahre 2000, zählt auch der *Kreischberg.* Dieser Berg wird mit anderen Schauplätzen als einer der„Orte der Kraft um den Kreischberg" vorgestellt. Es fehlt auch nicht an Hinweisen, „Die Kraft der Natur" und „Die Kraft der Sinne" zu nutzen, und „auf speziell eingerichteten, meditativen Wanderungen" den Spuren alter „Mönchstraditionen" zu folgen. Unter den Angeboten des Tourismus befindet sich auch eine *Wünschelrutenwanderung*, eine *Sagenwanderung zur sagenumwobenen Schwörtscharte, wo einst der Teufel seine Fußspuren hinterließ.* Das ist möglicherweise ein durchaus zu respektierendes Angebot, weil es tatsächlich dem neueren Trend des „Sanften" Tourismus, dem „Öko-Tourismus" zuzurechnen ist. Eingebunden scheint auch der sehr aktive Kulturverein „Die Georgsgemeinschaft zu Praitenfurt" unter dem rührigen Obmann Walter Leitner. Vielleicht sind das alles sinnvolle Angebote für die Ankurbelung des Sommertourismus.

Ein neuer steirischer *Kraftplatz* der „besonderen Art" ist

# „DAS ANDERE HEIMATMUSEUM"

in der BauStelle Schloss Lind in St. Marein bei Neumarkt/Steiermark. In diesem alten Schloss lebt und arbeitet ein begnadeter Künstler als Gestalter, Kustos, als ein Unbequemer, eine Kultfigur. Gleichzeitig ist es auch ein Mahnmal für die ehemalige KZ-Außenstelle 1942–1945, ein Ort, wo „gewisse Kunstausstellungen metaphysische Schrottplätze" geworden sind, wo „ebenerdige Grabkammern geronnene Erinnerungen der Vergangenheit" sein müssen und wo es „Installationen zur österreichischen Identität" gibt, wie sie von strenggläubigen Museumswächtern und Politikern nicht gewollt sind. *Es geht also um die Wiedergewinnung einer Geschichte, die bis dahin entweder falsch repräsentiert oder unsichtbar gemacht worden war.* In diesem total anderen Heimatmuseum wurden Ausstellungen zur Alpenländischen *Identität* gezeigt, über den „alpenländischen Tod", über Bräuche, Riten, „literarische Zeugnisse zu Sterben und Tod im Alpenland".

Die aktuelle Ausstellung im Jahr 2006 ist eine Aktion des Künstlers *Aramis*, die alte Tradition der *Totenbretter* aufzugreifen, nachzugestalten und zu interpretieren. Damit wird ein wesentlicher Teil des Mythos und der Magie in einem „anderen Heimatmuseum" dargestellt, wie es in den Alpen nirgendwo sonst zu finden ist. Nach einem alten Ritual wurden die Toten auf ein Brett gelegt, anschließend wurden diese Bretter dann verbrannt. Nach und nach wurde es aber üblich, die Bretter aufzubewahren. Sie wurden beschriftet, „an Hauswänden aufgehängt oder anderen Orten zur Erinnerung an die Verstorbenen aufgestellt." (Kathan) Eine weitere Verwendung bestand darin, dass Bretter als Brücke ins Jenseits verstanden wurden, damit die Verstorbenen den Weg über Gräben, Bäche und sumpfige Stellen finden können.

*276*

Der Brauch, *Totenbretter* herzustellen und zu verwenden, ist auch im Land Salzburg überliefert. Dort hat der Tischler das Brett in Kopfform zugeschnitten, anschließend wurde es bemalt und beschriftet. Nach dem Begräbnis wurde das Brett dann an der Hauswand befestigt.

Der Umgang mit dem Tod war immer und überall beinahe alltäglich. Heute ist das Anfertigen und Benützen der Totenbretter nicht mehr in Gebrauch. Aramis gestaltet, aufbauend auf dieser Tradition, neue Totenbretter.

Der Kulturhistoriker Bernhard KATHAN hat sich mit der Arbeit des Künstlers auseinander gesetzt. Er notiert unter anderem: *Die Ruinenarbeit von Aramis hat alles andere als eine anästhetisierende Ausstellungspraxis zur Folge, in der alles in einer lange zurückliegenden und uns fremd gewordenen Zeit befriedet wäre. Seine Totenbretter lassen sich denn auch metaphorisch auf seine Museumsarbeit übertragen. Nur, daß er alles daran setzt, dass die ausgelaugten Bretter nicht verfaulen, damit den Gespenstern der Vergangenheit der Weg in die Gegenwart nicht verschlossen bleibe.*

(Kathan, Manuskript für Aramis, Februar 2006;
vgl. www.schlosslind.at/schlosslind/Heimatmuseum.htm)

Diesem Nachspüren dient das vorliegende Buch. Es sind keine Gespenster der Vergangenheit, sondern lebendig gebliebene Wurzelkulturen der Erinnerung, der *religio,* der Wiedergewinnung von Magie und Ritualen.

Eine anregende Übersicht über „Kultplätze in der Steiermark" vermittelt auch die Publikation von Manfred NEUHOLD. Das „Wandern zu Kraftplätzen in der Steiermark" führt in die frühgeschichtliche „Salzofenhöhle" oberhalb des Grundlsees, zum Isis-Noreia-Tempel auf dem Frauenberg, zur Noreia am Neumarkter Sattel und an viele andere Plätze.

(Neuhold, Mythen Kräfte Phänomene, 1998)

Auch die *Frauenberge* zählen zu den *Heiligen Bergen*, nicht nur in der Steiermark. Rundum werden und wurden ur- und frühgeschichtliche Funde getätigt, die teilweise die Bestätigung für alte Sagen und überlieferte Vorstellungen liefern. So gilt etwa die *Noreia* als eine der wichtigen „alten" Frauen, eine aus dem Kreis der „Dreiheit". Vielleicht ist es die *Weiße Frau*. Von dieser Göttin ist der spätere Name für die Provinz Noricum abgeleitet.

Zu den wichtigen Stätten der Steiermark zählt folgerichtig auch der *Frauenberg* bei **Admont**. Dorthin, auf den „heiligen Berg", pilgern zahlreiche Gruppen, verlobte Wallfahrten und Einzelpersonen in persönlichen Anliegen. So haben beispielsweise die Bewohner des gut 25 Kilometer entfernten St. Gallen um das Jahr 1800 versprochen, alljährlich am Wochenende nach Pfingsten zu „immerwährenden Bittgängen" zum Frauenberg zu gehen. Anlass für dieses Gelöbnisses war eine Lawinenkatastrophe und besonders die Hungersnot von Anfang 1800. Die St. Gallener gehen bis in die Gegenwart in „großer Zahl" am Samstag vor dem Dreifaltigkeitssonntag nach Frauenberg.

*Nach übereinstimmenden Berichten von Teilnehmern liegt die Zahl immer beträchtlich über 100, das ist für einen relativ kleinen Markt eine starke Aussage, da es sich bekanntlich um ein Gelübde handelt, das laut Geschichtsschreibung mehr als 200 Jahre alt ist. Auch junge St. Gallener sind immer gut vertreten …*

(Siehe u. a. in *Da schau her*, Juli 2003)

*Frauenberg bei Admont.*

# GEHEIMNISVOLLE ALTE STEINKULTE
## am WOLFGANGSEE

beflügeln Zeitungsschreiber, Lokalredakteure, Kulturforscher und Kultplatz-Sucher in gleicher Weise. Immer stärker werden Suche und Sucht, immer magischer wird es und immer mehr gleitet diese mysteriöse Suche ins Kuriose. In den letzten Jahren werden diese Plätze mehr und mehr zu touristischen Spekulationsobjekten der Begierde nach Nächtigungen und Rekordumsätzen. Was aber bleibt, ist die Suche nach Verborgenem, nach starken Kräften, ist das versuchte Stillen der Sehnsüchte.

Der heilige Wolfgang steht regional an der Spitze. „Wo der Heilige seine Axt schleuderte", gleiten heute Touristen erwartungsvoll über Steinplatten, kriechen durch einen der berühmt gewordenen *Schliefsteine*, wodurch sie sich Fruchtbarkeit, zumindest aber ein gewisses Kribbeln erhoffen.

Hoch über dem Wolfgangsee steht das *Falkensteinkircherl*. „Am Schliefstein des Falkensteins wird man seine Sünden los". Bravo!

An einem Projekt aus dem Jahre 2000, initiiert von Marko POGACNIG, hat sich offiziell auch der Tourismusverband Mondseeland beteiligt. Im Freundeskreis und Verein „Vortex Mondsee" sollten sich Touristen und „Gottsucher" im „Landschafts- und Erdheilungsprojekt Mondseeland" treffen. Man konnte auch Mitglied werden und durch seinen Beitrag in „Verbindung mit Erde und Natur treten". In einem Begleittext wurde zwischen Schafberg, Mondsee und Wolfgangsee eine Dreieckslinie gezogen; vom *Schafberg [der] mit seiner Lichtachse Erde und Himmel verbindet* nach St. Wolfgang, *als Platz durch den man die Kräfte der Lichtachse kontaktieren kann,* schließlich zum Mondsee als *Pforte zur Erfahrung der Lichtachse und Platz der Einweihung in das Geheimnis des Gespräches zwischen Erde und Kosmos.*

In diesem Dunstkreis, teilweise bereits jenseits der Seriosität, ist eine neue Esoterik entstanden, an der dann auch der Tourismus nicht vorbeigehen wollte. Die cleversten Tourismusmanager haben diesen Boom zu nutzen und zu vermarkten verstanden. Im Mondseeland war das etwa die Marke **Holon**. *Mit dem Begriff des vertieften Tourismus meine ich die Möglichkeit einen Ort oder eine Landschaft so besuchen und erleben zu können, daß man sich selbst dabei wandeln und tiefer erden kann.* (Pogacnik)

Das Finale muss eindrucksvoll gewesen sein:
*Zwei Stunden später geschah die komplette Verankerung der neuen Energie: ein Blitz, wie ein Ball aus Licht, schoss in Nord-/ Süd-Richtung durch das Haus der Schamanin und unmittelbar darauf ein weiterer in Ost/West-Richtung. Mehrere Menschen wurden Zeugen dieses Phänomens, in dem die vier Himmelsrichtungen geehrt wurden.*

Seit diesem touristischen Esoterik-Boom in den Jahren 2000 bis 2003 sind die Touristiker nun wieder skeptischer und vorsichtiger geworden. Mittlerweile lockt der Wellness-Boom die Schickeria in die teuren Innenräume schicker Gesundheitstempel. Aber der Kult boomt nach wie vor, und der Mythos feiert zwischen Räucherstäbchen und einer neuen Mafia „in excelsis deo" fröhliche Auferstehung. Mit *religio* ist vieles heilbar …

Schon 1999 hatte ein von der EU gefördertes Projekt das so genannte

PILGERZENTRUM KREMSTAL

möglich gemacht. Das Ziel des Projektes bestand unter anderem darin, dass der regionale Tourismusverband das Wallfahrten neu beleben wollte. In einem Prospekt war dazu unter anderem zu lesen: *Die Wallfahrt, seit Jahrtausenden lang eine Reise auf den göttlichen Spuren, soll wieder von Reisegruppen mit dem Autobus hingeführt werden …*

Schon ein Jahr zuvor, am 1. November 1998 hatte die Tageszeitung *Der Standard* das Wandern **auf heiligen Wegen über den Mondsee** beschrieben.

Seither hat die Sehnsucht der Menschen nach den geheimnisvollen Kräften und Strömen keineswegs nachgelassen. Die vordergründig touristisch-kommerzielle Nutzung dieses Bedürfnisses gerät allerdings mehr und mehr ins Zwielicht. Gäste verlassen sich auf Botschaften; sie haben für ihren Aufenthalt gezahlt und wollen dafür „innere Werte" zurückgewinnen. Vielfach fallen sie dabei aber nur auf Täuschung herein. Da die Amtskirchen sich weitgehend dem Bedürfnis nach einem Kultplatz verweigern, werden die Suchenden naturgemäß vermehrt in die offenen und teilweise geldgierigen Arme diverser Schein-Beglücker getrieben.

Derzeit sind die Wallfahrtsstätten in bisher ungeahntem Ausmaß Ziel von Sinn-Suchern und von Menschen auf der Suche nach Mythen, Riten und alten Ritualen. Umso größer ist daher auch die Gefahr der Zweckentfremdung und Täuschung.

## MYSTISCHE STÄTTEN IM DUNKELSTEINER WALD

harren einer sensiblen, vorsichtigen Suche. Weit abseits von Tourismusrummel und Esoterik-Profiteuren sind im scheinbar dunklen „Dunkelsteiner Wald" eine Vielzahl geheimnisvoller Stätten zu entdecken, mystische Plätze mit und ohne Rute und Pendel. Der gar nicht so dunkle Wald öffnet sich dem Suchenden, der keine spektakulären Plätze sucht, sondern Orte der Stille und der Unauffälligkeit. Wer kennt diese geheimnisvollen Stätten, die *Zur Toten Frau* führen, die *Beim Toten Mann* genannt werden?

Möglicherweise liegen dem allen geschichtliche Ereignisse zugrunde, da in dieser Gegend anno 1603 ein Mord geschehen sein soll. Eher aber handelt es sich bei den Plätzen dieses Namens, die sich mehrfach finden, um geheimnisvolle Orte, vielleicht um ehemalige „Opferplätze".

Wer kennt den *Steinkreis im Göttweiger Wald* oder den *Steinkreis von Geyersberg*?

St. Wolfgang im Salzkammergut ist Wallfahrerkreisen in aller Welt ein Begriff. Wer aber kennt den *Wolfgangstein* in der Nähe von Schönbühel oder den *Feentanzplatz* oder die *Osterburg* hoch über dem Fluss Pielach? Gleiches und Ähnliches an Fülle von Geheimnissen kann in vielen Regionen der Alpen, in Niederösterreich genauso wie im Piemont, in der Surselva, in den slowenischen Bergtälern entdeckt werden. Eva und Wolfgang Bohaczek können zumindest über den Dunkelsteiner Wald einige dunkle Stellen lichten. Im Buch „Kult und Geomantie. Mystische Stätten im Dunkelsteinerwald" geben Eva und Wolfgang BOHACZEK wertvolle Informationen über bisher unbekannte und kaum beachtete mystische Stätten und ihre geomantischen Besonderheiten, u. a. auf den Seiten 47 ff., 62–64, 76 ff., 97.

Bedeutende und im Volksglauben markante Plätze lassen sich in fast jeder Gemeinde finden. Oft sind damit Sagen verbunden oder ein besonders markanter Berg. Einer dieser Plätze ist der

## ÖTSCHER

mit 1893 m keiner der großen Alpenberge, aber ein weit über das niederösterreichische Alpenvorland aufragender Bergkoloss von regionaler Bedeutung für Wetter, Landwirtschaft, Tourismus, Kultur und Kult. In einem *GEO*-Austria-Bericht 05/2002 wird er als

## „FUJIJAMA VON NIEDERÖSTERREICH"

bezeichnet und gilt als alter Wunderberg, als ein von Riesen, Zwergen und Hexen bewohnter Ort. Das auch *Nordkap der steirisch-niederösterreichischen Kalkalpen* benannte Bergmassiv war als Vorposten der Hochalpen, als gefährlicher Gewitterberg immer suspekt, geschätzt und gefürchtet. Dort treffen sich Hexen und unerlöste Seelen. Dorthin soll, so berichten die Gerichtsakten, Elisabeth Plainacher – als Hexe – geflogen sein. Sie war die letzte im Jahre 1583 im Raum Wien verbrannte Hexe. Es bleibt allerdings im Dunkeln, was wirklich dahinter steckt. Warum flog sie zum Ötscher? War sie eine der weißen oder weisen Frauen, deren Wissen den Leuten und vor allem der Geistlichkeit suspekt war? Der mächtige Berg birgt also eine Unzahl an Mythen und Sagen.

Scheinbar unbedeutend wirken hingegen kleine Berge und Hügel. Aber auch diese sind vielfach Stätten der Verehrung, der Scheu, des Schreckens und der Schönheit. Viele davon sind mit Kirchen und Kapellen, mit Kreuzen und anderen Kultmerkmalen versehen und Ziel von Wallfahrern und anderen Sinn-Suchern, von Wanderern und Touristen, von Gläubigen, Ungläubigen, von Spöttern und Nonnen.

Scheinbar unbedeutend wirkt auf den ersten Blick u. a. auch der

## HERMANNSKOGEL

im Wienerwald. Dort labten sich die Einheimischen an der kleinen Wunderquelle des *Jungfraubrünnl.* Das Heilwasser soll gegen

Augenleiden helfen. Im Jahre 1817 wurde dann gegen den überaus starken Zuspruch sozusagen „amtsgehandelt". Die Tatsache, dass Tausende Menschen vor allem an Sonntagen dorthin pilgerten, hatte den Unwillen der Polizeiverwaltung des Fürsten Metternich auf sich gezogen. Es folgte ein Verbot und das vielverehrte Marienbild wurde entfernt. Dennoch kamen die Leute weiterhin hierher. *Auch ohne Marienbild auf dem Baum zogen im Oktober 1817 – laut Polizeibericht – an einem Sonntag 15.000 bis 20.000 Menschen zu ihm hin.*

(Lukan, Herrgottsitz und Teufelsbett, S. 22 f.)

Der Hermannskogel soll in alter, vorchristlicher Zeit als **heiliger Berg** gegolten haben. Eine romantische Sage aus der Umgebung von Wien und Sievering weiß von der Feentochter Agnes und dem Kohlenbrenner-Karl zu berichten. Eine der überlieferten Fassungen lautet folgendermaßen:

*Eine wunderschöne Fee soll einst in den Wäldern über Sievering gehaust haben. Und als einmal ein fremder König auf der Jagd sich in dieser Wildnis verirrte, begegnete er der Fee. Sie blieb über Nacht bei ihm, wies ihm am Morgen den Weg zu seinem Gefolge und nahm herzlich Abschied. Nach einiger Zeit gebar die Fee ein Mädchen. Sie nannte es Agnes und gab es Köhlersleuten in die Pflege, die es dann mit ihrem eigenen Sohn Karl zusammen aufzogen. Mit Agnes war das Glück zu den armen Leuten gekommen, denn jedes Stück Kohle, welches das Mädchen berührte, verwandelte sich in pures Gold …*

Agnes und Karl wurden ein Liebespaar. Sie erbauten sogar ein großes und prächtiges Schloss. Das Glück aber währte nicht ewig. Karl vergaß auf die Treue, wandte sich von Agnes ab und verschwand. Einmal jedoch suchte Karl im Wald nach seiner Agnes:

*… und als er sich Agnes nähern wollte, stand plötzlich die erzürnte Fee vor ihm. Ihr Fluch öffnete die Erde und Karl und das Schloß versanken mit schrecklichem Getöse. Seit diesem Tag sollen Agnes und Karl ruhelos in den Wäldern des Hermannskogels herumirren – Karl, auf Erlösung wartend, Agnes, um auch in der Verdammnis bei ihrem Geliebten zu sein.*

(Nach Lukan, Herrgottsitz und Teufelsbett, S. 23)

Einer der dominantesten Wallfahrtsorte auf einem Berg, weit über dem Alpenvorland sichtbar, ist der

# SONNTAGBERG

oberhalb von Waidhofen an der Ybbs. Jeder Reisende, ob mit Bahn oder Auto, wird bei halbwegs gutem Wetter von allen Seiten die mächtige Kirchenanlage erkennen können. Auch um diese Wallfahrt ranken sich zahlreiche Geschichten, Legenden und Tatsachenberichte.

Ursprünglich stand dort keine Kirche, weder eine kleine noch die heutige große. Vielmehr wurde dort ein Stein verehrt, ein heiliger Stein, der angeblich eine übermäßig starke Strahlung aufwies. Nach Pfarrer Jantsch handelt es sich um einen „Zeichenstein, auf dem ein Sippenmahl gehalten wurde, wobei das weiße Brot, das noch jetzt auf dem Stein abgebildet ist, verteilt wurde". Später wurde der Stein mit dem Platz „umgetauft" und der Heiligen Dreifaltigkeit geweiht. Die Leute hatten die Gewohnheit, kleine Splitter vom Stein abzubrechen oder ihn abzuschaben. Stein und Pulver galten als heilkräftig und wurden sogar von den Geistlichen verabreicht.

(Jantsch, Kultplätze im Land um Wien, v. a. S. 57 ff.)

285

Außer dem „heiligen" Stein besitzt der Wallfahrtsort auch eine Quelle, das so genannte „Türkenbründl". Nach der Legende sind die heranstürmenden Türken mit ihren Pferden dort eingesunken und das Heiligtum schien gerettet.

Im Laufe der Jahrhunderte wurde die Kirche dann immer weiter ausgebaut und vergrößert. Nach dem Zweiten Weltkrieg erlangte der Wallfahrtsort großes Ansehen. Sogar der damalige österreichische Bundeskanzler Leopold FIGL hat ihn in seiner Ansprache zu Kriegsheimkehrern erwähnt: *Wir wollen unserer Lieben Frau vom Sonntagberg für die glückliche Heimkehr vom Krieg danken.*

Jantsch berichtet weiter, dass der damalige Pfarrer bei diesem Satz dem Bundeskanzler zugeflüstert haben soll: *Wir sind kein Marienheiligtum.* Worauf dann Figl geantwortet haben soll: *Ist eh alles dasselbe.* (Jantsch, Kultplätze, S. 57)

Wie alle wichtigen Wallfahrtsorte Österreichs und der ehemaligen Habsburgermonarchie hat Alfred Hoppe in seinem bedeutenden Werk „Des Österreichers Wallfahrtsorte" auch die Wallfahrt vom Sonntagberg beschrieben. Wie immer sehr gründlich, korrekt und liebevoll, hier auch noch gewürzt mit eigener Poesie:

*O Sonntagberg, ich eilt so manchesmal*
*Im Flug an dir vorbei im schönen Tal.*
*Blickt auf zu dir und grüßte minniglich*
*Und – ohne dich zu kennen – liebt ich dich.*
*Da kam der Tag, da dich mein Fuß erklommen*
*Und ich als Pilger war zu dir gekommen:*
*Mein Sonntagberg! Voll Staunen hochentzückt*
*Hab deines Tempels Pracht ich da erblickt!*
*Du bist wahrhaftig aller Berge Kron*
*Und Öst'reichs allerschönster Gnadenthron.*

Hoppe hält diese Wallfahrtskirche für die schönste und größte in Niederösterreich.

*Maria Lanzendorf, Maria Dreieichen, ja selbst Mariataferl müssen zurücktreten vor der Pracht des Sonntagsberges.*

Vor dem Bau der großen Kirche und der vorher dort bestehenden Kapelle soll sich übrigens eine Einsiedelei dort befunden haben.

Auch eine lieblich-romantische Geschichte darüber, wie es zum Bau des ersten Heiligtums gekommen ist, kursiert: *Trieb da eines schönen Tages ein Hirt seine Herde auf den Berg hinauf. Unachtsam übergab es sich der Ruhe und bemerkte endlich nach längerer Zeit zu seinem nicht geringen Schrecken, daß die ganze Herde sich verlaufen hatte. Atemlos suchte er die ganze Gegend ab und brach endlich nach stundenlangem, vergeblichen Suchen ermattet und todmüde bei einem Felsen zusammen. Der Schlaf senkte sich auf seine Lider. Aber siehe da, im Traume erschien ihm, dem frommen Hirten, der inbrünstig zu Gott gerufen hatte, ein liebliches Bild, durch das ihm der Ort geoffenbart ward, wo seine Herde sich verlaufen hätte. Der Traum verschwand. Der Hirte erwachte. Freude durchzuckte sein Herz: aber was war dies? neben sich bemerkte er ein weißes Brot. Dieses genießend, fand er alsbald sein Kräfte wieder, eilte so rasch ihn seine Füße trugen, an die im Traum geschaute Stelle und fand zu seiner unbeschreiblichen Freude dort seine verlorene Herde.* (Hoppe, S. 326)

In den folgenden Wochen, Monaten und Jahren verbreitete sich die Legende von der wunderbaren Rettung der Herde und des Hirten. Und von da ab hatte man den Namen „Wunderstein" oder „Zeichenstein" gefunden, womit der Beginn der Wallfahrt gesetzt war.

*287*

Etwas weniger spektakulär, lokal aber bedeutungsvoll sind drei weitere Berg-Wallfahrten in Niederösterreich:

HAFNERBERG,
MARIAHILFBERG bei Gutenstein  und
MARIA SCHUTZ am Semmering.

Der Hafnerberg liegt an der vielbegangenen Wallfahrtsroute nach Maria Zell. Diese Straße ist, so berichtet Pfarrer Jantsch, *gesäumt von Marterln, alten kultischen Rastplätzen der Pilger …*

(Jantsch, Land rund um Wien, S. 69)

Am ergiebigsten für die Forschung sind jeweils die Darstellungen von Hoppe. Auch über den Hafnerberg finden sich bei ihm Hinweise, die nicht unmittelbar oder überhaupt nicht mit christlichen Ritualen und Glaubensvorstellungen zusammenhängen können. So bestehen also auch hier ältere, so genannte „vorchristliche" Elemente. Zumeist sind es Stein und Wasser oder eine geheimnisvolle Fee. Der Hafnerberg steht im Zusammenhang mit einem „Kult-Berg" namens *Peilstein*. Der Name deutet auf ältere Glaubensvorstellungen. Außerdem befinden sich – laut Hoppe – in der Kirche hinter dem Hochaltar eine „steinerne Säule" und eine Marienstatue.

Vielleicht wurde auf diese Weise ein ehemaliger Menhir einem katholischen Marienwallfahrts-Ort optimal einverleibt und somit umgedeutet, letztlich auch gerettet. Zusätzlich berichtet die Legende, der Müllermeister Pankraz Reichard hätte nach einer wundersamen Rettung die Aufstellung des Marienbildes gelobt. Reichard befand sich auf einer Reise nach Mariazell. Auf dem „damaligen steilen und schmalen Wege des Hafnerberges" ist er durch „Scheuwerden und Fortstürmen" der Pferde in Lebensgefahr geraten und dann gerettet worden. Immer wieder stoßen

288

wir in den Legenden und Sagen auf solche Begebenheiten mit scheuen und wilden Tiere, einem Stier, einem Ochsen usw., einmal in Pinswang-Musau, einmal in Rankweil, einmal im Kanton Uri und an vielen anderen Orten.

Als neue und aktualisierte Wallfahrt „wiederentdeckt" gilt

GUTENSTEIN  mit dem „MARIAHILFBERG".

Als dreisprachiger Kultort – ungarisch und slawisch und deutsch – offeriert sich diese Wallfahrt als „Sakrallandschaft um die Gnadenstätte Mariahilf zu Gutenstein".

Da wird „der religiöse Landschaftsgarten" empfohlen, *umgeben von Bildstöcken, Grotten und Höhlen, in denen Bilder und Statuen die Besucher zur Verehrung Mariens und anderer Heiliger einladen. Dieser Kranz von kleinen Andachtsstätten grenzt die Alltagswelt vom Hauptheiligtum in der Gnadenkirche ab.*

Diese durchaus offensiv-positive Neuausrichtung entspricht voll und ganz einem neuen Trend: der Suche nach mythologischer Landschaft, nach versteckten Werten der „religio". Und immer wieder ist es auch die Suche nach Sinn. Hoppe hebt die Bedeutung des Ortes hervor:

*Wenn man die Wallfahrtsorte nach ihrer Naturschönheit schätzen wollte, wenn romantische Felspartien, wenn herrlich bewaldete, tiefe Täler den Wert der Gnadenorte ausmachten, dann wäre der Mariahilfberg bei Gutenstein unter allen Wallfahrtsorten Niederösterreichs an erster Stelle zu nennen, ihm gebührte dann die Siegespalme, ihm der Ruhm, die Perle Niederösterreichs zu sein.*

(Hoppe, S. 506)

Wieder einmal ist auch hier Alfred Hoppe behilflich, einige „Merkwürdigkeiten" hinter dem Katholisch-Marianischen zu ent-

decken, die sich in den Entstehungslegenden verbergen. So auch hier. Im Jahre 1664 sollen vier Männer dort gerastet haben, und: *Als sie so dalagen, sah gedachter Klerian um einen mächtigen Buschenbaum in der Nähe eine schöne weiße Taube schweben; dreimal umkreiste sie den Baum. Schnell war Klerian aufgesprungen, um sie zu erlegen, denn er hatte eine Flinte bei sich; aber er kam nicht zum Schuss; die Taube enteilte. Schon wollte sich Klerian zu seinen Weggefährten zurückbegeben, da blendete ein unversehenes Licht wie das Leuchten eines Blitzstrahls sein Auge und da er erschreckt in die Höhe blickte, gewahrte er an der Buche das Bild Mariens …*
(Hoppe, S. 508)

Welche Bedeutung mag die „weiße Taube" hier haben? Und das dreimalige Umkreisen des Baumes? Und noch ein weiteres Vorkommnis macht die Geschichte der Wallfahrt spannend: Hoppe weiß von einem Vorfall zu berichten, demzufolge ein junges Bauernmädchen dort Schafe gehütet hat, sich vor einfallendem Gewitter schützen wollte und auf wundersame Weise das Bildnis Mariens am Baume sah. Mehrmals finden sich Hinweise, dass der Kultort auch der Ort der Rettung für verlorene, verlaufende oder sonstwie in Gefahr befindliche Herden, meist von Schafen, war. Das gilt beispielsweise auch für den Luschari-Berg in Italien.


## MARIA SCHUTZ am Semmering

grüßt sehr augenfällig. Alle Reisenden über den Semmering bestaunen die mächtige Kirchenanlage. Als verlässlicher Gewährsmann weiß Alfred Hoppe auch hier, welche Geschichten sich um die Wallfahrt ranken und welche Elemente der Verehrung es außer dem Gnadenbild „Maria Schutz" noch zu entdecken gibt.

Das ist zum einen das „Alpenbrünnlein" hinter dem Altar. Es habe vielmals geholfen und Heilung gebracht. Um dieses Brünnlein, auch *Frauenbrünnlein* genannt, ranken sich alte und älteste Geschichten. Es soll – so Hoppe – „schon seine tausende und abertausende Jahre hier an Ort und Stelle vorhanden" und verehrt sein.

*Seine Ursprungsgeschichte reicht wohl bis in jene heilige Urzeit hinauf, von der uns der Schöpfungsbericht so kurz und vielsagend berichtet:*

*,Es sprach aber Gott: es sammle sich das Wasser, so unter dem Himmel ist, an einem Ort und es erscheine das Trockene. Und also geschah es. Und Gott nannte das Trockene Erde, die Sammlungen der Wasser nannte er Meere …'* (Hoppe, S. 575)

Sonst sehr vorsichtig bei historischen Zuweisungen, geht Hoppe im Falle des Jungfraubrunnens von Maria Schutz Jahrtausende zurück, sogar bis in eine „heilige Urzeit".

Sicher ist, dass auch diese Wallfahrt – wie viele andere – ohne den Brunnen, ohne die Heilige Quelle nicht denkbar ist. Und zumeist finden wir auch noch einen (heiligen) Stein oder einen (heiligen) Baum.

Wie für fast alle österreichischen Bundesländer und für einige, bisher allerdings wenige Regionen der Alpen, wurden in den letzten Jahren auch für Niederösterreich und das Burgenland separate und eigene Dokumentationen der Heiligen Quellen vorgelegt. Mit großem Fleiß haben die beiden Autoren Siegrid HIRSCH und Wolf RUZICKA allein für Niederösterreich 116 Orte vorgestellt. Mehr als die Hälfte davon befindet sich nördlich der Donau, im Wald- und Weinviertel, die andere knappe Hälfte südlich der Donau. Es fällt auf, dass fast alle wichtigen Wallfahrtsorte mit einem heiligen Bründl aufwarten können, dass es dort also die

*291*

Kombination mit dem Gnadenbild in der Kirche gibt. Den Autoren ist die Feststellung wichtig, dass „die heiligen Quellen innerhalb sakraler Orte, wie es eine Kapelle, eine Kirche oder auch ein bronzezeitlicher Kultplatz sein kann" und dass sie über ‚reifes' Wasser verfügen. Das ist Wasser, das durch eigene Kraft und durch eigenen Druck zutage tritt. Dieses Wasser weist einen hohen Anteil kristalliner Strukturen auf. *Reifes Wasser isoliert Keime und verhindert deren Wachstum, dies erklärt auch die fast unbegrenzte Haltbarkeit, die jeder ‚Abfüller' der heiligen Quelle selbst beobachten kann …* (Hirsch/Ruizicka, NÖ, S. 5)

*Stoanernes Weibel auf der Pack.*

# MAGISCHE KLÄNGE

## DIE MAGIE DER MUSIK IM LEBEN UND IN DEN SAGEN UND RITUALEN DER ÄLPLER

Ein überaus kundiger Experte auf diesem Gebiet ist der Schweizer Kulturforscher Sergius Golowin, der in seinen Büchern zahlreiche Hinweise auf die musikantischen Wurzeln und Träume der Alpenbewohner gibt. Allein in seinem Buch „Von jenischen Kesslern und Korbern" finden sich Dutzende von Hinweisen auf die Musik. So erwähnt er etwa den so genannten „Schwarzen Geiger", der mit berauschenden Klängen durchs Land zieht. Das Fahrende Volk, die Leute aus der Welt der Vaganten und den letzten Relikten der Hirtenkultur wissen noch immer davon zu erzählen:

*Wenn alle da waren, erschien aus dem Schatten eine schlanke Gestalt, die eine Geige in den Händen hielt und deren Gestalt ebenfalls völlig geschwärzt war. Ohne lange zu warten und sich bitten zu lassen, begann sie nun ihre Saiten zu streichen. Zu dem immer wilderen Klang drehte sich jetzt der Reigen aller, die da versammelt waren …*

*Die Musik des Schwarzen Geigers soll berauschender gewesen sein als unzählige Flaschen Bier oder Kartoffelschnaps. Niemand konnte aufhören, im Kreis herumzuwirbeln, zumindest solange der Spielmann mit seinem Bogen über die Saiten fuhr …*

(Golowin, Von Jenischen Kesslern und Korbern, S. 83)

Oberhalb des Dorfes Ins zwischen Alpenland und Jura ragt ein großer Felsbrocken, „den die Sage als Sonnenstein kennt und rühmt". An diesem Platz soll sogar getanzt worden sein. Und:

*Manchmal sei auch oben auf dem einsamen Fels ein Musikant gesessen, habe in der hellen Mondnacht die Fiedel gestrichen und dabei wohl über Gott und die schöne Welt nachgedacht.*

(Golowin, von Jenischen und Kesslern, S. 164)

Nun ist das „Tanzen nach der Musik der Winde" durchaus vorstellbar. Aber den Tanz der hereinbrechenden Lawinen, der tödlichen Verheerung in den Bergtälern mit Musik in Zusammenhang zu bringen?

*Das Heulen des Windes, der den Schnee aufwirbelte, das Dröhnen der zum Tal niederfahrenden Lawine und andere Geräusche, die es schon seit der Schöpfung der Erde gibt, gaben die Musik zu den Geschichten …* (Golowin, von Jenischen und Kesslern, S. 250)

Es wird wohl so sein, dass in den Alpen und anderswo kein Leben ohne Musik vorstellbar ist.

Vor allem die Sagenwelt der Schweiz, speziell im Kanton Graubünden, aber auch im Kanton Wallis, kündet häufig von Musik, vom Gesang, von der Fiedel, vom Juchzen. In der Sammlung „Sagen der Schweiz / Graubünden" stoßen wir z. B. auf die Sage *„Wie der Handbub das Jauchzen und Jodeln lernte".*

(Sagen der Schweiz, S. 65 f.)

Ein Bursche hatte bei der Alpabfahrt von der Alp Compadials seinen Melkstuhl vergessen. Er stieg also im Herbst wieder hinauf auf die Alm (die Schweizer sagen dazu „Alp"), um ihn zu holen. Da es nicht anders ging, musste er dort übernachten: *Um die Zwölfe erwachte er und erblickte zu seiner Verwunderung um den Feuerherd drei Sennen, von denen einer auf dem Melkstuhl saß, den er heimholen sollte.*

*Diese drei taten nun Milch in den Kessel und gaben davon dem Handbuben. So gut hatte ihm noch nie die Milch geschmeckt. Sie ließen ihm auch die Wahl zwischen drei Künsten: ‚Gut singen, gut jauchzen und jodeln oder gut pfeifen' zu können. Er wollte gut jauchzen können.*

*Am Morgen nun, als er mit dem Melkstuhl bergab sprang, wollte er seine Kunst probieren, und wirklich konnte er jauchzen, daß er sich selber gern hörte und sich immer zujauchzte.*

*Als er drunten im Tale so schön jauchzte und jodelte, verwunderten sich seine Kameraden, und er mußte ihnen erzählen, wie er es gelernt habe. Der Senn wollte auch jauchzen können und ging an einem Abend in die Alphütte hinauf, um von den drei fremden Käsern das Jauchzen und Jodeln zu lernen. Es ging ihm anfangs wie dem Handbuben, aber zu ihm sagten die drei Sennen, als sie ihn auf dem Lager im Winkel erblickten: ,Dich hat niemand geheißen' und zerrissen ihn in Stücke."*

(Sagen der Schweiz, S. 65/66)

In den berührend archaischen Urner Sagen von Josef MÜLLER, bearbeitet und in Mundart übersetzt von Walter Sigi ARNOLD, finden wir auch die Geschichte über den Hund von Uri auf der Alp Chammli im Schächental. Dort ist das Geläute und Gebimmel der Weideglocken auf magische Weise ins Kultische überhöht. Noch mehr aber hat das Pichel, also das alphornähnliche Blasinstrument, seine Kraft eingesetzt. Dieser Sage zufolge hatten die Bündner nach einem Streit mit den Uri-Hirten Rache geschworen. Sie packten den Senn und wollten ihn lebendig über dem Feuer braten lassen. Vorher aber sollte ihm noch ein letzter Wunsch erfüllt werden. Er bat darum, noch einmal sein ,Pichla', also das alphornähnliche Instrument blasen zu dürfen. Weil sie nichts dagegen einzuwenden hatten, *da hat er mit aller Kraft angefangen sein Pichel zu blasen, so daß es weit ins Tal hinaus zu hören gewesen ist.* Im Tal hat der „Schatz" den Ton des Pichli gehört, seine Tonsprache verstanden und sofort einen Trupp Leute

295

zusammengestellt, *allen voran der Hund von Uri, ist los gegen Chammli zu, um dem Senn zu Hilfe zu kommen. Aber der ist in der Zwischenzeit, ermüdet vom Pichlä zusammengesackt und von den Räubern am Turner (= drehbarer Käsekesselhalter) über dem Feuer aufgehängt worden. Er ist schon bewußtlos gewesen, als ihn der Hund von Uri gefunden hat ...* (Müller/Arnold, S. 65)

Aus den slowenischen Bergen ist überliefert, dass dort die **Zlata Baba**, die goldene Ahnfrau lebt, die den Winter herbeizaubern kann, von Schlangen, Hunden und Adlern begleitet wird und Herrin dieses Getiers in den Bergen sei. *Aber sie lärmt auch als Heugeige herum, als die alte und kommende Dämonin der Ernten, fährt mit einem Pflug um und zieht mit ihrem Spektakel die Frauen aus den Dörfern an. Um es jener gleich zu tun, scharren auch sie als Heugeigen daher ...* Diese nicht ganz zuverlässige Quelle ist dem Buch von Gertraud Steiner „Die Herrin im Berg. Die Verwandlungsfahrten der Wildfrauen", entnommen.

(G. Steiner, Die Herrin im Berg, S. 54)

Verlässlicher ist eine Musik-Quelle aus dem Buch von Stefan KELLER „Maria Theresia Wilhelm spurlos verschwunden. Geschichte einer Verfolgung". Dort finden sich unerwartet auch Nachrichten von einem Senner mit seltenen Fähigkeiten sowie über das geheimnisvolle Klingen und Zusammenklingen der Kuhglocken. Dieser Senner handelte in seiner Vagantenzeit auch mit den in der Schweiz sehr gefragten „Senntums-Geschellen", also dem feierlichen Geläute für den Abtrieb des Rindviehs von der Alm und Alp. Es wird überliefert, *daß die vom Sandbühler gehandelten und arrangierten Dreier-Geschelle am schönsten geklungen haben sollen in der Region, daß man ihn nicht zuletzt deshalb vielerorts schätzte und ihm Unterschlupf bot. Seine Musikalität beim ‚Schellenschütteln', seine Kunst im Geschichtenerzählen, sein herrschaftlicher Gang wird mehrfach erwähnt, sein*

*immenses Wissen um die Natur, um das Verhalten der Tiere oder*
*die Wirkung der Kräuter …* (Keller, S. 80)

Am 14.11.1977 vermerkt der Autor unter anderem:
*Ulrich Gantenbein stirbt. – Kurze Zeit nach seinem Tod wird dem*
*Bauern Peter Zogg am Grabserberg ein Senntumsgeschell zurück-*
*erstattet, das in den sechziger Jahren vom Bezirksamt Werdenberg*
*beschlagnahmt worden ist. Zogg hatte diese ‚abnormal guten*
*Schellen' seinerzeit von Ulrich Gantenbein erstanden, der sie aus*
*Österreich importierte, und ihre Qualität hatte sich im Alvier-*
*und Alpsteingebiet wie ein Lauffeuer herumgesprochen …*

*Die Legende vom unehrlichen Schellenhändler hält sich bis*
*heute. Wer ihr nachgeht, stößt stets auf die Geschichte mit dem*
*Urnäscher: Die Konfiskation ist bekannt, aber von der Rückgabe*
*der Schellen wissen die wenigsten …* (Keller, S. 122)

Die Gabe der Musik gilt als Gabe der Jenseitigen. So widerspiegeln
die Sagen wesentliche Teile des Jenseitigen, Nicht-Erklärbaren, des
Mythischen, der Anderswelt. Musik wird in diesem Zusammenhang überhöht und bewirkt kultische Höhepunkte. Mehrfach wird
uns in Schweizer Sagen berichtet, dass der junge Hirt, der Zusenn,
der Kuhbub, der sozusagen jungfräuliche Knabe vor der Mannbarkeit Zugang zum Anders-Sein hat. Nur ihm wird angeboten, eine
der Künste Jodeln, Pfeifen oder Singen als Gabe erlangen zu können. Mehrmals begegnen wir diesem Sagenmotiv auch im Zusammenhang mit den Sagen um die Sennenpuppe. Mit der Gabe des
Singens, Jodelns oder Pfeifens erhält der Senn oder der Hirtenknabe
übermenschliche Fähigkeiten. Sogar übernatürliche Kräfte werden
ihm zugeschrieben. So kann er nach Belieben das Vieh vor der
Hütte in den Stall bannen, oder Unheil anrichten und es zu den
Abgründen verbannen und zum Absturz bringen. Dieser Bann, aber
auch der Frevel, gelingt am leichtesten mit Hilfe der Musik.

In einer aus dem Montafon in Vorarlberg von Vonbun aufge-
zeichneten Sage tritt einer aus dem Zug des „Nachtvolkes" zu
einem der Bauern, *der in einer mondhellen Nacht im Murner-
tobel auf einer Steinplatte sitzend zum Zeitvertreib auf seiner
Maultrommel spielt* und verspricht ihm, er könne ihm beibringen,
noch um vieles besser zu spielen, wenn er es wolle. Natürlich
wollte der Bauer das. Aber als der Unterricht begann, kam plötzlich ein fremdes Weibsbild daher, packte den Musiklehrer beim
Arm und rief ihm zu: *Komm, mit dem Bauer ist nichts anzufan-
gen, der hat heute Weihwasser genommen.*            (Vonbum, Sagen)

In einer anderen Montafoner Sage konnte der Musikant sogar
die Bäume dazu bringen, sich bis zu den Wipfeln hinauf zu wie-
gen, einen Ast wie eine Flöte, einen anderen wie eine Klarinette
klingen zu lassen.

Forscher haben auch herausgefunden, dass in vielen Sagen aus
dem Wallis, die vom Totenheer und dem Zug über die Gletscher
berichten, oft Musik erklingt oder ein Musikant mitzieht. Der Zug
der armen Seelen wird also im Jenseits von der Musik begleitet, die
im menschlichen Erdenleben zumeist verboten oder verpönt war.

Möglich ist auch, dass sich in diesen Sagen die Ursprünge des
berühmten Kuhreihens verbergen. Ein Schweizer Volkskundler
hat diese These mit folgenden Worten bestätigt: *Daß die Kühe
durch die orphische Macht dieses einfachen Gesanges, an den sie
gewöhnt sind, sich tatsächlich besser leiten lassen als durch Flüche,
Steinwürfe und Hiebe …*

Es liegt auch nahe, in diesen beschwörend-magischen Gesängen und Weisen letzte Reste eines ehemals auch im inneren
Alpenraum existenten Schamanismus erkennen zu können.

Ungeklärt ist auch die magische Bedeutung des Kuh-Lockrufes
beispielsweise in der Form des Betrufes. Das langgezogene und
sich immer wieder wiederholende „Loba Loba" ist vielleicht „nur"

*Magische Klänge durch das Knallen der Peitsche. Anlässlich der Aufstellung der archäologischen Kupferstelen in der Nähe von Vent im Ötztal im September 1998.*

das alte und andere Wort für „Alm" und „Alp". Wir sind in unserer vergleichend-interdisziplinären Forschung noch nicht so weit, dahinter mit Sicherheit einen magischen Beschwörungsruf nachzuweisen. Somit ist auch nicht geklärt, ob dieses alte Wort neben der sonst bekannten Anwendung im Innerschweizer Betruf nicht auch im alten Kulturraum des hinteren Ötztales vorkommt, nämlich im „Lobferner" und im entsprechenden Lob-Kar.

Hier muss auch erwähnt werden, dass in der Blümlisalp-Sage aus den Ötztaler Alpen, und zwar in der Langtauferer Variante mit der Stadt Onanä ein merkwürdiges Paar auftritt: der alte Vater mit der Harfe und die Tochter mit ihrem Gesang. Sie sollen die verderbten Stadtbewohner zur Umkehr bewegen. Vergebens. Die sündige Stadt verschwindet unter dem Ferner.

## Der LABGESANG und der KÄSE in den Alpen

Eine musikwissenschaftlich vorerst sehr fragwürdige, weil derzeit nicht nachweisbare und beweisbare Information findet sich in der großen Alpensammlung der *Alpenakademie* von *pro vita alpina.* Bereits im Juni 1990 war die Nummer 0 der neuen Älpler-Zeitung *Z'Alp* erschienen. Dort ist auf Seite 13 bis 15 der *„Kleine Beitrag zur Geschichte des Labgesangs zu Jacobi (25. Juli) unter besonderer Berücksichtigung gastronomischer Aspekte"* nachzulesen. Weitere Nachfragen zu diesem äußerst spannenden Thema brachten leider keine weiteren Erkenntnisse oder Ergebnisse. *Z'Alp* beruft sich auf eine geschriebene Quelle aus dem Jahre 1739. Die Mutter eines Sennen von der Alp Louckhellen in der Innerschweiz schreibt da unter anderem: *... Bi miner lib Frouw. der Bruch zu Jacobi will nicht mehr gelingen, es fehlen Stimmen.*

Ergänzend wird auf eine Nachricht über das Albkäsen aus dem 16. Jahrhundert verwiesen. Demnach soll der so genannte Labgesang auf folgende Weise wirksam geworden sein: *Der appenzellerische Labgesang wird bis weit über eine halbe Stunde mit beständigen Veränderungen gesungen ...*

*Dieser Gesang ist so alt wie die Hirten selbst ...*
*Daher sieht man bei diesem Gesang gar keine Bewegung des Kinnladens und ihrer Muskeln, daher haben diese Töne fast nichts ähnliches mit denen, welche sonst aus der menschlichen Kehle zu hören gewohnt sind.*

Anhand dieser von einem Anonymus vermutlich anno 1610 verfassten Nachricht könnten wir auf die Spur einer einzigartigen Musikkultur in den Alpen stoßen. Leider lässt sich bisher aber keine weitere konkrete Spur verfolgen. Die Autoren der *Z'Alp* folgern aber:

*Der Bruch wurde durch einen speziellen Gesang, gesungen vom gesamten Alppersonal, den Labgesang, hervorgerufen. Von Anfang an, beim ersten Aufflammen des Feuers, bis zum Eindicken erklangen diese meditativen Klänge in den verrauchten Sennten. Der überraschenden Schluß fand das Jacobikäsen mit einem kurzen, höchst konzentrierten, schrillen Schrei, ähnlich dem japanischen Ki-ai. Bei diesem Schrei zerbrach die Masse zur richtigen Korngröße und konnte gleich ausgezogen werden.*

## DER KNALL DER PEITSCHE

kann Teil sehr mächtiger Magie sein. Das Knallen der Peitschen beim Almabtrieb soll nicht allein Ausdruck der Freude und Demonstration von Kraft sein. Vielmehr soll das Knallen auch abwehren. Nach dem Almabtrieb bleiben nämlich die so genannten Geister auf der Alm zurück. Niemand von den Menschen darf und soll jetzt noch die Alm und die Almhütte betreten. Viele Sagen berichten davon, wie sonst die Almgeister kommen, den Rückkehrer töten und dessen Haut auf dem Hüttendach zum Trocknen und zur Abschreckung aufspannen.

Der Knall der großen Peitschen, wie sie zum Almabtrieb, auch an den Tagen vorher und nachher gebräuchlich sind, dient also nicht mehr dem Anlocken der Tiere. Vielmehr soll die Peitsche mit elementarer Gewalt etwas Unheimliches bewirken: Sie dient als Abwehrzauber und soll eine mythische Handlung setzen. Im Südtiroler Passeiertal leben Spezialisten im Herstellen großer Peitschen. Einige „Schnöller"-Vereine – das Peitschenknallen heißt auch „Schnöllen" –, so auch der von Huben im Tiroler Ötztal, beziehen ihre Peitschen, auch „Goasln" genannt, aus dem Passeiertal. Jährlich, seit über zehn Jahren, werden die *Alpentöne* in

*Magische Klänge durch das Knallen der Peitsche. Anlässlich der Aufstellung der archäologischen Kupferstelen in der Nähe von Vent im Ötztal im September 1998.*

Obergurgl/Tirol mit den „Schnöllern" eröffnet. Mitunter gelingt dabei der „Dreier" oder gar der „Vierer", also das nahezu perfekt eingeübte Schnöllen mit abgestimmtem Rhythmus. Es klingt beängstigend, schauerlich, dramatisch, faszinierend und überaus eindrucksvoll.

Einem der Rätsel über Wirkung und Macht der Peitsche scheint in allerjüngster Zeit auch die Wissenschaft auf der Spur zu sein. Das Knallen der Peitsche kommt demnach dadurch zustande, dass das Ende der Schnur durch den Schlag Überschallgeschwindigkeit erreicht – ähnlich dem Düsenjet beim Durchbrechen der Schallmauer. Im Jahre 1998 gelangen in diesem Zusammenhang Peter KREHL und Stephan ENGEMANN vom Ernst-Mach-Institut für Kurzzeitdynamik des Fraunhofer Instituts sowie Dieter SCHWENKEL von der Video Kommunikation GmbH. mit Hilfe digitaler Hochgeschwindigkeitsfotografie höchst erstaunliche Entdeckungen: so wird die Schnur der Peitsche bis zum 50.000-fachen der Erdbeschleunigung angetrieben und hat zum Zeitpunkt des Knalls bereits mehr als die doppelte Schallgeschwindigkeit erreicht.

Die amerikanischen Mathematiker Alain GORIELY und Tyler MCMILLEN von der University of Arizona in Tucson haben mit Hilfe eines einfachen pysikalisch-mathematischen Modells nachgerechnet und sind zu einem erstaunlichen Ergebnis gekommen, nachzulesen in der Zeitschrift *GEO*, Ausgabe Oktober 2002, S. 212: *Den Knall erzeugt eine Schlaufe in der Schnur. Diese wird durch eine spezielle Vorwärts-Rückwärts-Schlagbewegung hinter dem Peitschengriff erzeugt und läuft mit wachsender Geschwindigkeit auf das Schnurende zu. Die Schockwelle – und damit der Knall – entsteht, wenn die Schlaufe am Ende der Schnur beim Öffnen die Schallmauer durchbricht – die Schnur hat hier im Scheitelpunkt der Schlaufe in diesem Moment schon die doppelte Schallgeschwindigkeit erreicht.*

Nicht nur vom Almabtrieb kennen wir die kultische Handlung des Peitschenknallens. In Volkskunde und Völkerkunde sind viele Anlässe bekannt, zu denen das Knallen der Peitschen dazugehört. Peitschenknallen dient als Fruchtbarkeits- und Lärmzauber beispielsweise beim Aperschnalzen, beim Kornaufwecken, beim „Langeswecken" unter anderem in Teilen von Salzburg und Tirol. Ganz besonders eindrucksvoll sind auch die Peitschenknaller bei den Fasnacht- und Faschingszügen in vielen Ländern der Alpen. In Meran gab es unter anderem das „Maibutterschnöllen". In Oberbayern ist das Herbsteinschnalzen am Bartholomäustag (25. August) überliefert.

Dank der neuesten Erkenntnisse aus der Wissenschaft können wir annähernd begreifen, warum vom Peitschenknall eine solche Wirkung ausgeht, warum dieses Knallen als Lärm- und Bannzauber eine solche Faszination ausübt.

# RUND UM DEN TRIGLAV (2864 m)

*Der Triglav ist für die Slowenen viel mehr als nur der höchste Berg ihres Landes – er ist Symbol ihres Volkes, seit ihrer Unabhängigkeitserklärung im Juni 1991 Symbol ihrer Republik. Den Triglav ‚besteigt' man nicht – auf den Triglav ‚pilgert' man. Die Ersteigung ist für viele Slowenen nicht nur eine bergsteigerische Leistung, sondern auch eine Herzensangelegenheit, eine patriotische Tat, und nicht selten erschallen Chorgesänge vom Gipfel,* schreibt Ingrid PILZ im Jahre 1999.

In der viersprachigen Dokumentation „Eine fantastische Welt", herausgegeben vom „Netzwerk alpine Schutzgebiete" (slowenisch/französisch/italienisch/deutsch) wurden aus allen wichtigen Schutzgebieten der Alpen typische Sagen und Legenden gesammelt. Für den Triglav-Nationalpark hat Janez Bizjak die Sage „Der Steinbock mit den goldenen Hörnern" beigesteuert. In der Einführung dazu vermerkt Bizjak: *Diese Sage ist im Herzen der Julischen Alpen entstanden und erzählt von den wunderbaren Gärten im Tal der Seen des Triglav. Da es jedoch nicht möglich ist, ihre Entstehungszeit zu bestimmen, bleibt sie zeitlos. Sie übernimmt die beunruhigende Botschaft von den zerstörerischen Folgen, die das Handeln der Menschen für die Natur haben kann. Wenn der Mensch die Grenzen der Vernunft überschreitet, ohne jegliche Bedenken das natürliche Gleichgewicht stört und die verbotene Frucht einzig zu seinem eigenen Nutzen pflückt, muß er zur Strafe sterben. Die Natur hingegen erholt sich langsam wieder und lebt weiter.*                                    (Bizjak, S. 182)

Nun die berühmte Sage des *Zlatorog* in der deutschsprachigen Fassung:

*Früher war das Tal der Seen und die weite Hochebene von Komna ein wahres Alpen-Paradies, in dem weiße Frauen, gute und böse Wesen, wohnten. Manchmal erschienen sie im Tal und halfen Menschen in Bedrängnis und den Wöchnerinnen. Das Kind, das in ihrer Gegenwart zur Welt kam, stand Zeit seines Lebens unter ihrem Schutz. Sie verlangten keinen Dank für ihre guten Taten. Doch, wenn sich jemand aus Versehen oder Überheblichkeit ihren Gefilden näherte, zwangen ihn Steinschlag oder Schneelawinen, Gewitter und Hagel schnell ins Tal zurückzukehren. Ihre Herden weideten in den Bergen unter der Aufsicht eines großen, weißen Steinbocks mit dem Namen Zlatorog. Er hatte goldene Hörner, welche der Schlüssel zu einem ungeheuren verborgenen Schatz waren.*

*Ein junger Jäger aus dem Tal von Trenta wuchs unter dem Schutz der weißen Frauen heran. Ohne die geringste Angst konnte er die höchsten Gipfel besteigen. Eines Tages brachte er einem sehr schönen jungen Mädchen aus dem Tal einen Strauß Bergblumen als Geschenk und gewann so ihre Liebe. Wenig später begehrte jedoch ein reicher Kaufmann aus Venedig das junge Mädchen zur Frau und beschenkte es mit Juwelen und Gold. Er forderte von dem jungen Jäger als Liebesbeweis den Schatz des Zlatorog für das Mädchen zu erringen. Verzweifelt machte er sich noch in derselben Nacht auf die Suche nach Zlatorog.*

*Bei Tagesanbruch erblickte er ihn auf einem hohen Felsen, zielte auf ihn, vergaß jedoch Zlatorogs Zauberkräfte. Wunderbare Blumen wuchsen dort, wo das Blut des tödlich getroffenen Tieres rann. Sterbend fraß Zlatorog eine von ihnen und erhielt augenblicklich seine volle Lebenskraft zurück. Er stürzte sich auf den Jäger, der voller Schreck und geblendet von den goldenen Hörnern in eine Schlucht fiel. Der Fluss Soca trug seinen Leichnam ins Tal. In seinen Händen hielt er einen Strauß Blumen vom Triglav. In seinem heiligen Zorn zerstörte Zlatorog das Bergparadies und verschwand*

*Eine verfallene Heu-‚Harpfe' im Radovna-Tal in Slowenien,*
*ein typisches Trockengestell.*

*für immer. Die weißen Frauen taten es ihm gleich. Sein Schatz blieb*
*in den Bergen des Triglav verborgen.*

(Netzwerk alpine Schutzgebiete, S. 181–183)

Eine Fülle von Motiven für die Thematik dieses Buches über die
„Mythen der Alpen" steckt in dieser Sage. Die „weißen Frauen"
sind Herrinnen, Beschützerinnen und Rächerinnen.

Einen weißen Steinbock, eine weiße Gämse zu treffen, gilt als
Inbegriff allergrößten Jagdglücks. Diese Tiere stehen unter dem
besonderen Schutz der weißen Frauen. Umso härter fällt die Strafe
aus, wenn auf das weiße Tier geschossen wird.

In anderen Fassungen der Sage wird die geheimnisvolle Höhle
beschrieben, in der der Schatz aufbewahrt ist. Dort liegt der Zau-
berschrein, streng bewacht von einer Schlange mit drei Köpfen.
Wem es gelingt, der Schlange die Köpfe abzuschlagen, der gelangt

an den Schatz. Der Ort dieses Schatzes wird an der Ursprungs-
quelle der Soca vermutet. Somit würden auch noch die Elemente
Wasser und Höhle die an sich schon reichhaltige Sagenwelt des
Zlatorog ergänzen. Dass ein reicher Venezianer auftritt, erinnert
an die vielen Sagen von den „Venediger Mandln" in den Bergen,
an ihr geheimnisvolles Auftauchen, ihr Wissen um die Schätze des
Berges und ihr ebenso geheimnisvolles Verschwinden.

Rudolf BAUMBACH hat das Buch „Zlatorog. Eine Sage aus den
Julischen Alpen" geschrieben, er hat den Inhalt ausgeschmückt
und dichterisch umgestaltet. Der Autor berichtet von der wunderbaren Blume und wie der angeschossene, schwer verwundete
Zlatorog gesunden konnte. Die Sage über den Zlatorog, so vermutet er, hätte ihre heutige Form zur Zeit der Völkerwanderung
angenommen. *Der Kern der Geschichte wurde jedoch aus den fer-
nen asiatisch-europäischen Regionen herangetragen. Das beweist
auch die Ähnlichkeit dieser Sage mit der Mythologie alter Volks-
stämme aus dem Osten.* (Baumbach, S. 106)

„Rund um den Triglav" eröffnet sich eine überaus reiche Welt der
Sagen und Legenden. Eine Fundgrube für den Forschenden und
Interessierten, auch für alle „Kultplatz-Sucher" ist der Wocheiner-
See mit der altehrwürdigen Kirche St. Johann, oder der See von
Bled mit der geheimnisvollen Kirche auf der Insel.
(Weitere Informationen dazu im nächsten Kapitel.)

*Seite 309:*
*Das wichtige Heiligtum St. Johann bei Bochin (am Wocheiner-See) in Slowenien.*

Der „sveta gora" der „Heilige Berg" bei Görz/Slowenien

# SLOWENIEN

## „SVETE GORE" und „SVETA GORA" – HEILIGE BERGE und HEILIGER BERG

Nirgendwo in den Alpen, von den französischen Seealpen bis zum Wienerwald, wird die Kulturlandschaft so dominant von Bergen geprägt, auf denen Kirchen und Kapellen erbaut wurden. Abgesehen von Teilen des Piemont, wo sich ähnliche Kultanlagen auf Bergen und Hügeln befinden, erstrahlt nur hier in Slowenien ältester und alter Glaube  so deutlich sichtbar, leuchtend, einzigartig und  prägend. Dabei gilt Slowenien keineswegs als Prototyp des Katholischen wie beispielsweise Tirol und das Wallis.

Die meisten der Bergheiligtümer sind der Madonna oder der Mutter Anna oder verschiedenen katholischen Heiligen geweiht. Es kann, wie Janez Bizjak auch immer bestätigt, aber als sicher angenommen werden, dass diese Heiligen Stätten der Christen auf älteren, vorchristlichen Kultstätten erbaut wurden.

Einige dieser *Heiligen Berge* sind inzwischen archäologische Fundorte aus der Jungsteinzeit, Bronze- und Eisenzeit. Es lässt sich also mitunter eine über 6000 Jahre zurückreichende Besiedlung und Nutzung nachweisen.

Dreierlei bestätigt so die alten Wurzeln vieler dieser Stätten: zum einen die Ur- und Frühgeschichtsforschung, zum anderen Belege durch zahlreiche Sagen, Legenden und mündliche Überlieferungen,  und schließlich viele altertümliche, teilweise präslawische Orts- und Flurnamen, die auf eine präindoeuropäische Nutzung hinweisen.

Janez Bizjak, der langjährige Direktor des Nationalparks Triglav, seit Anfang 2006 Gründer und Leiter einer privaten,

alpenweiten Forschungsstelle unter dem Namen „Institut alpe"
mit Sitz in Bled/Slowenien, beschäftigt sich seit Jahren intensiv, als
Hobby und voll Enthusiasmus mit den alten Wurzeln der Kultur
in ganz Slowenien, nicht nur in den Bergen und im Bereich des
Nationalparks Triglav.

Dank ihm als einem der besten und fundiertesten Kenner slowenischer Geschichte können die Interessierten an den Geheimnissen des Mythos Slowenien teilhaben. Mit seiner Hilfe kann ein
weitgend unbekanntes Kult-Territorium entdeckt werden. Überall scheinen alte und älteste Sagengestalten und mythologische
Frauen von den Bergen herunter zu grüßen. Immer wieder, inzwischen dutzendfach, erfolgt z. B. die Begegnung mit einer *Baba*,
der *Großen Mutter*, der *Großen Frau*, in den *Heidenbergen*, auf
den *svete gore* und in den *Wildfrauen-Höhlen*.

Auch der mächtige Berg *Mangart*, mit 2677 m zweithöchster
Berg Sloweniens, trägt den alten Namen *Velika Baba*. Es ist also
der „Berg der Großen Mutter".

In einer Publikation des Alpinen Netzwerkes hat Janez Bizjak einige
grundsätzliche Fragen aufgeworfen und Grundsatzgedanken formuliert, die durchaus für den gesamten Alpenraum Gültigkeit
haben und ganz im Sinne des vorliegenden Buches sind: *Mit dem
Begriff ‚alpine Identität' werden einige einzigartige und ungewöhnliche Phänomene assoziiert, die uns behaupten lassen, daß
die Alpen ein biblisches Gedicht sind, eine Galerie der Perfektion
und der Unerreichbaren in der Natur ...*

*Mein Verständnis einer gemeinsamen Identität stützt sich auf
einen anthropogenen Ansatz, da die Alpen auch ein Raum von
Symbolen, Märchen und Legenden sind und von einer Kultur des
Überlebens, die durch die harte Arbeit ihrer Bewohner geschaffen
wurde ...*

*„Svete gore" (Heiliger Berg), ca. 30 km von Laibach/Ljubljana
Richtung Cilli/Celje.*

Und er stellt abschließend die kritische Frage, *auf welche Weise
man die letzten Reste jungfräulicher Natur in den Alpen verwaltet und reglementiert.*

In seinem Beitrag mit dem Titel „Heilige Berge – ein Landschafts- und Mythologiephänomen des slowenischen Alpen- und
Voralpenraumes" beginnt er mit der  Feststellung: *Es gibt nur
wenige Länder in der Welt, wo Heilige Berge keine andere Benennung haben als nur die altertümliche mythologische Darstellung: HEILIGER BERG.*
(slowenisch „Sveta gora" /Einzahl und „Svete gore"/ Mehrzahl)

*In Slowenien stehen gleich drei Berge mit dem Namen ‚Sveta
Gora'. Der erste befindet sich in Ostslowenien und trägt den
Namen in der Pluralform –‚Svete Gore'. Dieser Berg gilt als ältes-*

ter Wallfahrtsort in Slowenien. Der zweite *Heilige Berg* steht nahezu im geografischen Staatszentrum. Er wurde in den Jahrhunderte langen Kriegen gegen die Türken mit einer hohen Wehrmauer geschützt. Der Volksüberlieferung nach sollte man auf diesem Berg Notfeuer angezündet haben, um andere Orte im Land auf die kommende türkische Armee aufmerksam zu machen. Nahe an diesem Heiligen Berg befindet sich auch ein beliebtes Wallfahrtsziel ‚Sveta Planina' (Heilige Alm) mit einer Kirche der Heiligen Mutter Anna.

*Der dritte Berg steht am Rand der Friaulischen Ebene im Westen Sloweniens. Sein offizieller Name ist ‚SVETA GORA NAD GORICO' (der Heilige Berg über Görz). Den statistischen Daten nach ist das der Ort mit den meisten Blitzschlägen in ganz Slowenien.*

*Ist diese Tatsache also eine Bestätigung der tibetanischen Weisheit, dass ein Heiliger Berg der Ort sei, wo sich Himmel und Erde berühren?*

*Auf allen drei oben genannten Bergen stehen Marienkirchen.*

Der erste **Heilige Berg** befindet sich knapp an der Grenze zu Kroatien, ca. 55 km südlich von Marburg/Maribor und ist auf einigen Karten als *svete gore* eingetragen. Der zweite *Heilige Berg* befindet sich gut 30 km auf einer geraden Linie von der Hauptstadt Laibach/Ljubljana Richtung Cilli/Celje und ist ebenfalls in der Karte gekennzeichnet. Der dritte **Heilige Berg** mit 692 m Höhe erhebt sich knapp nördlich von Neu-Görz/Nova Goriza.

*Auch zahlreiche andere Berge in Slowenien sind Wallfahrtsorte, doch werden sie nicht ‚Sveta gora' genannt, sondern tragen die Namen der Heiligen, denen die Kirchen geweiht sind.*

Diese Stätten sind überaus zahlreich. Sie sind dem heiligen Georg geweiht, der heiligen Ursula, dem heiligen Vitus, dem heiligen Stefan. Ein Wallfahrtsberg heißt **Stara gora** (Alter Berg), ein

*Der sensationelle Fund der Knochenflöte in der Höhle „divje babe" („wilde Frau")
bei Cercno in Slowenien. Diese Flöte gilt in der Fachwelt als eines der
bisher bekannten ältesten Musikinstrumente der Menschheit,
datiert mit ca. 43.000 Jahren.*

*Große Bedeutung im Volksglauben haben „Heilige Berge" und darin befindliche Höhlen: Eine davon ist im Berg Prisank (2547 m) und hat die Besonderheit, dass durch das Felsenfenster an einem bestimmten Tag die Sonne durchbricht.*

anderer **Dobra gora** (Guter Berg) und wieder ein anderer **Zalostna gora** (Trauriger Berg). Die für Slowenien sehr wichtige und zugleich höchstgelegene Stätte der Verehrung ist Sankt Ursula auf 1696 m, ca. 13 km südlich von Dravograd.

Der alte Weg von Bochin auf den Pass Vrh Bace (1281 m), der nach Süden und schließlich zum Meer führt, heißt **Ajdovska pot**, also **Heidenweg**.

*Es wurden in den Kirchen auf einigen Heiligen Bergen Messungen der Erd-Strahlung durchgeführt. An den meisten Stellen*

316

*entdeckte man für gutes Befinden der Menschen vorteilhafte, posi-*
*tive Stahlung ...*

*Vermutungen, dass die Kirchen an der Stelle der vorchrist-*
*lichen Kultstätten gebaut worden sind, bestätigen antike Grab-*
*steine und Reliefs, die in die Kirchenwände eingebaut wurden.*

*Eine besondere Stelle unter den Wallfahrtsorten in Slowenien*
*hat die Marienkirche auf der Insel in der Mitte des Sees von Bled.*
*Die mysteriöse Insel mitten im Gletschersee ist mit vielen Legenden*
*und mythologischen Vorstellungen verbunden. Die Wallfahrts-*
*kirche wurde in mehreren Phasen gebaut. Der älteste Grundriß*
*stammt aus der Zeit der Karolinger. Den Legenden nach sollte sich*
*aber auf der Insel eine vorchristliche Kultstätte befinden, der*
*Göttin ‚ZIVA' (die Lebendige) geweiht.* (lt. Janez Bizjak)

Außer und neben den Kirchen und Kultplätzen auf den *Hei-*
*ligen Bergen* und an anderen Orten ist das slowenische Alpen- und
Berggebiet überaus reich an Stätten, die *Heidenberge* heißen und
in denen sich so genannte „Heidenhöhlen" befinden.

*Die slowenischen Worte ‚ajda' (Heide, Buchweizen) und ‚ajdi'*
*(die Heiden, die Riesen) bezeichnen das alte, für die Bergwelt typi-*
*sche Getreide, den Weizen (Buchweizen) und (zugleich) die alter-*
*tümlichen Einwohner mit ihrer teilweise übernatürlichen Größe*
*(die Riesen). Sie lebten hoch im Gebirge oder in den Höhlen.*

(lt. Janez Bizjak)

Das Alter wird durch neueste archäologische Forschungen bis in
die Mittelsteinzeit datiert.

*Ein besonderes Phänomen sind auch die Höhlen mit dem Namen*
*‚DIVJE BABE' (Wilde Frauen, Wilde Weiber) ... Am interessante-*
*sten ist jedoch der Fund der ältesten Flöte aus Tierbein, die nach der*
*Methode C 14 auf das Alter von 43.000 Jahren geschätzt wird.*

Es ist dies die Höhle *Divje Babe* bei Cerkno, nahe dem Dorf
Stopnik. Nach mühsamen Grabungen in eine Tiefe von bis zu

10 Metern gelang endlich der sensationelle Fund. Über die Zuordnung als tatsächlich ältestes, bisher bekanntes Musikinstrument sind die Gelehrten allerdings noch uneins, da auch der Fund einer Flöte in Baden-Württemberg ein ähnliches Alter aufweist. Die Flöte ist spielbar; sie wurde nachgebaut und vielfach wissenschaftlich beschrieben.

Eine weitere Höhle mit ur- und frühgeschichtlichen Funden befindet sich an einer schwer zugänglichen Stelle zwischen Bochin und Bled. Nach der mündlichen Überlieferung ist es die so genannte „Heidenhöhle", in deren unmittelbarer Nähe sich das „Totenloch" befinden soll. Kaum zu finden sind auch die Spuren und Reste von Felsritzungen, ebenfalls zwischen Bochin und Bled. Es seien „Teufelszeichen", behaupten Einheimische. So genannte „Kultplatz-Sucher" haben leider wichtige Teile dieser Fels-Zeichnungen zerstört.

*Die Wilden Frauen sind Riesinnen. In den Legenden kommen sie meistens als Beraterinnen für die Saat, die Vorbereitung und Anfertigung der Pflüge (richtige Wahl des Holzes, damit die Hakenpflüge nicht abbrechen) vor. Sie sind Hüterinnen der Almen und sie wachen über Hirten. Sie vermitteln Wissen über Käseherstellung, helfen bei der Heilung kranker Menschen und kennen sich sehr gut in der Heilkunde aus …*

*Im Unterschied zu den ‚WEISSEN FRAUEN' leben ‚WILDE FRAUEN' nahe den menschlichen Wohnungen. In manchen Legenden heiraten sie sogar einen Menschen …*

Eine Erkundungsfahrt mit Janez BIZJAK und Gerhard LEEB führte in das auf italienischem Staatsgebiet beginnende und in Slowenien endende **Resia**-Tal, beginnend bei Moggio Udinese, endend in Zaga im Soca-Tal.

Droben auf dem Sattel steht eine kleine Sankt-Anna-Kapelle. Nicht weit davon entfernt erhebt sich der 2148 m hohe **Velika**

*Heiliger Berg Prisank.*

*Baba*. In unmittelbarer Nähe, noch auf italienischem Boden, gibt es eine Reihe von Orts-, Berg- und Flurnamen von bemerkenswerter Bedeutung für die lokale Kultur und Identität. (vgl. dazu auch im Kapitel „Heilige Berge", S. 47.)

Bedeutungsvoll erscheint der Name jenes wichtigen Flusses, der im Deutschen als *Isonzo* bekannt ist, auf slowenisch aber *Soca* heißt. Dieses Wort hängt wiederum mit „sonca" zusammen, was „Sonne" bedeutet. Es ist also der „Fluss der Sonne".

Im Ersten Weltkrieg wurden dort fürchterliche, grausame Schlachten geschlagen, wurde brutal gemetzelt und gemordet, wurde die Soca durch das Blut der Toten zeitweise rot eingefärbt. Der „Fluss der Sonne" wurde entweiht.

*Die „Wilde Frau" im Gebirgsstock Blümlisalp.*

# TOTENHEER und KALTE PEIN

ARME SEELEN WANDERN ÜBER DAS EIS DER
GLETSCHER – LÄUTERUNGSORT UND
FEGEFEUER – STÄTTE DER VERBANNUNG –
RUNDHERUM DIE „KALTE PEIN"–
DER FIEBRIGE ZUSTAND IN DER KALTEN
HITZE – ORT GRAUSAMSTER KRIEGE UND
WARUM TAUSENDE IM „KRISTALLPALAST"
KREPIEREN MUSSTEN …

## DIE ARMEN SEELEN IM GLETSCHER

In den Sagen und der Volksüberlieferung der Walliser sind Gletscher zumeist der kollektive Aufenthaltsort Verstorbener. So wird von Wanderern berichtet, die auf dem Weg über die Gletscher im Eis der Gletscherspalten die Köpfe Verstorbener erblickt hätten. Diese armen Seelen steckten so eng aneinandergedrückt im Eis, dass kein Fuß dazwischen gesetzt werden konnte. In einem der Lötschentaler „Gletschermärchen" wiederum wird die Geschichte von einem kleinen, hochgelegenen See erzählt, der in seiner Tiefe große Geheimnisse birgt. Woher hat er sein klares Wasser?

*Das wüßten die armen Seelen zu sagen, die in großer Zahl in der Tiefe des Gletscherseeleins frieren und weinen, seufzen und nach Erlösung schmachten. Von ihren Tränen wird das Gletscherseelein gespeist, darum sind seine Wasser so klar und hell, so lauter und so rein.*

*Die armen Seelen im Gletscherseelein sind einmal lustige Menschen gewesen. Jünglinge und Jungfrauen, die in Alphütten und*

*Bergstübchen lachten und scherzten, die mit ihren schönen falschen Augen andere lockten zu heimlichen Abendsitzen und Schmausereien, Zittelabenden und Tänzen. Jetzt müssen sie hier Reue- und Sühnetränen vergießen für alle ungeziemenden Gedanken und Begierden, für alle leichtfertigen Blicke und losen Worte, mit denen sie alle narrten und verführten, und für alle Schweisstropfen, die auf den Tanzboden geflossen. Erst mit der letzten Reueträne fliegen sie in einer hellen Winternacht, völlig geläutert und gereinigt, selbst licht geworden wie ein Stern, hoch über die Sterne zu ihrem Schöpfer und Beseliger.*

*Es gibt aber Seelen, deren Tränen in der eisigen Wildnis Jahr lang fließen, vielleicht Hunderte von Jahren. In mondhellen Nächten kommen sie herauf aus ihrem kalten Kerker und reichen sich die bleichen Hände zu einem Tanz, zuerst um den schwindligen Rand des Gletscherseeleins. Je mehr Seelen heraufsteigen, umso länger wird die Kette, bis der Reigen das kleine und das große Hockenhorn umspannt.*

*Kein Boden dröhnt, keine Musik spielt und kein Jauchzer erschallt, nur die Tränen fallen ohne Unterbruch auf den Schnee und wandeln sich bei der eisigen Kälte in glitzernde Kristalle, Sterne und Sternlein … "* (Siegen, Lötschental S. 47–49)

Im strengkatholischen Wallis hat hier also pastorales Wunschdenken zugeschlagen. Nur Züchtiges darf geschehen. Moral und Tanz und Heimlichkeiten werden poetisch verbrämt durch die Zuchtrute des dichtenden Pfarrers. Der alte Kern der Sage ist gerade noch erkennbar.

Und auch bei der nächsten Sage aus dem Wallis tritt ein Geistlicher in Aktion. In der Sage „Die armen Seelen im Aletschgletscher" wird vom frommen Pater berichtet, der mit seinen Schülern zum Gletscher wanderte. Der Pater wollte an einer bestimmten Stelle nicht mehr weitergehen, *weil der Aletschgletscher voll armer*

*Seelen ist.* Das wollten die Schüler aber nicht glauben. Da sagte der Pater: *Komm hinter meinen Rücken, stelle deinen rechten Fuß auf meinen linken und schaue über meine Achsel auf den Gletscher hinüber.* So geschah es, und sie sahen voll Entsetzen *aus den blauen Gletscherspalten so viele Köpfe von armen Seelen emportauchen, daß man keinen Fuß hätte dazwischensetzen können.*

(Lötschentaler Gletschermärchen, S. 114)

In derselben Sagensammlung wird auch eine Sage unter dem Titel „Schoch‚d' alt Schmidja spinnt noch" wiedergegeben, die folgendermaßen beginnt: *Im Aletschtale, nahe beim Gletscher, soll einst ein vor Alter schwarzes Holzhäuschen gestanden sein, das eine fromme alte Witwe bewohnte. Sie betete viel für die armen Seelen im Aletschgletscher. Wenn sie in den langen Winternächten im Schein eines Nachtlämpchens emsig spann, so betete sie fast ständig für die Verstorbenen und ließ die Hauspforte ungeschlossen, damit die armen Seelen in ihre alte, eingeheizte Stube hereinkommen und sich erwärmen können. Doch zu diesem Eintritt bedurften sie ihrer Erlaubnis, welche sie ihnen erst erteilte, wenn sie zu Bette ging. Da öffnete sie ein Fenster und rief leise hinaus: ‚Jetzt – aber mir unschädlich‘, ließ noch ein Stümpchen Licht brennen und ging zu Bett. Bald öffnete sich leise die Haus-, dann die Stubentüre, wie von einem kalten Windzuge. Unzählige, kaum hörbare Tritte trippelten und trappelten herein, als wenn viel Volk sich in die Stube und um den warmen Ofen drängte. Gegen Betläuten hörte sich das gleiche Geräusch wieder zur Türe hinaus …*

(Siegen, Lötschental S. 114 f.)

Der Gletscher als Ort der „Armen Seelen", als Stätte der Läuterung, als eine Art Fegefeuer, ist auch in einigen Sagen aus dem Kanton Graubünden und aus Italien überliefert.

# VOM TOTENHEER UND DER KALTEN PEIN

Vor allem im katholischen Teil des Kantons Wallis sind die Gletscher aber nicht nur Stätten, in denen sich die Läuterung der „Armen Seelen" vollzieht. Vielmehr ziehen an bestimmten Tagen und an gewissen, vorbestimmten Stellen auch die Heere der Toten über die Gletscher. Immer wieder wiederholen sich dabei die folgenden Motive:

– Die Toten aus den Dörfern sind in unabsehbar langen Zügen unterwegs;

– diese Züge heißen „Gratzug" oder „Totenprozession";

– die „Totenprozessionen" sind nach katholischer Vorstellung viermal im Jahr in den so genannten Quatembernächten unterwegs;

– Schreckliches geschieht denen, die sich dem Totenheer in den Weg stellen;

– die Toten wallen vorbei, angetan in den alten Trachten, meist barfuß, unverständliche Gebete vor sich hinmurmelnd oder leise jammernd. Das Totenheer kann aber auch in lange, schwarze oder weiße Bußgewänder gehüllt sein;

– manchmal geht ihnen ein Trommler voran, „der in dumpfen Tönen altmodische Märsche spielt";

– der „Gratzug", also der Weg über Grate und Jöcher, hat „dämonische Macht".

Ebenso wie im katholischen Teil des Wallis werden solche Vorkommnisse auch im katholischen Teil des Kantons Graubünden überliefert. So soll sich laut der Sage „Der Geist auf der Alp Lavaz" Folgendes zugetragen haben:

*Der Pater Maurus hat einen auf die Alp Lavaz verbannt. Vier*
*Männer mußten den Geist in einer leeren Konservendose auf einer*

*Tragbahre grad hinauftragen bis zum Gletscher und ihn in eine Gletscherspalte hinabwerfen. Die vier Männer hatten aber schwer! An einen Platz, den sie dem Geist anwiesen, mußte er sich halten. In der Nacht kommt er aber doch wieder in die Hütte, um sie mit dem Besen zu kehren.*

*Zu der Hütte kommt manchmal auch ein großer Ochse und brüllt durch den obern Teil der Tür herein. Lange Zeit wollte kein Hirt mehr hinauf auf die Alp.*

(Mythologische Landeskunde Graubünden, S. 112)

In dieser Fassung wurde die Sage vom Gewährsmann Gion Bistgaun BEER (1861–1954) erzählt und in der einzigartigen Sammlung der Mythologischen Landeskunde veröffentlicht.

Freiherr Ritter von Alpenburg, ein in Tirol tätiger Alpenforscher und Schriftsteller, berichtet in der von ihm herausgegebenen Zeitschrift *Tirolische Monatsblätter* im Jahre 1858 von geheimnisvollen Toten, von gefrorenen Menschen und von der „Kalten Pein".

So steht etwa oberhalb von Niederthai in Larstig im Ötztal die Kapelle zur schmerzhaften Mutter Gottes. Auf dieser Alp soll sich vor langer Zeit „der gefrorene Putz" aufgehalten und dort sein Unwesen getrieben haben:

Einer der Bauern, die dort droben ihre inzwischen aufgelassenen Bauernhöfe besaßen, war reich, stolz und geizig und wurde wegen seiner Zauberkünste gefürchtet. Ihm wurde das besondere Geschick nachgesagt, Gämsen „angfrearn", also anfrieren lassen zu können. Auch sich selbst konnte er zu Eis verwandeln. Nach seinem Tod übernahm sein Sohn die verlotterte Wirtschaft. Einmal in der Nacht aber öffnete sich auf geheimnisvolle Weise die Türe *und herein trat ein geisterhaft aussehender dunkler Mann, der näherte sich langsam und stumm dem Jüngling, und legte sich, eiskalt wie ein Eisblock des nahen Ferners, zu ihm hinein …* Es war sein Vater.

325

Dieser kam als „Geist" dann jede Nacht und zog in der Früh wieder „allemal stumm und ohne Jemandem ein Leid zu thun, von dannen".

Und dann folgt bei Alpenburg der bemerkenswerte Begriff, der sich sonst nur mehr in Sagen aus dem Passeiertal und dem Schnalstal wiederfindet: *Dieser Geist litt ‚Die Kalte Pein'.*

Das war also die Strafe dafür, dass er zu Lebzeiten bösen Zauber getrieben hatte.

Wir begegnen diesem Begriff in den Sagen rund um das Niederjoch und die Gletscherwelt der Ötztaler Alpen in mehreren Varianten, ebenso in vergleichbaren Sagen aus dem Wallis und aus Graubünden. Auch in der Veröffentlichung „Sagen aus Südtirol" von Lucillo MERCI ist darüber nachzulesen. Dabei versucht Merci, die für die Bewohner der Gletscherregionen nicht oder schwer zu deutenden Naturereignisse anhand der Sagen verständlich zu machen:

*Solange es für die Gletscherbewegungen noch keine wissenschaftliche Erklärung gab, wurden solche Veränderungen geheimnisvollen Mächten zugeschrieben, die je nach der Gegend als Eismandl, Schneemandl, Eiszwerg oder Wettermandl bekannt waren.*

*Die Eismandln oder Eiszwerge sind kaum eine Spanne groß, haben jedoch übernatürliche Kräfte … Sie hausen unter einer dichten Eisschicht, ihre Eishöhlen sind durch lange Gänge mit den anderen Eiszwergen verbunden … Sie errichten selbst Eistürme, Kuppeln und Eiszapfen. Oft bewirken sie Nebel und Sturmwolken und breiten sie pustend über die Ferner aus. Sie lösen donnernde Lawinen und bauen die gefährlichen Eisbrücken, welche die Spalten unsichtbar machen …*

(Vgl. „Sagen und Geschichten aus den Ötztaler Alpen" S. 206 ff.)

Diese Naturereignisse werden also nicht den *Saligen Frauen* zuge-ordnet, sondern den männlichen Wesen, den *Eismandln.* Manch-mal tragen diese auch ganz spezielle örtliche Namen wie beispiels-weise *Die Niederjöchler* vom knapp über 3000 Meter hohen Niederjoch (in älteren Karten auch „Schnalserjöchl") zwischen Vent und dem Schnalstal.

Eher nebenbei erwähnt Merci: *In der Provinz Bozen und in Tirol gibt es zahlreiche Legenden von Eismandln und der ,Kalten Pein'; sie gehören zum Sagenkreis sämtlicher Täler, die zu beiden Seiten des Alpenhauptkammes auslaufen, von den Rätischen zu den Vinschgauer und Ötztaler Alpen, den Hohen Tauern und der Ortlergruppe.*        („Sagen und Geschichten aus den Ötztaler Alpen", S. 208)

Bei der *Kalten Pein* müssen wir auch an den Komponisten Ernst KRENEK denken. Krenek hielt sich in den Jahren zwischen 1920 und 1937 mehrmals im Ötztal, meistens in Vent auf. Bei seiner Tour auf den Similaun und über die großen Ferner empfing er offenbar entscheidende Impulse und Impressionen für seine berühmte Oper „Jonny spielt auf". Darüber berichtet er in seinen Lebenserinnerungen „Im Atem der Zeit": *Die dünne Bergluft, das schwindelerregende Weiß der ungeheuren Weiten, gegen das der tiefblaue Himmel fast schwarz wirkte, und die kalte Hitze, die das Eis infolge der starken Reflexion ausstrahlte, versetzten mich in einen einzigartigen fieberhaften Zustand, der zu den Empfin-dungen gehört, nach denen ich mich seither sehne …*

(Krenek, Im Atem der Zeit, S. 296)

Die „*Kalte Pein*" als Resultat der „kalten Hitze" und des fieber-haften Zustandes?

An sich ein Widerspruch, gleichzeitig aber Ausdruck eines ele-mentaren Erlebens, eines archaischen und archetypischen Emp-findens? Kein anderes Natur-Ereignis vermag auf den sensiblen

Menschen wohl so stark einzuwirken wie der Gletscher, der Ferner, die blauen Gletscherspalten, das kalte Grauen und die geheimnisvolle Welt der *Saligen Frauen* oder der zwergenhaften Eismännlein. Mitunter kann man dabei wohl schon von parapsychologischen Phänomenen sprechen.

So darf es nicht verwundern, dass sich sehr viele Sagen der Alpen und aller Gletschergebiete der Welt mit diesem Phänomen auseinander setzen.

Da hausen etwa *Zwei arme Seelen* im „Langen Gletscher" des Wallis. Eine der beiden Frauen ist bis zum Hals eingefroren, aber fast schon erlöst, weil sie gesungen hat. Die zweite Frau weint, weil sie bis zu den Zehen eingefroren ist. „Ich singe, weil ich bald erlöst bin", sagte die eine. „Ich weine, weil das Leiden erst begonnen hat", sagte die andere.    (Vgl. die „Walliser Sagen" von Walter, S. 235 f.)

Diese und andere arme Seelen, ehemalige Dorfbewohner, Alte und Junge, machen sich auf, um an vorgegebenen Orten und zu bestimmten Terminen als *Prozessionen* über die Gletscher zu ziehen.

Auf dem Weg von der Belalp zum Aletschgletscher wurde dafür sogar ein kleiner Totenaltar in Form einer Kapelle errichtet. Am gewissenhaftesten haben die beiden Autoren des Buches „8000 Jahre Walliser Gletschergeschichte" in einem eigenen Kapitel über das Phänomen „Die Prozession wird zur Totenprozession" berichtet. Demnach gab es alte Gelübde, deren Ursprung in der Abwendung von Naturkatastrophen an den alten Übergängen vom Wallis nach Aosta und in den Piemont lag. Es sind also primär Geschichten der *Walser*. Die Autoren konnten nachweisen, dass die Totenprozessionen auch ehemaligen Gletscher-Übergängen folgten, die später aufgelassen werden mussten.

*Eigene Nachforschungen während der gesamten Untersuchung der neuen Gletscherübergänge haben ergeben, daß immer dort Toten-prozessionen, büssende Seelen in Gletschern und ähnliche para-psychologische Erscheinungen bemerkt wurden, wo sich ein altes Wegsystem nachweisen läßt, selbst wenn diese Wege der einheimi-schen Bevölkerung nicht mehr bekannt sind …*

(Schneebeli/Rüthlisberger, S. 118)

Wer sich aber dem geheimnisvollen Weg der Totenprozession in den Weg stellte, wer beispielsweise nicht auswich, der wurde niedergetrampelt. Wer den Zug neugierig beobachtete, konnte auch sich selbst an dessen Ende wiedererkennen. Kurze Zeit spä-ter sind solche Personen dann ebenfalls verstorben.

Das katholische Volk hat allerdings schnell Abhilfe gefunden, um diesem nicht erklärbaren Phänomen entgehen zu können oder zumindest dessen Abwehr zu erbitten: So sollten *Die Kirche im Gletscher* und *Die Kirch in der Nöder* das christ-katholische Volk von den „heidnischen" *Saligen* und *Eismandln* befreien. Im Kan-ton Graubünden wird in mehreren Sagen das Geheimnisvolle des Gletscher-Inneren als „Kirche" dargestellt, beispielsweise auch in der Sage „Die Kirche im Gletscher" im gleichnamigen Buch mit rätoromanischen Sagen aus der Surselva. Dort lesen wir am Schluss: *Schon am anderen Morgen stiegen sie alle zusammen und gut gerüstet zum Gletscher hinauf, um in die Spalte zu klettern und die geheimnisvolle Kirche im Eis zu suchen. Aber sie mühten sich vergeblich. Die Spalte war nicht mehr aufzufinden, und der Gletscher verbirgt die Kirche noch heute.* (S. 11)

Das Geschehen ist also durchaus analog jenen Sagen, in denen berichtet wird, dass ein Hirt oder Jäger bis in den Kristall-Palast der *Saligen* gekommen war und dieses fantastische Reich später vergeblich gesucht, aber niemals mehr gefunden hat. Auch in der Sammlung „Mythologische Landeskunde" von Graubünden wer-

**329**

den zwei Sagen wörtlich, teilweise auf rätoromanisch wiedergegeben, die von der „Kirche im Gletscher" handeln" (S. 497 u.
579)

So sei einmal ein Jäger aus Vrin zum Piz Terri marschiert, dabei
auf einen Gletscher gestoßen und in eine Gletscherspalte gestürzt.
An deren Grund gelangte er zu einer Kapelle: *Darin waren Bänke*
*voll Leute, die knieten in Andacht. Und da hat er einen angerührt,*
*vielleicht ohne es zu wollen, und in diesem Augenblick seien alle*
*die Leute in Staub zerfallen und seien verschwunden …*

Oder eine andere Variante: Oberhalb der Weiden von Darlun
liegt die Alp Scharboden, an deren Grenze sich ein Gletscher
befindet. Dorthin, so wird erzählt, sei ein Jäger gegangen, der gesehen habe, wie aus dem Eis ein Kirchturm herausragte. *Und er ist*
*auf einer vom Schnee verwehten Treppe von Eis in die Kirche*
*getreten und hat gesehen, daß sie voll Leute war, die aber tot*
*waren. Und bei der Berührung ist alles zu Staub zerfallen …*

In der Generalstabkarte des Ventertals in den Ötztaler Alpen
von 1817 ist verzeichnet, dass unter den Abhängen des 3550 m
hohen Ramolkogels ein kleiner Ferner hängt, der „Kirch in der
Nöder" genannt wurde. Dieser Hänge-Gletscher ist längst verschwunden.

Sogar eine aus England kommende Strömung der „natürlichen" Theologie und der Physiko-Theologie hat sich zwischen
1690 und 1730 unter anderem mit den Phänomenen der unterirdischen Plätze in den geheimnisvollen Gletschern beschäftigt. Es
gibt dazu einen modernen Forschungsansatz, nämlich „Natur-
wissenschaftliche und kulturelle Aneignung von Naturgewalten".

In diesem Sinne wurde auch der katastrophale Bergsturz auf
die Alp Derborance überirdischen bzw. unterirdischen Kräften,
konkret den Teufeln zugeschrieben. Teufel und Dämonen seien
sich in die Haare geraten und hätten mit Felsbrocken, die sie der

Flanke des Oldenhorns entrissen, auf die Kirche des heiligen Martin gezielt.

## Der Ball und das Tanzfest auf dem Gletscher

In der schweizerischen Schrift des Alpenclubs *DIE ALPEN* wird von einer sonderbaren Geschichte berichtet, die sich rund um den berühmten Gletscherforscher Agassiz zugetragen haben soll:

*Agassiz und seine Gefährten verstanden aber nicht nur zu forschen, sondern wußten auch zu leben. An einem Sonntag im Sommer 1842 versammelten sich unter einem Zeltdach auf dem Unteraargletscher Musikanten aus dem Oberwallis und eine stattliche Zahl von Burschen und Mädchen aus Guttannen zu einem Gletscherfest. Einer der Gefährten von Agassiz weiß darüber zu berichten: ,Der Ball dauerte bis spät in die Nacht hinein, und obgleich der Fußboden nicht sehr glatt und die Musik noch holpriger war, so wurde doch mit viel Ausdauer getanzt. So lang die Alpen stehen, so war dies wohl der erste Ball auf einem Gletscher'.*

("Die Alpen", Bern 1988, S. 284)

Von der „Kirche im Gletscher", vom Ball auf dem Unteraargletscher, von den Totenprozessionen und den Läuterungen der Armen Seelen zum Abschluss nun aber zu einem der grauenhaftesten Kapitel des Ersten Weltkrieges im Gletschereis:

## Finale im Eis – Mord und Krieg im „Kristallpalast"

Es ist ein grauenhafter Schlussbericht von der „Kriegsfront" des Ersten Weltkrieges in den Gletschern des Ortler, der Adamellogruppe und der Marmolata-Front. In bedrückend militaristischer Ideologie ließ der Generaloberst Graf Viktor Dankl von Krasnik, Österreichischer Armeeführer und Landesverteidigungskommandant von Tirol vernehmen: *Wenn nicht die bodenständigen, in der heimatlichen Scholle verwurzelten Männer, die von Anbeginn an mit beispielloser Begeisterung zu den Waffen eilten und in hingebungsvoller Treue und Tapferkeit in Fels und Firn dem Eindringling entgegentraten, sich – ihren Ahnen gleich – als unüberwindlich erwiesen hätten …*

Dort in den Bergen hatten italienische und österreichische Soldaten eine ins Eis verlegte Front aufgebaut, indem sie Kilometer lange Stollen durch die Gletscher bohrten. Im „eisigen Körper der Marmolada entstand eine ‚Eisstadt'". Diese „Eisstadt" sollte zu einem Schauplatz beispielloser Brutalität und Grausamkeit in der gesamten Kriegsgeschichte werden. Hier wurde der „letzte siegreiche Kampf der alten Donaumonarchie am 3. September 1918 „ geschlagen:

*An diesem Tage spielte sich auf den Gletschern des Fornokammes im südlichen Ortlerabschnitt der Tonalefront eine Kampfhandlung ab, die wohl zu den glänzendsten Waffentaten der ehemaligen Kaiserschützen zählt und als höchster Gletscherkampf beider Weltkriege und aller Zeiten überhaupt in die Geschichte eingegangen ist.* (Langes, S. 202)

Voller Euphorie und darum umso abschreckender schreibt Gunter Langes in seinem Bericht „Die Front in Fels und Eis" über den Weltkrieg 1914–1918 im Hochgebirge.

Diese Front im Eis brachte Tausenden Soldaten den Tod, wobei nie genaue Zahlen genannt wurden. Allein bei künstlich ausgelösten Lawinen, bei abgesprengten Lawinenstürzen kamen jedoch mehrere tausend „Helden" ums Leben.

Beinahe pathetisch wird von den riesigen Höhlen berichtet, die im Eis der Gletscher ausgebohrt und ausgesprengt wurden:

*… trafen wir auf eine Kluft, deren Decke beim Lampenschein in tausendfachem Strahlenkranze erglänzte. ‚Lauter Monstranzen‘ raunte ein Unteroffizier …*    (Langes, S. 182)

*… Unweit des Gipfels wurde eine prachtvolle, von magischen Lichteffekten erfüllte Eisgrotte aufgeschlossen, eine nicht tragende, riesenhafte Gletscherspalte …*    (Langes, S. 214)

*KRISTALLPALAST der Hohen Schneid! Prachtvolle, von magischen Lichteffekten erfüllte Eisgrotte mit bizarrsten Eiszapfen und knollenartigen Eisgebilden, unweit des Gipfels der Hohen Schneid, 3431 m (Ortlergruppe) …*    (Langes, S. 217)

Und als grausam-heroisches Finale:

*Die Leistungen im Hochgebirgskrieg gipfeln in den Begriffen: Kameradschaft und Heimatliebe …*    (Langes, S. 150)

(Vgl. Haid, „Mythos Gletscher“ S. 48/49)

*Kapelle bei Maria Kumitz (Detail), Steiermark.*

333

# LITERATUR

Adam's Erlebnis-Wanderungen rund um Garmisch-Partenkirchen, 1999

Alpengeister. Paracelsus Akademie, Villach, 1997

Alpenreport I und II, Bern-Stuttgart-Wien, 1998 und 2001

Anati, Emmanuel: i camuni. alle radici della civilta europea, Mailand, 1979

ANISA. Alpen. Archäologie. Geschichte. Gletscherforschung, Festschrift 25 Jahre Anisa, Haus im Ennstal, 2006

ANISA. Alpine Volkskunst auf Fels. Die Felsritzbilder des Wolfgangtales, Gröbming, 1993

Augenreisen. Das Panorama der Schweiz. Bern, 2001

Bätzing, Werner: Die Alpen. Geschichte und Zukunft einer europäischen Kulturlandschaft, München, 2003

Bätzing, Werner: Grande Traversata delle Alpi, Zürich, 2003 (Teil I und II der GTA)

Baumbach, Rudolf: Zlatorog. Eine Sage aus den Julischen Alpen.

Baumgartner, Augustin: Maria. Mutter der Gnaden. Wallfahrtsstätten in Österreich und Südtirol, Klagenfurt, 1989

Begg, Ean: Die unheilige Jungfrau. Das Rätsel der Schwarzen Madonna, St. Goar, 1989

Bizjak, Janez / Klemenc, Stane: Triglavski Narodni Park/Triglav National Park, Ljubljana, 1994

Bohaczek, Eva & Wolfgang: Kult und Geomantie. Mystische Stätten im Dunkelsteinerwald und ihre geomantischen Besonderheiten, freya, 2005

Bolli, Paul: Das Lied von Graubünden. Im Banne der Segnungen einer Alpenregion, Chur, 2005

Bozonet, Jean Paul: Des Monts et des Mythes, Grenoble, 1992

Brauns, Patrick: Die Berge rufen. Alpen Sprachen Mythen, Frauenfeld–Stuttgart–Wien, 2002

Brunner, Linus / Toth, Alfred: Die rätische Sprache enträtselt, St. Gallen, 1987

Brunold-Bigler, Ursula: Hungerschlaf und Schlangensuppe. Historischer Alltag in alpinen Sagen, Bern–Stuttgart–Wien, 1997

Büchi, Grete: Megalithe im Kanton Graubünden, Forch, 1996

Büchi, Ulrich und Greti: Die Magelithe der Surselva Graubünden, Laax, 1986, 1987 und 1988

Büchi, Ulrich und Greti: Die Menhire auf Planezzas/Falera, 1990

Büchli, Arnold: Mythologische Landeskunde von Graubünden, Disentis, 1989 (3 Bände und ein Registerband)

Burgstaller, Ernst: Felsbilder in Österreich, Spital a. P., 1989

Carter, Lin: Tolkiens Universum. Die mythische Welt des ‚Herrn der Ringe‘, München, 2002

Cerny, Christine: Magisch Reisen Österreich. Lebendiges Brauchtum und alte Kultplätze, München, 1992

Chaminada, Christian: Graubünden. Die verzauberten Täler. Die urgeschichtlichen Kulte und Bräuche im alten Rätien, Freiburg, 1961 (Disentis, 1986)

Chappaz, Maurice: Die hohe Zeit des Frühlings. Testament der oberen Rhône. Gesang von der Grand Dixence, Zürich, 1986

Chappaz, Maurice: Die Walliser. Dichtung und Wahrheit. Zürich, 1982

Chappaz, Maurice: Die Zuhälter des ewigen Schnees, Zürich,

Chappaz, Maurice: Lötschental. Die wilde Würde einer verlorenen Talschaft. Frankfurt, 1990

Chappaz, Maurice: Rinder Kinder und Propheten, Zweitausend Jahre in den Bergen. Waldgut Verlag, Frauenfeld, 1990

Dachstein. Vier Jahrtausende Almen im Hochgebirge, ANISA, Gröbming, 1996

Das Gilgamesch-Epos, Reclam, 1958, 1988

DER SPIEGEL, Hamburg, a. 20.12.2004

Der Triglav-Nationalpark. Führer, Bled, 1987

Derungs, Kurt (Hg.): Keltische Frauen und Göttinnen. Bern, 1995

Derungs, Kurt (Hg.): Mythologische Landschaft Schweiz, Bern, 1998 (2. Auflage)

Derungs, Kurt / Schlatter, Christina: Quellen Kulte Zauberberge. Landschaftsmythologie der Ostschweiz und Vorarlbergs, Grenchen, 2005

Derungs, Kurt: Amalia oder Der Vogel der Wahrheit, Chur, 1994

Derungs, Kurt: Kultplatz Zuoz-Engadin. Die Seele einer alpinen Landschaft, Bern, 2001

Derungs, Kurt: Mythen & Kultplätze im Drei-Seen-Land, Bern, 2002

Derungs, Kurt: Steinkulte und Ahnensteine in Graubünden. Zur Landschaftsmythologie einer grossen Göttin in Rätien. In: Arunda, Schlanders, 1999 / Nummer 51

Die Alpen. Sonderheft zum 125-jährigen Jubiläum des SAC, Schweizer Alpenclub, Bern, 1988

Die ersten Menschen im Alpenraum von 50.000 bis 5.000 vor Christus, Zürich, 2002

Die Gnadenmutter von Kaltenbrunn. Kaltenbrunn, 1969 (3. Auflage)

Die Kirche im Gletscher. Rätoromanische Sagen aus der Surselva. Zürich, 1982

Die Marienwallfahrt Trens. Ihre Geschichte kurz dargestellt, Trens, 1928

DIE ZEIT, Hamburg, u. a. 22.12.2005

Dinter, Horst: Sagenhafte Geschichten. Aus dem Hinterbergtal, Trautenfels, 1998

Dirlinger, Helga: Berdbilder. Die Wahrnehmung alpiner Wildnis am Beispiel der englischen Gesellschaft, Frankfurt, 2000

Dolenc, Janez: Zlati Bogatin, Ljubljana, 1992

ECHO, Innsbruck, Heft Mai 2005

Egloff, Peter (Hg.): Sagen der Schweiz. Graubünden, Zürich, 1995

Eine fantastische Welt. Herausgegeben vom Netzwerk alpine Schutzgebiete, Gap (F), 2005

Fenzl, Fritz: Magische Orte in Bayern, Rosenheim, 2000

Fillipetti, Herve/ Trotereau, Janine: Zauber, Riten und Symbole. Magisches Brauchtum im Volksglauben, Freiburg/Breisgau, 1987

Flüeler, Elsbeth: Wandern rund um den Montblanc. Frankreich, Schweiz, Italien. Zürich, 2005

French-Wieser, Claire: Als die Göttin keltisch wurde. Ursprung und Verfall einer alteuropäischen Mythologie, Bern, 2001

French-Wieser, Claire: Mutmaßungen über den Namen Danay. In: Der Schlern, Bozen, Heft 3, 1999

Früh, Sigrid (Hg.): Der Kult der Drei Heiligen Frauen. Märchen, Sage und Brauch, Bern, 1998

Früh, Sigrid / Derungs, Kurt (Hg.): Schwarze Madonna im Märchen. Mythen und Märchen von der schwarzen Frau, Bern, 1998

Gasteiner Sagenschatz. Nacherzählt von Sebastian Hinterseer, Bad Hofgastein, 1984

Genepp, Arnold Van: La Savoie, Voreppe, 1991

Glaser, Franz: Frühes Christentum im Alpenraum. Eine archäologische Entdeckungsreise, Regensburg–Graz, 1997

Golowin, Sergio: Hausbuch der Schweizer Sagen, Wabern, 1981

Golowin, Sergio: Lustige Eid-Genossen. Aus der phantastischen Geschichte der freien Schweiz, Zürich, 1972

Golowin, Sergio: Magier der Berge. Lebensenergie aus dem Ursprung, Basel, 1984

Golowin, Sergius: Die weisen Frauen. Die Hexen und ihr Heilwissen, Basel, 1982

Golowin, Sergius: Von jenischen Kesslern und Korbern.

Good, Elmar / Hänni, Pier: Magisches Graubünden. Wanderungen zu Orten der Kraft, Baden und München, 2005

Göttner-Abendroth, Heide / Derungs, Kurt (Hg.): Matriarchate als herrschaftsfreie Gesellschaften, Bern, 1997

Göttner-Abendroth, Heide / Derungs, Kurt (Hg.): Mythologische Landschaft Deutschland, Bern, 1999

Göttner-Abendroth, Heide: Auf den Spuren der Göttin. In: Planet Alpen, Villach, 2002,

Göttner-Abendroth, Heide: Das Matriarchat. I, II.1 und II.2, Stuttgart–Berlin–Köln, 1988, 1991, 2000

Göttner-Abendroth, Heide: Die tanzende Göttin. Prinzipien einer matriarchalen Ästhetik, München, 1982

Gratzl, Karl: Mythos Berg. Lexikon der bedeutenden Berge aus Mythologie, Kulturgeschichte und Religion, Purkersdorf, 2000

Gruber, Andreas: Chronik der Musikkapelle Maria Alm, Wien, 1988

Gruber, Karl/Griessmair, Hans: Geheimnisvolles Südtirol, Bozen, 2002

Gugitz, Gustav: Österreichs Gnadenstätten in Kult und Brauch, Wien, 1955

Guhl, Wolfram: Nationalpark Triglav. Ein Bergparadies in Slowenien, Klagenfurt, 2001

Guichonnet, Paul (Hg.): Storia e civilta delle alpi, Lausanne, 1980 (Milano, 1984, 1987)

Guntern, Josef: Walliser Sagen, Olten–Freiburg, 1991


Haid, Hans (Hg.): Sagen und Geschichten aus den Ötztaler Alpen, Innsbruck, 1997

Haid, Hans: Aufbruch in die Einsamkeit. 5000 Jahre Überleben in den Alpen, Sauerbrunn und Rosenheim, 1992

Haid, Hans: Feuer in den Alpen. In: Alpenbräuche. Riten und Traditionen in den Alpen, Bad Sauerbrunn, 1994

Haid, Hans: Mythos Gletscher, Innsbruck, 2004

Haid, Hans: Mythos und Kult in den Alpen, Sauerbrunn und Rosenheim, 1990 und 1992

Haid, Hans: Ötzis Göttinnen. Auf den Spuren der Sagen zu Stätten matriarchaler Kulturen in den Ötztaler Alpen, In: Planet Alpen, Villach, 2002, Nummer 8

Hänni, Pier: Magisches Bernbiet, Zürich, 2003

Hänni, Pier: Magisches Berner Oberland, Zürich, 2002

Hänni, Pier: Quellen der Kraft, Zürich, 2004

Hellbusch/Baumann/Derungs (Hg.): Tier und Totem. Naturverbundenheit in archaischen Kulturen, Bern, 1988

Hillern, Wilhelmine, von: Die Geier-Wally.Eine Geschichte aus den Tiroler Bergen (erste Ausgabe, 1875), Heidelberg–München,1960

Hirsch, Siegrid/ Ruzicka, Wolf: Heilige Quellen Niederösterreich & Burgenland, freya, 20002

Hirsch, Siegrid / Ruzicka, Wolf: Heilige Quellen. Steiermark Kärnten, freya, 2004

Höhne, Ernst: Auf alten Spuren. Bergwanderungen an historischen Zielen, München, 1998

Holzapfel, Otto: Lexikon der abendländischen Mythologie. Freiburg–Basel, 1993

Hoppe, Alfred: Des Österreichers Wallfahrtsorte, Wien, 1913

Hösli, Giorgio / Schuler, Kaspar: Handbuch Alp. Handfestes für Zaungäste, Chur, 1998

Hüttl, Ludwig: Marianische Wallfahrten im Süddeutsch-Österreichischen Raum, Wien, 1995


Imfeld, Karl: Sagen aus Kerns. Sarnen, 1986


Jantsch, Franz: Kultplätze im Land der Berge Tirol & Vorarlberg, Unterweitersdorf, 1995

Jantsch, Franz: Kultplätze im Land Kärnten, Unterweitersdorf, 1994

Jantsch, Franz: Kultplätze im Land Oberösterreich & Salzburg, Unterweitersdorf, 1994

Jantsch, Franz: Kultplätze im Land Steiermark, Unterweitersdorf, 1994

Jantsch, Franz: Kultplätze im Land um Wien, Unterweitersdorf, 1993

Jelinek, Elfriede: In den Alpen, Berlin, 2002

Jörger, J. J. und Paula: Bei den Walsern des Valsertales, Vals, 2004 (6. Auflage)

Jorio, Piercarlo; Santuari Mariani dell arco alpino italiano. Ivrea, 1993 (Band 39/40 „Quaderni di cultura alpina")

Jung, C. G. : Der Mensch und seine Symbole, Solothurn–Düsseldorf, 1995


Kaftan, Erika: Wanderungen in der Sagenwelt der Region Pyhrn-Eisenwurzen, Linz, 1993

Kandersteg. Natur–Geschichte–Menschen. Kandersteg, 2001

Keller, Stefan: Maria Theresia Wilhelm spurlos verschwunden. Geschichte einer Verfolgung, Frankfurt, 1993

Kindl, Ulrike: Kritische Lektüre der Dolomitensagen von Karl Felix Wolff. Band I und II, San Martin de Tor, 1983 und 1997

Kirchenführer Schnals. 700 Jahre Marien-Wallfahrt Schnals 1304–2004, Lana, 2004

Klieber, Rupert / Hold, Hermann (Hg.): Impulse für eine religiöse Alltagsgeschichte des Donau-Alpen-Adria-Raumes, Wien–Köln–Weimar, 2005

Kopp, Werner: Ischt der Sindfluß g'wößen. Gletscherseeausbrüche, Murabgänge und andere Naturkatastrophen im Ötztal seit Anno 1296 bis heute/ 700 Jahre Naturkatastrophen im Ötztal, Hall, 2001 (www.similaun.net / März 2006)

Kult der Vorzeit in den Alpen. Opfergaben. Opferplätze. Opferbrauchtum. Innsbruck, 1997

Kulturweg Alpen. Zu Fuss vom Lac Leman ins Val Müstair. Naturfreunde Schweiz, Bern, 2001

Kuret, Niko: Das festliche Jahr der Slowenen. Brauchtum im Jahreslauf, Klagenfurt–Laibach–Wien, 1996

KURIER, Wien, u. a. 24. 4. 2005


Langes, Gunther: Die Front in Fels und Eis. Der Weltkrieg 1914–1918 im Hochgebirge, Bozen, 1979 (7. Auflage)

Lechner, Eva: Heilende Wasser in Tirol. Heilbäder Bauernbadln Kraftquellen, Innsbruck–Wien, 2003

Leeb, Gerhard: Alpen Feuer. Über das Entstehen eines interalpinen Netzwerkes, Villach, 1995

Lukan, Karl und Fritzi: Kärnten. Verborgenes. Seltsames. Unbekanntes. Kulturhistorische Wanderungen, Pichler-Verlag, 2001

Lukan, Karl: Alpenwanderungen in die Vorzeit. Zu Drachenhöhlen und Druidensteinen, Felsbildern, Römerstraßen, Wien–München, 1965

Lukan, Karl: Seltsame Kultstätten. Sonderbare Heilige. Kulturhistorische Wanderungen in Österreich, Wien, 1995


Mandl, Franz: Aus der Frühgeschichte der Almen. In: Berg 2002, Innsbruck, 2002

Mantl, Norbert: Vorchristliche Kultrelikte im Oberen Inntal, Innsbruck, 1967 (Schlern-Schriften 247)

Maritano, Guido Mauro: Il Rocciamelone racconta. Tradizioni, leggende ed escursioni, Torino, 1966

Maul, Stefan : Das Gilgamesch-Epos. Neu übersetzt und kommentiert, München, 2005

Meier, Pirmin: Magisch Reisen Schweiz. Geheimnisvolle Welt im Schatten der Alpen. München, 1993, (2. Auflage)

Merz, Blanche: Orte der Kraft in der Schweiz, Aarau, 1998

Michelangelo, Bruno: Vallichi die Provenza, St. Lucio di Coumbiscuro, 2001

Mittenwald. Krün. Klais. Wallern. Garmisch-Partenkirchen, 2000

Müller, Josef: Urner Sagen, Altdorf, 1994

Müller, Paul Emanuel: Val Müstair, Chur und Basel, 1997

musica alpina I/II, Innsbruck–Wien, 1994 (2. Auflage) – Doppel-CD mit Textheft

musica alpina III/IV, Innsbruck, 1999 (mit ARUNDA 50, Schlanders)-Doppel-CD mit Textheft

musica alpina V/VI – Ötztaler Alpen- Innsbruck, 2004, Doppel-CD mit Textheft

Mythologische Landeskunde von Graubünden, Bern, 2001 [s. Büchli]

Mythos Alpen. Tagungsband CIPRA, Schaan, 1996


Netzwerk alpiner Schutzgebiete: eine fantastische Welt, Gap, 2005

Neues Handbuch Alp. Handfestes für Alpleute. Erstaunliches für Zaungäste, Mollis, 2005

Neuhardt, Johannes: Wallfahrten im Erzbistum Salzburg, München–Zürich, 1982

Neuhold, Manfred: Mythen Kräfte Phänomene. Kultplätze in der Steiermark, Graz, 1998

Nolfi, Padrot: Das Münstertal. Bern, 1980


Patrimoine religieux de la vallee de l'Ubaye. Un guide de decouverte, Barcelonette, 2002

Pauli, Ludwig: Die Alpen in Frühzeit und Mittelalter. Die archäologische Entdeckung einer Kulturlandschaft, München, 1981 (2. Auflage)

Pausch, Johann / Böhm, Gert: Gesundheit aus dem Kloster, Freiburg, 2003

Pelerinages en Savoie. L' Histoire en Savoie, Chambery, 1988

Peresson, Magnus: Wie in einem Spiegel. In: Der Forggensee. Bilder aus einer versunkenen Welt, Schwangau, 2004

Peresson/Zinnecker: Drachentöter. Einsiedler. Missionar. In: Berge, 6/2002

Petitti, Riccardo: Sentieri perduti un sistema celtico di allineamenti, Ivrea, 1987 (Band 21 „quaderni di cultura alpina")

Pilz, Ingrid: Naturparadies Julische Alpen, Graz–Wien–Köln, 1999

Pirchl, Gerhard: Geheimnis Adernsterne. Unterirdische Kraft- und Orientierungslinien aus prähistorischer Zeit, Wien–Bozen, 2004

Poestion, Josef Calasanz: Isländische Märchen, Wien, 1884

**340**

Pogacnik, Marko: Wege der Erdheilung, München 1997

Prasch, Helmut: Mölltaler G'schichten, Klagenfurt, 1993

Priuli, Ausilio / Pucci, Italo: Incisioni rupestri e megalitismo in liguria, Ivrea, 1994 (Band 43/44 „quaderni di cultura alpina")

Priuli, Ausilio: Felszeichnungen in den Alpen, Zürich–Köln, 1984

Priuli, Ausilio: Incisioni ruperstri della val camonica, Ivrea, 1985 (Band 11 „quaderni di cultura alpina")

Priuli, Ausilio: Le incisioni rupestri de monte bego, Ivrea, 1984 (Band 10 „quaderni di cultura alpina")

Priuli, Ausilio: Le incisioni rupestri dell altopiano die sette comuni, Ivrea, 1983 (Band 7 „quaderni di cultura alpina")

Purner, Jörg: Radiästhesie – Ein Weg zum Licht ? Mit der Wünschelrute auf der Suche nach dem Geheimnis der Kultstätten, Zürich–Chur, 1988


Ramires, Luciano: Processioni in Valle d'Aosta, Quart, 2000

Rampold, Reinhard: Kapellen in Tirol. Innsbruck, 2003

Ramuz, Charles Ferdinand: Derborance, Zürich, 1987

Rehm, Hildegard und Adolf: Lebendiges Brauchtum in Werdenfels, Garmisch-Partenkirchen,1994

Renner, Eduard: Goldener Ring über Uri. Ein Buch vom Erleben und Denken unserer Bergler. Von Magie und Geistern und von den ersten und letzten Dingen, Zurich, 1991 (Neuchâtel,1954)

Resch-Rauter, Inge: Unser Keltisches Erbe. Flurnamen, Sagen, Märchen und Brauchtum als Brücken in die Vergangenheit, Wien, 1992

Robache, Therese: La Memoire des Alpes, Lausanne und Ivrea, 1989

Rom, Bernhard: Geheimnisvolles Kärnten, Klagenfurt, o. J.

Rousset, Paul-Louis: Les Alpes & Leurs noms de lieux. 6000 ans d'historie, Grenoble, 1988 /reduzierte Ausgabe Band 34/35 „Quaderni di cultura alpina", Ivrea)


Sagen der Schweiz. Graubünden–Zürich, 1995 (1986)

Sagen und Geschichten aus dem Valsertal, gesammelt von Bernhard Schmid, Vals, 1999

Santer, Hans /Pfaundler : Heimatbuch Sautens

Sauper, Hubert: Der Hidri-Mann. Rausch und Gift und andere Geschichten aus meinem Tal, Großkirchheim, 2003

Schemmann, Christine und Karlheinz: Wallfahrte im Gebirge. 50 Wanderungen in den Alpen, München, 1991

Schlorhaufer, Bettina: Cul zuffel l'aura dado, Luzern, 2005

Schmid, Emil: Steinkultur im Wallis, Brig, 1986

Schmidt, Leopold: Der Herr der Tiere. In: Anthroposophische Zeitschrift für Völker und Sprachenkunde, Wien, 1952 (Band 52)

Schneebeli, Walter / Röthlisberger, Friedrich: 8000 Jahre Gletschergeschichte. Ein Beitrag zur Erforschung des Klimaverlaufs in der Nacheiszeit, Bern, 1976

Schorta, Andrea: Wie der Berg zu seinem Namen kam. Kleines Rätisches Namenbuch mit zweieinhalbtausend geographischen Namen Graubündens. Terra Grischuna, Chur und Basel, 1988

Schrott, Raoul: Gilgamesch, Frankfurt, 2004

Schumacher, Yves: Steinkultbuch Schweiz, Bern, 1998

Schwaiger, Wilhelm: Der Eigensinn der Schöpfung, Salzburg–München, 1995

Schwaiger, Wilhelm: Die Wallfahrt über das Steinerne Meer, Nationalpark Berchtesgaden, 1994

Senft, Willi und Hilde: Geheimnisvolles Salzkammergut. Magisches. Besonderes, Kurioses und Unbekanntes, Graz- Stuttgart, 2002

Siegen, J.: Sagen aus dem Lötschental [Gletschermärchen], Lausanne, 1979

Simonett, Giovanoli: Bivio und das Bergell

Sinz, Oliver: Reise- Stadtführer Füssen und Umgebung, Kempten, 2000

Steiner, Gertraud: Die Frau im Berg. Die Verwandlungsfahrten der Wildfrauen, München, 1984

Steiner, Gertraud: Salzburger Land. Sagen und Mythen entdecken auf Salzburger Almen, Innsbruck–Wien, 2005

Steiner, Gertraud: Wunderkammer Hohe Tauern. Über Mythen & Sagen InnerGebirg, Salzburg, 1993

Steinitzer, Alfred: Der Alpinismus in Bildern, München, 1924

Stremlow, Matthias: Die Alpen aus der Untersicht. Von der Verheißung der nahen Fremde zur Sportarena. Kontinuität und Wandel von Alpenbildern seit 1700, Bern–Stuttgart–Wien, 1998

Stürzlinger, Gerhard: Kulturweg Alpen. Naturfreunde, Band I Südtirol–Osttirol–Kärnten–Friaul–Slowenien–NÖ–Steiermark–Burgenland, Wien, 2002

Supersaxo, Otto / Imseng, Raoul: Saas-Fee. Zwiegespräch mit Dorf und Bergwelt, Visp, 1991

Thurnherr, Eugen. Das große Buch der Alpensagen, Innsbruck, 1987

Tiefenthaler, Helmut: Wege in die Vergangenheit in Vorarlberg. Wanderungen und Spaziergänge, Innsbruck–Wien, 2005

Tolkien, J. R. R.: Der Herr der Ringe, Stuttgart, 1972 (London, 1966)

Trefil, James: Physik in der Berghütte. Von Gipfeln und Gletschern, Hamburg, 1992

Über die Alpen. Menschen. Wege. Waren. Archäologisches Landesmuseum, Stuttgart, 2002

Uhlig, Helmut: Die Mutter Europas. Bergisch-Gladbach, 1991

Uslar, Rafael von: Vorgeschichtliche Fundkarten der Alpen, Mainz, 1991

Vernaleken, Theodor: Mythen und Bräuche des Volkes von Österreich, Wien, 1859

Vorderwinkler, Franz. R.: Kirchen Klöster Pilgerwege in Österreich, Steyr, 1994

Wagner,Christoph/ Kittel, Johannes: Auf den Fährten der Wallfahrer. Eine Erkundung der Pilgerstätten km Alpenraum, Salzburg, 1986

Walcher, Joseph: Nachrichten von den Eisbergen im Tyrol, Wien und Frankfurt, 1773

Walker, Barbara: Das geheime Wissen der Frauen. Ein Lexikon, Frankfurt, 1993

Walker, Barbara: Die weise Alte. Kulturgeschichte–Symbolik–Archetypus, München, 1986

Walliser Sagen, Olten und Freiburg, 1991 (8. Auflage)

Walser-Biffinger, Ursula: Wild und weise. Weibsbilder aus dem Land der Berge, Aaarau, 1998

Walter, Reinhard: Sagen und Volkserzählungen aus Grächen; Visp, 1984

Weiss, Richard: Volkskunde der Schweiz, Zürich, 1946

Wellmann, Angelika: Was der Berg ruft, Leipzig, 2000

Winkler, Robert: Volkssagen aus dem Vinschgau, Bozen, 1968

Wolff, Karl Felix: Dolomitensagen. Sagen und Überlieferungen, Märchen und Erzählungen der ladinischen und deutschen Dolomitenbewohner, Innsbruck–Wien–München, 1981 (15. erweiterte Auflage) – vergleiche dazu u. a. Kindl, Ulrike: Kritische Lektüre der Dolomitensagen von Karl Felix Wolff, 2 Bände

www.alpenmagie.ch  (März 2006)

www.amalia.ch  (März 2006 /Kurt Derungs)

www.anisa.at (März 2006/ Franz Mandl)

www.bibliotheken.at  (März 2006 über Tirol/Innsbruck/IVK) mt

www.cultura.at  (März 2006)

www.cultura.at/haid  (März 2006)

www.planet-alpen.com  (März 2006)
www.similaun.at (März 2006/ Hans Haid)
www.similaun.net (März 2006/ Werner Kopp)

Mit wenigen Ausnahmen befinden sich alle Bücher und Schriften als Sammlung ALPENAKADEMIE des internationalen Netzwerkes PRO VITA ALPINA im Eigentum des IVK – Institut für Volkskultur und Kulturentwicklung im „Bierstindl", Klostergasse 6, 6020 Innsbruck und in Ötztal-Bahnhof und sind über www.cultura.at archiviert und abrufbar; jeweils nach Autoren, Regionen und Themen.

Die Bildbände von Hans Haid „Mythos und Kult in den Alpen", „Aufbruch in die Einsamkeit" und „Alpenbräuche" sind nicht mehr über den Buchhandel erhältlich, sondern nur mehr beim Autor bzw. über das IVK – Institut für Volkskultur und Kulturentwicklung in Innsbruck. Ebenso sind die Doppel-CDs „musica alpina I/II", „musica alpina III/IV" und „musica alpina V/VI" sowie die Nummer 13 der Zeitschrift PLANET ALPEN ebenfalls nur über das IVK erhältlich.

# GLOSSAR

**KULT**

ist laut Lexikon  1. die äußere Form der meist in einer Gemeinschaft vollzogenen religiösen Verehrung eines höheren Wesens, einer höheren Macht, Gottheit, die durch bestimmte Riten, Symbole, Gebete und Opfer zum Ausdruck gebracht wird. 2. eine übertriebene Verehrung, Vergötterung einer Person, übertriebenes Wichtignehmen einer Sache

**FEGEFEUER**

„Reinigungsort zur Abbüßung offener Sündenschuld, bevor das Tor zum Himmel geöffnet werden kann."

Nach einer Gallup-Umfrage glauben zwei Drittel der Österreicher an ein Weiterleben nach dem Tod. 38 Prozent sind davon überzeugt, dass beim „Jüngsten Gericht" über das Leben abgerechnet wird. 26 Prozent fürchten, dass es tatsächlich eine Hölle gibt.

Im „FEGEFEUER" dunsten und schmoren die „armen Seelen". In der Vorstellungswelt liegt zwischen dem Fegefeuer und der Hölle die „VOR-HÖLLE" („Limbus"). Diesen Büßerplatz will der Vatikan abschaffen. Warum? (Vgl. Kirchenlexikon, Zitate zu „Fegefeuer", „Vorhölle" und „Hölle"; Kirchenlexikon oder Encyklopädie der katholischen Theologie und ihrer Hilfswissenschaften, Freiburg im Breisgau, 12 Bände 1882–1903).

**KULTUR**

ist laut Lexikon  1.1 die Gesamtheit der geistigen (Wissenschaft, Kunst, Ethik, Religion, Erziehung, Sprache), sozialen (Politik, Gesellschaft) und materiellen (Technik, Wirtschaft) Formen der Lebensäußerungen der Menschheit …
1.2 (Kultur) eines bestimmten Volkes, in einer bestimmten Zeit
2.1 die geistige und seelische Bildung, verfeinerte Lebensweise, Lebensart
2.2 die verfeinerte, kultivierte Form der menschlichen Lebensäußerung
3.   Landwirtschaft, Gartenbau
3.1 das Kultivieren, Urbarmachen, Bebauen des Bodens
3.2 das Kultivieren mit Anbau, Zucht und Pflege besonders von Pflanzen, die der Nahrung dienen
4.   Landwirtschaft, Gartenbau und Forstwirtschaft als angebauter Bestand von Kulturpflanzen, Baumbestand
5.1 (Biologie, Medizin) auf bestimmten Nährböden gezüchtete Mikroorganismen, bes. Bakterien

5.2  das Züchten einer Kultur (lat. cultura – Pflege des Körpers und Geistes zu lateinisch colere (be-)bauen, (be-)wohnen, pflegen.

## KULT- und KULTURSTATIONEN

sind ORTE der KRAFT mit Quellen und Kraftlinien, sind natürliche wie kulturelle Energiezonen und außergewöhnlich aktive Personen mitsamt ihrer „Kultur", ihrer Ausstrahlung und positiven Wirkung.

Ein Kraftort muss also nicht eine Kirche oder eine gebaute Stätte der *religio* sein. Kult- und Kulturstationen strahlen aus, sind wie Wellen und Ströme. „Messbar" vielleicht mit Möglichkeiten der Geomantie, mit Boviseinheiten oder mit feinsten technischen Instrumenten.

Kultstätten sind bevorzugt dort, wo sich (überwiegend jungsteinzeitliche) Steinsetzungen wie Menhire, Steinkreise, Dolmen etc. befinden, wo nach der Volksmeinung beispielsweise die berühmt-berüchtigten „Hexen"-und/oder „Teufels"-Steine oder Plätze liegen, wo auffallende Kultbauten auf Bergeshöhen stehen, wo „heilige" Quellen sprudeln, wo geheimnisvolle Heilungen stattgefunden haben, wo beispielsweise die *Saligen*, die *Salzene*, die *Dialen*, der „wilde Mann" etc. wohnen.

KULTURSTATIONEN sehe ich vor allem in auffallend und überregional besonders innovativen sowie kreativen KULTURINITIATIVEN, aber auch an konkreten und außergewöhnlich aktiven, sowie kreativen, innovativen und kritischen Denkern, Künstlern, Kulturschaffenden, allen voran Schriftsteller, Poeten, Musiker, Bildhauer etc. Besonders wichtig sind mir dabei Personen und Aktionen im Umweltschutz und der nachhaltigen Entwicklung, sind mir zukunftsweisende Initiativen.

## MAGIE

Das Wort kommt aus Mesopotamien. Es scheint auf den Namen des medischen Stammes der Magier zurückzugehen. Mit dem Begriff Magier werden in der Geschichts- und Kulturforschung Gelehrte bezeichnet wie beispielsweise die „Heiligen Drei Könige".

Manchmal werden die Worte Magie und Magier auf den indoeuropäischen Wortstamm ‚mog', ‚magh' oder ‚megh' zurückgeführt, was Können und Weisheit bedeutet.

Magie im Sinne des Buches über „Kult- und Kulturstationen in den Alpen" möchte ich im Sinne des unvergleichbaren und einzigartigen Buches „Goldener Ring über Uri" von Eduard Renner verstanden wissen:

„Die Magie ist das Weltbild des Altsteinzeitmenschen. Ihre volle Höhe erreicht sie im Erleben und Schaffen jener Eiszeitjäger, als deren auffallendste und unverlierbare Schöpfung herrliche Tierdarstellungen auf uns gekommen sind."

MYTHEN DER ALPEN

Was ist der (alpine) Mythos? Gibt es typisch (alpine) Mythen?

Eine Durchsicht einschlägiger Lexika – dem Handwörterbuch des Aberglaubens, dem 1874 erschienenen „Wörterbuch der Mythologie" von Dr. Vollmer, dem Brockhaus oder dem offiziellen „Kirchelexikon" – ergibt, dass eine *Alpine* Mythologie nicht existiert. Die ALPEN kommen nicht vor. Im neuen „ZEIT-Lexikon" von 2005 wird beispielsweise der Mythos definiert als

„1. Erzählung (Sage) über Götter, Heroen und Ereignisse aus vorgeschichtlicher Zeit und die sich darin ausdrückende Weltdeutung …

2. das Resultat einer sich auch noch in der Gegenwart vollziehenden Verklärung von Personen, Gegenständen (z. B. Kunstwerken), Ereignissen oder Ideen …"

Jedenfalls ist Definitionsversuch Nummer (1) männlich dominiert, allein männlich geprägt.

Götter sind keine Göttinnen? Heroen sind generell männlich?

„Mythologie" in der umfassendsten Definition, zum Beispiel im „Kirchenlexikon", versteht darunter die „Lehre von den Mythen oder religiösen Sagen der heidnischen Völker, besonders der Griechen … Nach dem jetzigen Sprachgebrauch ist ein Mythos oder eine Mythe eine in Geschichte eingekleidete Vorstellung oder Idee, und zwar mit der Beschränkung auf die ältesten religiösen Vorstellungen der heidnischen Völker, deren geistige Geschichte regelmäßig mit der Mythenbildung beginnt." Auf den Spalten 2106 bis 2118 erfahren wir viel „Heidnisches", aber nichts Alpines.

In den Verzeichnissen finden sich nordische, griechische, ägyptische etc. Mythologien, nie aber eine „alpine". Sogar eine „Lappländische Mythologie" ist definiert. Nie aber ist eine (typisch) alpine Mythologie genannt oder erwähnt. Auch der bekannte Volkskundler Otto Holzapfel hat in seinem bei Herder erschienenen Buch über die Mythologie keinen einzigen Hinweis auf die Alpen. „Unter Mythologie verstehen wir im folgenden den Gesamtumfang von vorchristlichen und frühchristlichen Götter- und Heldensagen". Die „Deutschen Heldensagen" und die „deutschen" Märchen der Brüder Grimm bleiben fixer Bestandteil, sind aber dominant deutsch oder / und nordisch. (Holzapfel, Otto: Lexikon der abendländischen Mythologie, Freiburg-Basel-Wien, 1993)

Umso stärker müsste das Bemühen sein, Elemente und Stärken des spezifisch ALPINEN MYTHOS zu finden.

Umso bedeutungsvoller ist beispielsweise ein großes, ein nahezu einzigartiges Kulturdokument unter dem Namen

„MYTHOLOGISCHE LANDESKUNDE VON GRAUBÜNDEN"
in drei dicken Bänden und einem nachträglich erschienenen Ergänzungs-, Index-
und Kommentarband. *Ein Bergvolk erzählt*: darin hat Arnold Büchli auf über
2.700 Seiten sein Lebenswerk kommentiert. Es sind kurze authentische
Geschichten aus dem gesamten Kanton Graubünden, die Büchli in Jahrzehnen
gesammelt und aufgeschrieben hat, vielfach in Mundart, vielfach in einer rätoromanischen Lokalvariante, immer mit Angabe der Gewährsperson, zumeist
auch noch mit Foto.
(Büchli, Arnold: Mythologische Landeskunde von Graubünden, Disentis, 1989
und 1990, Registerband 1992)

MYTHOS als metaphyische große Erzählung hat nach wie vor magisch-sakrale
Bedeutung, wirkt bis in die letzten Alpinwinkel hinein und überlebt erstaunlich
aktiv. Im Vorder- und Hintergrund steht alpine *Heiligkeit,* allen Modernismen
einschließlich der Esoterik standhaltend. Eigentlich sind postmoderne
Gesellschaften einschließlich der Tourismuswirtschaft nicht imstande, Mythen
im alten Sinn zu erhalten oder gar zu erneuern. Wohl aber können sie kommer-
ziell nutzbar gemacht werden. Oder sie können ausgeschlachtet werden wie der
Heros des *Hannibal* mit dem Zug über die Alpen, der vom Tourismus im Tiroler
Ötztal so widerlich-perfid-perfekt in einen tiefen Abgrund getrieben wurde. Das
geschah in den Jahren 2001 bis 2005.

Mythos *Alpen* ist nicht gleichzusetzen mit Idylle oder Idyllisierung.

Mythos *Alpen* ist aber ein starker Gegenpol zum „montes horribilis" der
„schrecklichen" Alpen. Also sind Alpen beseelt, zumindest aber belebt.

„Fast in jeder kulturellen Tradition gibt es eine mythische Gestalt, die auf der
Suche nach Erleuchtung einen Berggipfel erklimmt" (James Trefil, „Physik in
der Berghütte").

Das gilt für Moses, der vom Gipfel des Berges die Gebote verkündet. Das gilt
für alle Helden- und Heldinnen-Epen der Welt in allen Kulturen Afrikas, Europas, Asiens, Amerikas, Ozeaniens, Australiens. „In der Menschheitsgeschichte
scheint der Berggipfel mit jener Erfahrung gleichgesetzt zu werden, die uns
Erkenntnisse über die Zusammenhänge der Welt und unseren Platz darin gewäh-
ren." (James Trefil, „Physik in der Berghütte, S. 174)
Alpine MYTHOLOGIE ist jedoch überwiegend weiblich, matriarchal und steht
damit im Gegensatz zur nordischen und überwiegend auch zur antiken Mytho-
logie. Auch das Gilgamensch-Epos ist der Mythos eines männlichen Heroen.
Die *Saligen*, die *Salžene*, die *Madrisa*, die *Silvretta*, das *Vreneli*, die *Tanna*, die
*Hure Kathry*, die *Vereina* und die *Dialen*, auch noch die *Disen* sind wie *Ambeth,
Borbeth und Wilbeth,* ganz so wie die *Sontga Margriatha* weiblich.
Alpiner Mythos ist weiblich.

MUT

„Hügel", „Kuppe", „flacher und abgerundeter Berg" ; auch „Mut" für „Mutter" als archaischer Name der ägyptischen Göttin der Dreiheit. „Mut war die Mutter aller ägyptischen Götter." (Walker,Barbara: Das geheime Wissen der Frauen, Frankfurt, 1993, S. 748)

DISEN

„Die altnordische Bezeichnung für die ältesten, matriarchalen Herrscherinnen, die Göttinnen-Großmütter, die vor dem Aufkommen der patriarchalen Götter die Stämme regierten." (Walker, Barbara: Das geheime Wissen der Frauen, Frankfurt, 1993, S. 172 f.)

In Bezug zum Tisenjoch als Fundstelle des ÖTZI am 19.9.1991: „Der volkstümliche Name Tisenjoch ist in diesem Zusammenhang wichtig, denn ‚Tisen' ist eine Bezeichnung, die in dieser Gegend immer wieder vorkommt. Sie entspricht dem Wort ‚*Disen*' (die Einheimischen sprechen ‚Tisen' außerdem wie ‚Disen' aus). Die ‚Disen' oder ‚Idisen' oder ‚Diessen' waren die drei Schicksalsschwestern im südgermanischen Glauben, obwohl sie eine vorgermanische Göttintriade darstellen, ähnlich wie die Drei Bethen, Drei Matronen oder die Drei Saligen. Der Platz der Schicksalsschwestern würde zu einem Sakralbegräbnis also durchaus passen." (Göttner-Abendroth, Heide: Auf den Spuren der Göttin. In: Planet Alpen 8, Villach, 2002, S. 37)

DANA

„Die namengebende Bezeichnung der Großen Mutter der Dänen und vieler anderer Völker …
Als Danu-Ana oder Anu führte sie die drei Schicksalsgöttinnen an …"
(Walker, Barbara: Das geheime Wissen der Frauen. Ein Lexikon, Frankfurt, 1993, S. 256 f.)

Die untergegangenen Städte unter den Gletschern der Ötztaler Alpen heißen „Tanneneh", „Onanä" und „Dananä". Eine uralte Göttin der Dolomiten heißt „Tanna" („die Königin der Croderes"). „Hinter *Tanna* verbirgt sich eine frühe, mediterrane Göttin, deren Name durch die allmähliche Ausbreitung der jungsteinzeitlichen Mittelmeerkultur auf dem ganzen Kontinent überall in Europa vorkommt. Es ist ‚*Danaï*', die Muttergöttin …"
(Göttner-Abendroth, Heide: Auf den Spuren der Göttin. In: Planet Alpen, Villach, 2002, S. 22)

TOTEM und TOTEMISMUS

Totem gilt als indianischer Wort für ein Tier, eine Pflanze, einen Gegenstand, zu

dem man sich in einer besonderen mythischen Verwandtschaft sieht. Der Totemismus gilt als Element der „Naturreligion" und beinhaltet das Zugehörigkeitsgefühl des Menschen an ein ‚*Totem*', zumeist ein Tier. „Der Totemismus selbst ist ein weltweites Phänomen, besonders aber in außereuropäischen Kulturen in Randgebieten noch lebendig. In Europa erinnern nebst den unschätzbaren und recht häufigen Erzählungen noch gewisse Bräuche und Kulte an einstigen Totemismus. Spuren und Relikte finden wir hier vor allem in der Anschauung der Kinderherkunft aus der seelenvollen Natur: Steine, Quellen, Gruben und Bäume dienen oder dienten als Seelenträger …"
(Hellbusch/Baumann/Derungs: Tier und Totem. Naturverbundenheit in archaischen Kulturen, Bern, 1998, S. 9)
Vergleiche die Orte, woher die Kinder kommen: z. B. „Chindli-Steine".

URI-STIER
Das Wappentier des Kantons Uri in der Schweiz. „Das Wappentier, der brandschwarze Stier mit rotem (früher gelbem) Nasenring, lang heraushängender roter Zunge, bringt die Bändigung der Wildheit und elementaren Kraft, von der das Land Uri wie kaum ein anderes geprägt ist, sehr schön zum Ausdruck. Es war der URI-Stier auf dem Urner Banner jahrhundertelang in Europa gefürchtet".
(www.tell.ch/schweiz/uristier) (März 2006)

# Sachregister

Ritus/Riten 94, 140, 154, 162, 164, 237, 276, 281
Romanen 31
Römer 53 f., 62, 69, 90, 175, 178, 195, 341
Römerzeit 195
römisch 194
Rosenkranz 148
Rotten 216
rotzige Alte, rotziges Weib, rotzes weibele 166, 267
Rute 281
Rutschplatte 112

S. Anna 37, 39
Sagen 10 f., 14 ff., 24 ff., 32 ff., 54, 40, 70 ff., 81 ff., 86, 90 ff., 101, 103, 111, 113 ff., 123, 136, 140, 142, 145 f., 157, 170, 172, 193, 197, 202, 205, 208, 211, 229 ff., 238, 241 f., 246, 248, 255 f., 265, 274 f., 278, 283, 289, 293 ff., 297, 305, 308, 311, 321, 323, 327 f.
Saligen 3, 5, 10 ff., 14, 16, 18, 20, 22, 24 ff., 30, 45, 131 f., 145 f., 183, 197, 202, 234, 242, 327 ff., 350, 353, 329
Salige Fräulein 145 f., 197
Salige Frauen 327 f.
Salz 255
Salzene 25, 350
Salzofenhöhle 254, 259, 277
Salztransport 37
Sänger 216
Sankt Ursula 316
Schadenzauber 134
Schaf(e) 11 f., 32, 56, 104, 184, 204, 208 ff., 219, 234 f., 265, 290
Schäfer 201, 204, 210
Schalen 85, 87, 103, 110, 147, 184, 191, 256, 270
Schalensteine 50, 101, 119, 136,

142, 147, 159, 184, 188, 193, 254, 256, 263, 265, 267, 269 f.
Schamanin 280
schamanisch 91
Scharfes Gelübde 113, 122
Schatz 306 ff.
Scheibenschlagen 158
Scheibntreibn 158 f.
Schellenschütteln 296
Schiff 150
Schlange 111, 124, 139, 296, 307, 335
Schliefsteine 279
schlimmer Stein 267
Schnalser Mütterchen 164
Schneckenhütte 192
Schneelawinen 306
Schneemandl 326
Schnegg 192, 194
Schrei 301
Schütze 19, 146, 223, 332
Schutzengel 9
Schutzgeist 111
Schwangerschaft 161
Schwarze Madonna 53 f., 98 f., 337
Schwarzer Herrgott 176
See 45, 86, 92, 111, 121 f., 126, 149, 157, 173, 194, 306, 317, 321 f. 132, 308
Seelen 321 ff.
Seelenorte 110
Segen 237
Segnungen 126, 334
semitisch 231
Senn(en) 206, 295, 300
Sennenpuppe 205, 207, 297
Senner 82, 113 f., 127, 173, 205, 207, 237, 294, 296
Sennerin 133
Senntumsgeschell 297
Sexualsymbole 259
singen 294, 297, 328
Silex 34

# BILDNACHWEIS

# TEXTNACHWEIS

# DANK

Ein ganz besonderer Dank gilt den vielen Personen in allen Teilen der Alpen, fast ausschließlich aus dem Netzwerk der „pro vita alpina", die für dieses Buch Informationen und Hinweise gegeben haben. Es sind dies unter anderen Janez Bizjak in Bled/Slowenien, Luigi Dematteis im Val Varaita/Italien, Maurice Chappaz in L'Abbaye/Schweiz, Andreas Weissen in Brig/Schweiz, Kurt Derungs vom Amalia-Verlag, Christina Schlatter aus St. Gallen, Walter Lietha in Chur, Peter Schmid in Vals/Schweiz. Weiters danke ich in Deutschland dem Architekten Magnus Peresson in Füssen, dem Nationalpark Berchtesgaden und Frau Heide Göttner-Abendroth. In Österreich danke ich dem Bürgermeister Franz Haid von Musau, Gerhard Leeb in Villach, Maria Sauper in Großkirchheim im Mölltal, Lisl und Sepp Viehauser in Bad Hofgastein, Franz Mandl von der ANISA in Gröbming und Barbara Haid/Wien (für Übersetzungen), dem Team des IVK im Innsbrucker Bierstindl und dem Böhlau Verlag in Wien; ganz besonders meiner Gattin und Sachberaterin Univ.-Prof. Dr. Gerlinde Haid.

Die „pro vita alpina" wurde im Jahre 1972 als schweizerische Arbeitsgruppe unter anderem von Anna Ratti, Ruedi Albonico und Robert Kruker gegründet und im Jahre 1989 auf den gesamten Alpenraum ausgeweitet. Der „Verein zur Förderung der kulturellen, gesellschaftlichen, ökologischen und wirtschaftlichen Entwicklung im Alpenraum" ist sehr um die Umsetzung

des Alpenkonventionsprotokoll „Bevölkerung und Kultur" bemüht.

Der Ötztaler Volkskundler, Literat, Buchautor, Vor- und Querdenker Dr. Hans Haid ist Obmann des international tätigen Vereines und Mitglied der Jury für die Auswahl der „Alpenstädte des Jahres". Das „pro vita alpina"-Netzwerk „Alpine Kulturen" verfügt heute über mehr als fünfzig Partner und Kontaktstellen in allen Alpenstaaten zwischen Ligurien und Slowenien. Zu den Schwerpunkten der Arbeit gehört auch die Kultur der Minderheiten!

pro vita alpina / Alpenakademie
A-6020 Innsbruck, „Bierstindl", Klosterg. 6
Telefon ++43(0)512-586780
Fax ++43(0)512-586782
pro vita alpina
Dr. Hans Haid
A-6450 Sölden, „Roale" im Ventertal
Telefon ++43(0)5254-2733
Fax ++43(0)5254-2733-4
haid.roale@netway.at
www.cultura.at/haid
pro vita alpina-Büro
Gerhard Prantl
A-6444 Ober-Längenfeld, Messnerstuben
Tel. & Fax ++43(0)5253-65177
pro.vita.alpina@aon.at

# Ein Netzwerk der Besten ....

**Das alpenweite Netzwerk** der „pro vita alpina" vereint die kreativsten Köpfe und Initiativen. Vom „Maison des Produits de Pays" in Frankreich über die Parfüm-Hersteller „Soglio" im schweizerischen Bergell bis hin zum Naturpark „Logarska dolina" in Slowenien und von der Minderheit der „Resianer" in Friaul über die „Alpenstädte des Jahres" bis zum Olivenbauer Luigi Bodini in Ligurien.

Ob „Kult & Mythos", „Agricultur" oder Bio-Landbau – Dr. Hans Haid ist immer wieder auf der Suche nach den Menschen und ihrer Kultur, nach den „Wurzeln" einer Region. Diese „Spurensuche" macht die „pro vita alpina" zum besten Kenner des Alpenbogens.

**Werden Sie jetzt Mitglied und profitieren Sie davon!**

**Hans Haid**

## Neues Leben in den Alpen

**Initiativen, Modelle und
Projekte der Bio-Landwirtschaft**

2005. 135 x 210 mm.

232 S. 80 SW-Abb. Gb.

Euro 24,90

ISBN 3-205-77251-2

Seit über 15 Jahren erforscht der Schriftsteller und Volkskundler Hans Haid das 'Neue Leben' in den Alpen. Das sind inno-
vative Aktionen und Personen aus den Bereichen der Poesie,
der Musik, der Kulturinitiativen, der ersten Modelle des Bio-
Landbaues, der Direktvermarktung, der Ansätze für eine nachhaltige Entwicklung in den Alpentälern. In seiner neuesten Publikation zeigt er die aktuelle Entwicklung auf, vergleicht, wie
sich die Pionier-Aktionen entwickelt haben, welche Rolle vor
allem die "agricultur" als Bio-Landwirtschaft spielt, welche Ko-
operationen es mit dem für weite Teile der Alpen dominanten
Tourismus (z. B. über Bio-Hotels oder Urlaub am Bio-Bauern-
hof) gibt oder welche Formen des Naturschutzes erst durch das
Miteinander der Menschen wirksam werden. Es wird auch dargestellt, in welcher Weise sich finanziell sehr aufwändige und
hoffnungsvolle Maßnahmen der EU in speziellen Regionalent-
wicklungsprojekten bewährt haben oder ob der Großteil davon
scheitern musste. Der Schwerpunkt liegt dabei auf Österreich,
eingebunden in Vergleiche mit wichtigen Modellen und Persönlichkeiten aus allen Teilen der Alpen, von den französischen
Seealpen über Piemont, Wallis, Graubünden, Bayern bis nach
Friaul und Slowenien.

WIESINGERSTRASSE 1, A-1010 WIEN, TELEFON (+43 1) 3302427, FAX 3302432

| Pſal XX. v. 5.<br><br>Der Herr gebe dir was dein<br><br>begehret,<br><br>und erfülle alle deine Anſchläge.<br><br>**Wird dein Herz was guts begehren. Wird der Herr die Bitt gewähren.** | Epheſ. VI. v. 11. 16. 17.<br>Ziehet an den<br><br>Gottes ergreiffet den<br><br>des Glaubens, mit welchen ihr auslöſ..<br>könnet alle des Böſen,<br>nehmet den des Heils<br>und das des Geiſtes.<br><br>**Mit des Geiſtes Armatur, Waffnen ſich die Chriſten nur.** | Er wir...<br><br>auf<br><br>Wie ein<br>Wachſe |
| Pred. Sal. XII. v. 1. 12.<br>Gedenk an deinen Schöpfer in der Jugend, ehe dann die<br><br>und das<br><br>finſter werden.<br><br>**Vergiß deines Schöpfers nicht, Weil noch leucht der Sinen Licht.** | Pred. Sal. IV. v. 23<br><br>Behüte dein<br><br>mit allen Fleiſs, denn daraus gehet das Leben.<br><br>**Laß dein Herz ſeyn Gott ergeben, Ja behüt es als dein Leben.** | Luc. XI<br>Wo bitte...<br><br>Vater...<br>er ihm er...<br>um eine...<br>er ihm e...<br>oder um...<br>er ihm...<br><br>Wie ſein<br>Alſo H... |